Pr 프리미어 프로 단축키

시간을 아끼려면
이 정도는 필수!

필수 단축키

★ Ctrl + S 저장
★ Shift + E 클립 사용 단축키
★ Spacebar 재생 & 일시정지
★ Ctrl + K 자르기

★ Ctrl + Shift + D 지속 가감속
★ Ctrl + D 교차 디졸브
★ V [선택 도구 ▶]
★ Q , W 공백 없이 클립 앞뒤 자르기

기본 단축키

★ Ctrl + S 저장
  Ctrl + Z 실행 취소
  Ctrl + Shift + Z 다시 실행
  Ctrl + I 파일 불러오기
  Ctrl + M 내보내기
★ Shift + E 클립 사용 단축키

재생 단축키

★ Spacebar 재생 & 일시정지
  Shift + Spacebar 처음부터 재생
  J 뒤로 재생(배속)
  K 일시 정지
  L 재생(배속)

프레임·클립 이동 단축키

  ↑ 한 클립 앞으로
  ↓ 한 클립 뒤로
  → 한 프레임 앞으로
  ← 한 프레임 뒤로

컷 편집 단축키

★ Q 공백 없이 앞부분 자르기
★ W 공백 없이 뒷부분 자르기
★ Ctrl + K 자르기

도구 전환 단축키

★ V [선택 도구 ▶]
  A [앞으로 트랙 선택 도구 ⇥]
  B [잔물결 편집 도구 ⬌]
  C [자르기 도구 ◆]
  Y [밀어넣기 도구 ⬌]
  P [펜 도구 ✎]
  H [손 도구 ✋]
  T [문자 도구 T]

창 단축키

  Ctrl + Alt + K [단축키 설정] 창
  Ctrl + G [오디오 게인] 창
  Ctrl + F12 [콘솔] 창
  Ctrl + Shift + E [프레임 내보내기] 창
  Ctrl + R [클립 속도/지속 시간] 창

효과 단축키

★ Ctrl + Shift + D 지속 가감속
★ Ctrl + D 교차 디졸브

• 맥 사용자 Ctrl → command / Alt → option

포토샵 단축키　 Ps

> 시간을 아끼려면
> 이 정도는 필수!

필수 단축키

★ Ctrl + T　자유 변형
★ Ctrl + Shift + N　새 레이어 만들기
★ Ctrl + J　선택 영역, 레이어 복사하기
★ Ctrl + A　전체 선택

★ Ctrl + D　선택 영역 해제하기
★ [,]　브러시 크기 조절
★ Ctrl + 0　화면 크기 창에 맞추기
★ Ctrl + S　저장하기

기본 단축키

★ Ctrl + S　저장하기
　Ctrl + Shift + S　다른 이름으로 저장하기
　Ctrl + Z　실행 취소
　Ctrl + Shift + Z　다시 실행
　Ctrl + N　새 파일 만들기
　Ctrl + O　파일 불러오기
　Ctrl + +　화면 크기 키우기
　Ctrl + −　화면 크기 줄이기
★ Ctrl + 0　화면 크기 창에 맞추기
★ [,]　브러시 크기 조절

도구 전환 단축키

　Ctrl + 마우스　일시적 [이동 도구]
　Spacebar + 마우스　일시적으로 [손 도구]
　V　[이동 도구]
　T　[문자 도구]

레이어 단축키

★ Ctrl + Shift + N　새 레이어 만들기
★ Ctrl + J　선택 영역, 레이어 복사하기
★ Ctrl + D　선택 영역 해제하기
★ Ctrl + T　자유 변형
　Ctrl + G　레이어 그룹 만들기
　Ctrl + Shift + G　레이어 그룹 해제하기

이미지 단축키

　Ctrl + M　곡선(밝기, 색감 조정)
　Ctrl + U　색조/채도(이미지 색조, 채도 변경)
　Ctrl + Shift + X　픽셀 유동화(인물 보정)

보기 단축키

　Ctrl + R　눈금자 나타내기/숨기기
　Ctrl + H　안내선 나타내기/숨기기

• 맥 사용자　Ctrl → command / Alt → option

능력과 가치를
높이고 싶다면
된다!

영상 편집 클래스 베스트 강좌!
수백 명 수강생이 원하던 바로 그 예제들!

된다!

7일
프리미어 프로
유튜브 영상 편집

스마트폰과 컴퓨터만 있으면 오늘 바로 시작!

#브이로그 #예능 #인터뷰 #홍보영상 #섬네일

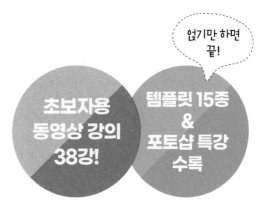

얹기만 하면
끝!

초보자용
동영상 강의
38강!

템플릿 15종
&
포토샵 특강
수록

현직 콘텐츠 PD **김예지** 지음

이지스 퍼블리싱

능력과 가치를 높이고 싶다면
된다! 시리즈를 만나 보세요.
성장하려는 당신을 돕겠습니다.

된다! 7일 프리미어 프로 유튜브 영상 편집
Gotcha! Premiere Pro for Youtube in 7 Days

초판 발행 • 2021년 1월 2일
초판 4쇄 • 2025년 1월 2일

지은이 • 김예지
펴낸이 • 이지연
펴낸곳 • 이지스퍼블리싱(주)
출판사 등록번호 • 제313-2010-123호
주소 • 서울특별시 마포구 잔다리로 109 이지스빌딩 3층(우편번호 04003)
대표전화 • 02-325-1722 | **팩스** • 02-326-1723
홈페이지 • www.easyspub.co.kr | **인스타그램** • instagram.com/easyspub_it
Do it! 스터디룸 카페 • cafe.naver.com/doitstudyroom | **페이스북** • www.facebook.com/easyspub

총괄 • 최윤미 | **기획** • 이수진 | **책임편집** • 이희영, 이수경 | **편집 도움** • 공명
교정교열 • 박명희 | **표지 및 본문 디자인** • 정우영, 트인글터 | **인쇄** • 보광문화사
마케팅 • 권정하 | **독자지원** • 박애림, 김수경 | **영업 및 교재 문의** • 이주동, 김요한(support@easyspub.co.kr)

ISBN 979-11-6303-207-6 13000
가격 22,000원

네 인생이 지금 네 눈앞에서 흘러가고 있잖아.

Your life is happening now, right in front of you.

▼

〈곰돌이 푸 다시 만나 행복해〉 중에서

#브이로그 #여행 #예능 #인터뷰

현직 콘텐츠 PD의 감성 충만, 장르를 넘나드는
35개 예제로 프리미어 프로 & 영상 편집은 여기서 끝!

준비할 건 스마트폰과 컴퓨터 그리고 열정뿐

지금 바로 시작하는 영상 편집

이 책은 영상을 제작하려는 유튜버, 영상 편집자, 마케터 그리고 영상으로 일상을 공유하려는 SNS 사용자를 위해 수백 명 수강생과의 수업 경험과 10년간 영상을 제작한 제 경험을 고스란히 담았습니다. 값비싼 장비가 없어도 복잡한 프로그램 사용법을 몰라도 지금 바로 시작할 수 있도록 말이죠. 여러분에게 필요한 건 지금 손에 쥔 스마트폰과 컴퓨터 그리고 나만의 영상을 만들겠다는 열정뿐이죠.

실수는 줄이고 실력은 높이고

'촬영 → 편집 → 업로드' 차근차근 단계별 구성

이 책은 스마트폰 카메라 활용법과 촬영 팁으로 시작합니다. 이어서 영상 편집에 필요한 소스 파일(글꼴, 음원 등)을 준비하고 영상 편집 프로그램인 프리미어 프로를 꼼꼼히 살펴보죠. 그런 다음 책을 쭉 따라 하며 영상 하나를 만들어 볼 거예요. 준비된 파일을 불러와 컷 편집을 하고 자막, 전환 효과, 오디오까지.

과정을 파악했으니 응용해 봐야겠죠? 어디든 활용할 수 있는 자막, 로고, 인트로, 유튜브 섬네일을 만들어 볼 거예요. 까다롭기로 소문난 색 보정도 초간단하게 끝! 이 모든 게 프리미어 프로에서 가능하답니다.

독자의 마음을 아는 책
수백 명 수강생의 요청을 담았다!

이 책은 묻지 않아도 여러분의 마음을 알고 있어요. 5년 동안 영상 편집 오프라인 수업을 진행하며 만난 수백 명의 수강생이 궁금해하고 어려워하던 포인트를 예PD의 꿀팁과 예PD의 편집 노트로 꼼꼼하게 담아 두었어요. 한번 손에 익힌 기능들은 응용할 수 있도록 프리미어 프로 능력자 인증 시험으로 마무리까지! 도중에 막히는 일 없이 빠르게 결과물을 만날 수 있게 도와드리겠습니다.

프리미어 프로에 포토샵을 얹으면?
눈은 즐겁게 손은 편하게, 포토샵까지 꼼꼼하게 챙기자!

프리미어 프로에 포토샵을 더하면 눈이 한층 더 즐거워질 거예요. TV 프로그램에서 보던 바로 그 자막 바, 유튜브에서 보던 바로 그 섬네일을 포토샵으로 만들어 볼 테니까요. 포토샵이 낯설어도 괜찮아요. 편집에 필요한 기능만 빠르게 다룰 테니까요. 이 책을 믿고 끝까지 따라오기만 하면 돼요.

감성 브이로그? 빵빵 터지는 예능? 똑소리나는 인터뷰?
어디든 활용하기 좋은 자막, 로고, 인트로, 섬네일

일상을 영화처럼 만드는 브이로그 영상, 반려동물과의 즐거운 순간을 담은 영상, 내 지식과 정보를 전달하는 교육 또는 리뷰 영상 등. 이젠 누구나 자신의 콘텐츠를 영상으로 제작하고 공유할 수 있죠. 여러분이 어떤 콘텐츠를 만들든 활용할 수 있는 전환 효과, 자막, 로고, 인트로 그리고 섬네일 등 다양한 예제를 준비했습니다. 실제 오프라인 수업을 하면서 수강생들이 가장 만들고 싶어한 브이로그, 인터뷰, 여행 영상 등을 원하는 대로 응용할 수 있도록 예제로 준비했어요. 모두 이 한 권에 말이죠.

초보자를 위한 세심한 배려
예제마다 준비된 무료 강의 영상

뭐든 손에 익으면 쉽지만, 그전까진 모든 과정이 길고 막막하게 느껴질 거예요. 컷 편집, 자막, 화면 전환, 오디오 등 영상 편집의 모든 과정을 총 35개 예제로 한 번, 예제마다 준비된 무료 강의로 두 번! 머릿속에만 있던 그 영상 효과들을 하나하나 따라 하다 보면 어느새 원하는 결과물을 뚝딱 만들어 내는 자신을 발견할 수 있을 거예요.

예PD(김예지) 드림

차례

프리미어
프로
활용 편

"망설임은 예PD 님을 만날 시간만 늦출 뿐…"

여행지에서의 하루 그리고 일상 중 평범한 하루들을 기록하기 위해 가볍게 영상 제작을 배우고 싶었어요. 그런데 이제는 영상을 만들기 위해 여행을 떠나야겠습니다. **혼자 보긴 아까울 정도로 제대로 배우게 됐거든요.**

또 다른 여행의 재미를 느낀 지** 님

프로그램 자체를 처음 설치해 본 초보인데 이제 일상 영상을 유튜브에 올려 아들의 호평(ㅎㅎ)을 받고 있답니다. **참고로 전 50대인데 지금도 배운 걸 잘 쓰고 있어요.**

50대 초보 유튜버 박** 님

인터넷으로 낑낑거리며 홀로 영상 공부를 하던 중 좋은 선생님을 만나 최단 시간에 원하던 영상을 뚝딱 만들어 버렸습니다. **마치 목적지를 향해 기어가다가 갑자기 택시 탄 그런 느낌?** 강력 추천드립니다요.

지름길을 찾아버린 방** 님

실제로 영상 편집을 하면서 자주 쓸 일 없는 복잡한 기능보다 **자주 쓰는 기능만 쏙쏙 모아서 부담 없이 빠르게 끝난다는 점이 가장 좋았어요!** 영상 편집은 아예 처음이라 프리미어 프로를 시작하기 전부터 걱정됐는데 순식간에 포토샵 기본 기능까지 떼고 벌써 브이로그를 2개나 만들었답니다. ㅎㅎ

브이로그 유튜버로 거듭난 정** 님

'준비 파일'은 여기서!

이 책의 실습에 필요한 모든 준비 파일은 이지스퍼블리싱 홈페이지(www.easyspub.co.kr)의 [자료실]에서 받을 수 있습니다. 자료실에서 [된다! 프리미어 프로 유튜브 영상 편집]을 검색하거나 다음 링크에서 바로 내려받을 수 있습니다.

자료실 easyspub.co.kr

초보자용 '강의 영상'은 여기서!

글과 그림만으로 어렵다면? 또는 한 번 더 전체 과정을 익히고 싶다면? 강의마다 준비된 QR 코드를 이용해 전 과정을 영상으로 확인해 보세요.

강의 채널 https://bit.ly/2IjhU0P

함께 공부하는 'Do it 스터디룸'은 여기서!

연중무휴 24시간 열려 있는 'Do it 스터디룸'에서 함께 공부하는 독자들을 만나 보세요. 혼자 시작해도 함께 끝낼 수 있어요. 더불어 '두잇 공부단'에 참여하면 이지스퍼블리싱의 책을 선물로 받을 수 있답니다.

Do it 스터디룸 cafe.naver.com/doitstudyroom

온라인 독자 설문

- 보내 주신 의견을 소중하게 반영하겠습니다!

오른쪽 QR코드를 스캔하여 이 책에 대한 의견을 보내 주세요. 독자 여러분의 칭찬과 격려는 큰 힘이 됩니다. 더 좋은 책을 만들도록 노력하겠습니다.

의견을 남겨 주신 분께 드리는 혜택 6가지!

❶ 추첨을 통해 소정의 선물 증정
❷ 이 책의 업데이트 정보 및 개정 안내
❸ 저자가 보내는 새로운 소식
❹ 출간될 도서의 베타테스트 참여 기회
❺ 출판사 이벤트 소식
❻ 이지스 소식지 구독 기회

진도표

속성 7일과 정석 16주 중 나에게 맞는 학습 방식을 선택해 체계적으로 학습하세요.

속성 **7일**에 끝내기

일차	주제	학습 목표	쪽수	학습일
1일차	촬영·영상 편집 준비	• 카메라&영상 제작 이론 기초 떼기 • 프로그램 설치, 저작권 무료 음원·글꼴 준비하기	16 ~ 70쪽	___월___일
2일차	프리미어 프로 기본	• 컷 편집부터 배경 음악까지 영상 편집 과정 전체 실습하기	71 ~ 153쪽	___월___일
3일차	프리미어 프로 활용	• 자막 디자인 · 효과 넣기 • 로고 만들고 추출하기	156 ~ 222쪽	___월___일
4일차		• 인트로 영상 만들기 • 다양한 효과 살펴보기	223 ~ 278쪽	___월___일
5일차	프리미어 프로 응용	• 멀티 카메라 편집하기 • 분할 화면, 이중 화면 만들기 • 템플릿 활용하기	279 ~ 343쪽	___월___일
6일차	영상 편집 마무리	• 실내 · 야외 색 보정하기 • 섬네일 만들기	344 ~ 385쪽	___월___일
7일차	영상 편집을 위한 기본 포토샵	• 유형별 섬네일 만들기 • 자막 바 만들기	388 ~ 436쪽	___월___일

정석 **16주**에 끝내기

주차	주제	학습 목표	쪽수	학습일
1주차	영상 제작·촬영 기초	• 촬영·영상 기본 용어 학습하기 • 촬영 구도 잡기	16 ~ 45쪽	___월___일
2주차	영상 편집 준비	• 프로그램 설치 • 글꼴, 음원, 트랜지션 설치	48 ~ 70쪽	___월___일

#화면 비율

#촬영 팁

#촬영 구도

#장비 추천

촬영 · 영상 제작 기본 편

용어부터 구도까지 누구나 프로가 되는 촬영의 모든 것

▶ 1일차 · 스마트폰으로 전문가처럼 촬영하기

1일차

스마트폰으로
전문가처럼 촬영하기

촬영은 영상 제작 과정의 첫 단계이자 편집만큼 중요한 과정입니다. 좋은 재료가 있어야 좋은 요리를 할 수 있죠. 1일차에는 화면 크기, 프레임 수 등 영상을 촬영하기 전에 꼭 알아야 할 기초 개념과 고가의 장비 없이 초보자도 느낌 살려 촬영하는 방법을 알려드릴게요. 특히 스마트폰으로 촬영을 계획하고 있다면 더 꼼꼼히 봐주세요. 여러분의 영상이 확 달라질 수 있는 쉽고 간단한 실전 촬영 팁을 총정리했습니다!

01-1

이건 알고 시작하자,
영상 제작의 기초

누구나 크리에이터가 될 수 있는 시대

이젠 누구나 쉽고 간단하게 SNS에 글과 사진을 게시할 수 있죠. 하지만 영상을 찍고 편집한다는 건 글을 쓰고 사진을 올리는 것보다는 어렵고 복잡하게 느껴질 겁니다. 그러나 아직 다뤄 보지 않아 낯선 것일 뿐. 영상 편집 과정을 파악하고 몇 가지 기능만 익히면 영상도 어렵지 않아요. 촬영하고, 필요 없는 부분은 잘라 내고, 원하는 음악과 자막을 넣으면 끝! 이제 블로그나 SNS처럼 영상으로도 내 경험과 생각을 표현할 수 있어요. 그럼 나만의 영상을 직접 만들기 전에 알아야 할 영상의 기초를 살펴볼게요.

나만의 경험과 일상을
공유하는 브이로그

지식과 정보를 공유하는
정보 영상

제품·서비스를 알리는
홍보 영상

화면 비율

화면 비율은 말 그대로 화면의 가로세로 비율을 말합니다. 영화, TV 프로그램, 유튜브 등 모든 영상의 비율은 표준 비율에 맞춰져 있는데요. 그중에서 가장 많이 쓰는 비율은 16:9, 4:3, 2:3, 1:1, 2.35:1 이렇게 5가지로 나눌 수 있습니다.

먼저 16:9 비율은 TV, 모니터, 유튜브 등 가장 일반적으로 쓰이는 화면 비율입니다. 스마트폰, 미러리스 카메라로 촬영할 때도 기본적으로 16:9 비율로 설정되어 있어요. 여러분이 만든 영상을 유튜브에 업로드할 거라면 보통 이 비율을 쓰게 될 거예요.

16:9 표준 영상 비율

4:3 비율은 HD 화질(16:9) 이전에 쓰이던 화면 비율입니다. 옛날 영상을 보면 16:9 비율보다 가로가 좁아 보일 텐데요. 이런 영상들이 대부분 4:3 비율을 사용한 거랍니다. 최근에도 종종 레트로 느낌을 주기 위해 4:3 비율을 영상 전체 혹은 중간중간에 사용하기도 해요.

4:3 레트로 영상 비율

2:3 비율 또는 9:16 비율은 스마트폰 세로 영상에 적합한 비율이에요. 스마트폰이 보편화되면서 영상도 스마트폰에 맞는 세로 비율로 제작되기 시작했어요. 스마트폰 화면에 꽉 차는 유튜브 세로 라이브 영상 또는 SNS 광고에서 넓은 화면으로 시선을 잡기 위해 이 비율을 사용하기도 합니다.

2:3, 9:16 스마트폰 세로 비율

정방형이라고도 불리는 1:1 비율은 말 그대로 1:1 정사각형 형태입니다. 이미지든 영상이든 정방형이 기본인 인스타그램 같은 SNS에서 자주 볼 수 있어요.

1:1 정방형 SNS 비율

2.35:1 또는 1.85:1 비율은 16:9 비율보다 가로가 길어 더 넓은 화면을 보여 줄 때 유용합니다. 대표적으로 영화에서 쓰이죠. 스마트폰이나 TV에서는 영상의 위아래에 검은 띠가 있는 것처럼 보이기도 하죠. 영상에 영화 같은 느낌을 주고 싶다면 이 비율을 활용해 보세요.

2.35:1, 1.85:1 영화 비율

프레임

영상은 기본적으로 프레임(frame) 단위로 이루어져 있어요. 프레임이란 쉽게 말해 영상을 멈췄을 때 정지 화면에 보이는 한 장의 이미지를 가리킵니다. 영상이 빠르게 지나가는 연속 사진이라면 영상을 구성하는 한 장 한 장의 이미지가 프레임인 거죠.

움직임을 만드는 4개의 프레임(이미지)

화면 비율이 가로세로 비율이었다면 프레임 크기는 영상의 가로세로 크기를 말합니다. 흔히 해상도라고 하는 HD, 4K 등이 바로 프레임 크기를 뜻합니다.

기본적으로 이미지는 픽셀(Pixel)이라는 작은 점들이 모여 나타나는데요. 가장 흔히 쓰이는 FHD(1920×1080)를 예로 들자면 가로 1,920개, 세로 1,080개로 1,920 × 1,080 = 2,073,600개의 픽셀이 모여 있다는 뜻이에요. 프레임 크기가 클수록 픽셀이 더 촘촘하게 짜여 있어 영상이 더 선명하죠. 우리가 자주 보는 영상의 프레임 크기는 다음과 같이 크게 3가지가 있어요.

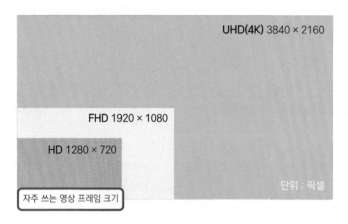

유튜브, 인스타그램 등 온라인 영상은 대부분 FHD입니다. 4K가 화질이 더 좋지만 그만큼 용량이 크기도 하고 화면이 작은 스마트폰으로 영상을 볼 때는 4K나 FHD나 큰 차이가 없습니다. 모바일 기반 SNS인 인스타그램에 자주 쓰이는 정방형 혹은 4:3 비율로 영상을 만들 때도 보통 16:9 비율 FHD로 촬영하고 편집할 때 잘라 냅니다.

만약 영상을 편집할 노트북이나 컴퓨터의 사양이 높지 않다면 FHD가 유용합니다. 4K는 FHD보다 용량이 커서 편집할 때 상당한 버벅거림이 있을 수 있어요. 하지만 편집하면서 영상을 많이 확대해도 크게 깨지지 않는다는 장점이 있죠.

프레임 크기	특징	사용 예
HD	·가로 1280px, 세로 720px ·FHD보다 화질이 낮음	·모바일에서 용량, 인터넷 속도 등의 문제로 화질을 낮춰서 볼 때
FHD	·가로 1920px, 세로 1080px ·가장 보편적으로 쓰이는 프레임 크기	·유튜브, 인스타그램 등 모바일에서 재생할 때
4K	·가로 3840px, 세로 2160px ·FHD보다 가로세로가 2배 큼 ·최신 스마트폰, 카메라 대부분이 지원하는 프레임 크기	·TV나 스크린 등 큰 모니터에서 재생하는 고화질 영상 ·영상의 가장자리 등을 잘라 내 재편집해야 할 때

프레임 크기만큼 중요한 또 다른 개념이 있다면 바로 프레임 속도예요. 1초에 몇 장의 프레임이 지나가는지를 가리켜 프레임 속도, fps(frame per second)라고 합니다. 1초에 지나가는 프레임이 많을수록 영상이 더 촘촘하고 부드럽게 연결되죠. 쉬운 예로 여러 장의 종이에 조금씩 움직임이 이어지도록 그림을 그린 다음 종이를 빠르게 넘겨 움직이는 것처럼 보이는 플립북 애니메이션을 떠올리면 돼요.

fps가 높을수록 촘촘하게 들어가는 프레임의 예

가장 많이 사용하는 프레임 속도는 30fps입니다. 흔히 보는 TV 프로그램, 유튜브 영상을 비롯해 스마트폰 카메라의 기본 설정 또한 30fps로 되어 있죠. 영화나 뮤직비디오에서는 24fps를 자주 사용합니다. TV 프로그램이나 유튜브 영상보다 프레임 속도가 느려서 영화 특유의 감각적인 느낌을 살릴 수 있어요.

fps (프레임 속도)	사용 예
24fps	영화, 뮤직비디오 촬영 시 주로 사용하는 프레임 속도
30fps	TV 프로그램, 유튜브 영상, 스마트폰 카메라의 기본 설정 등 대부분 영상의 기본 프레임 속도
60fps	여행, 스포츠, 광고 영상 등에서 흔히 사용하는 프레임 속도

물론 눈으로 프레임 속도의 차이를 명확하게 구분하기는 쉽지 않습니다. 하지만 편집할 때는 큰 차이가 있죠. 영화나 뮤직비디오라도 슬로 모션 효과를 넣을 거라면 60fps로 촬영해야 합니다. 왜냐하면 30fps로 촬영한 1초짜리 영상을 2초로 늘리면 1초에 30프레임이 지나가던 영상이 2초에 30프레임, 즉 1초에 15프레임이 지나가면서 영상이 버벅거리는 것처럼 보이기 때문이죠. 부드럽게 슬로 모션 효과를 주려면 최소 60fps로 촬영해야 합니다. 단, 프레임 수가 많은 만큼 영상 파일 용량이 크다는 단점은 있습니다.

따라서 영상을 촬영할 때 영화 느낌은 24fps, 일반 영상은 30fps, 광고 영상은 60fps라고 정해 두는 것보다 자신이 만들 영상에 어떤 효과를 넣을지, 또 어떤 사람들이 어떤 기기로 어디에서 영상을 볼지 등 여러 상황을 고려하는 것이 좋습니다.

예PD의 꿀팁 | **메신저로 영상 파일을 보내면 안 돼요!**

촬영한 영상을 빠르게 옮기려 종종 메신저를 이용하는 경우가 있는데요. 어떤 메신저든 경로가 추가되면 영상이 한 번 압축되면서 화질이 손상될 수 있습니다. 따라서 영상을 가장 안전하고 또 빠르게 옮기는 방법은 케이블로 컴퓨터와 촬영한 영상이 들어 있는 스마트폰을 바로 연결하는 거예요. 애써 촬영한 영상의 화질이 손상되는 걸 막으려면 번거롭더라도 파일을 직접 옮기는 게 좋아요.

스마트폰으로 촬영할 때
꼭 알아야 할 5가지

영상을 촬영하려면 장비가 필요하겠죠. 카메라, 조명, 거치대 등 값비싸고 복잡한 장비를 모두 갖춰야만 할 것 같지만, 사실 이미 여러분은 좋은 장비를 갖고 있습니다. 바로 스마트폰이죠. 특히 최신 스마트폰의 카메라는 기능도 뛰어나서 웬만한 디지털 카메라에 못지않은 영상을 촬영할 수 있답니다. 더군다나 휴대성도 좋죠. 그럼 스마트폰을 200% 활용하는 촬영 팁 5가지를 알려드릴게요!

촬영 팁 1. 프레임 크기 · 속도 설정하기

스마트폰 카메라에서도 프레임 크기와 속도를 지정할 수 있습니다. 단, 제조사마다 초기 설정이나 설정 방법에 차이가 있으니 스마트폰 대표로는 아이폰과 갤럭시를 살펴보고 카메라 대표로는 소니 미러리스 카메라를 살펴볼게요.

아이폰 프레임 크기·속도 설정하기
아이폰의 [설정] 앱에서 [카메라 → 비디오 녹화]를 터치하면 프레임 크기와 프레임 속도를 설정할 수 있습니다.

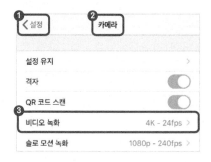

또 최신 iOS 버전에선 동영상 촬영 중 프레임 크기와 속도를 변경할 수 있는데요. 기본 카메라 앱에서 동영상 촬영 화면 오른쪽 상단을 보면 HD·30 또는 4K·30이라는 설정이 보일 거예요. 이 부분을 터치해 프레임 크기와 프레임 속도를 변경할 수 있어요. 촬영할 영상에 따라 프레임 속도를 조절하고 영상이 재생될 환경을 고려해 프레임 크기를 맞춰 주세요.

갤럭시 프레임 크기·속도 설정하기

기본 카메라 앱을 실행하고 [카메라 설정 → 동영상 크기]에서 프레임 크기와 속도를 설정할 수 있습니다.

[후면 동영상 크기]를 선택하면 16:9, 1:1, 전체 화면이라는 3가지 화면 비율 옵션을 볼 수 있어요. 유튜브 영상을 촬영할 때는 16:9 비율을 흔히 사용합니다. 해상도(HD/UHD)와 프레임 속도(30fps/60fps)는 촬영할 영상에 맞게 선택하면 됩니다.

미러리스 카메라 프레임 크기·속도 설정하기

미러리스 카메라에서 프레임 크기와 속도를 설정하는 메뉴 역시 제조사나 모델에 따라 조금씩 다르지만 경로는 대체로 비슷합니다. 대표적으로 소니 미러리스 a6400에서 프레임 크기와 속도를 조정하는 법을 살펴볼게요.

우선 프레임 크기는 [메뉴 → 동영상 → 파일 형식]에서 설정할 수 있습니다. 파일 형식 목록에서 XAVC와 AVCHD라는 2가지 파일 형식을 볼 수 있는데요. 이 중 XAVC가 가장 최근에 나온 포맷으로, 압축률과 화질이 좋습니다. 고화질 영상을 촬영한다면 XAVC 중에서도 프레임 크기가 큰 XAVC 4K로 설정하면 되겠죠?

 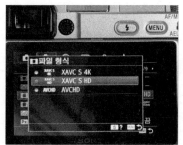

프레임 속도는 [메뉴 → 동영상 → 녹화 설정]에서 설정할 수 있습니다. 24p, 30p, 60p, 120p 중에서 선택할 수 있습니다. 프레임 속도 뒤에 붙은 50M, 25M, 16M 등은 초당 전송되는 데이터 양을 뜻하는 비트 전송률입니다. 즉, 비트 전송률이 높을수록 화질이 좋아지죠.

 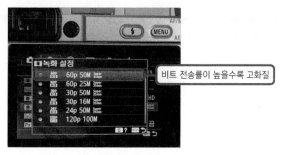

촬영 팁 2. 기울어진 화면 방지, 안내선 설정하기

사진이든 영상이든 기울어진 화면은 보는 사람으로 하여금 불편함을 느끼게 하죠. 이를 위해 스마트폰에서는 촬영 중인 화면이 기울어졌는지를 확인할 수 있도록 수직·수평 안내선 기능을 기본으로 제공합니다.

아이폰 안내선 설정 켜기

아이폰에서는 수직·수평 안내선을 격자라고 합니다. [설정] 앱에서 [카메라 → 격자]의 토글 버튼을 터치해 활성화해 주세요.

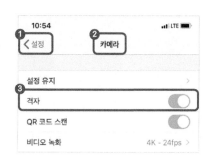

[격자]를 활성화하고 카메라를 켜면 가로세로로 격자 모양 안내선이 뜨는 것을 확인할
수 있습니다.

[격자] 설정 전   [격자] 설정 후

갤럭시 안내선 설정 켜기

기본 카메라 앱에서 [카메라 설정 → 수직/수평 안
내선]의 토글 버튼을 터치해 활성화해 주세요.

[수직/수평 안내선]을 활성화하고 카메라를 켜면 가로세로로 격자 모양 안내선이 뜨는
것을 확인할 수 있습니다.

[수직/수평 안내선] 설정 전

[수직/수평 안내선] 설정 후

이렇게 [수직/수평 안내선] 또는 [격자]를 준비했으면 이제 영상의 수평을 맞춰 볼게요. 스마트폰이 앞뒤로 기울어지지 않도록 평평하게 들어 보세요. 벽이나 바닥 등 주변의 수평, 수직 요소가 격자와 평행하도록 맞춰 보세요. 영상이 훨씬 안정감 있어 보인답니다.

수평, 수직이 맞지 않는 영상

수평, 수직이 잘 맞는 영상

촬영 팁 3. 화면 비율은 일관되게

완성할 영상의 화면 비율이 가로 16:9라면 촬영할 때도 스마트폰을 가로로 눕혀야 해요. 그런데 평상시엔 스마트폰을 세로로 사용하다 보니 자신도 모르게 가로로 촬영하다 세로로 바꾸는 실수를 많이 한답니다. 이렇게 촬영한 영상의 비율이 뒤죽박죽이면 편집도 어려울뿐더러 보는 사람도 불편할 수밖에 없어요. 이 점에 주의해서 내가 만들 영상이 가로면 계속 가로로, 세로면 계속 세로로 촬영해야 합니다.

스마트폰 가로로 촬영 시

스마트폰 세로로 촬영 시

촬영 팁 4. 멀미 주의, 흔들림 없이 촬영하기

스마트폰은 다른 촬영용 카메라에 비해 가볍고 휴대성도 좋지만 그만큼 영상에 흔들림이 쉽게 들어갑니다. 영상이 많이 흔들리면 아무리 예쁘게 찍어도 보기 불편하죠. 가장 좋은 방법은 삼각대를 이용하는 것입니다. 작은 스마트폰용 삼각대만으로도 흔들림을 줄일 수 있어요. 하지만 늘 삼각대를 가지고 다닐 수 없다면 '3초 기다리기'와 '바른 촬영 자세'라는 2가지 팁을 활용해 보세요.

3초 기다리기는 말 그대로 녹화 버튼을 누른 채로 3초를 기다리는 거예요. 만약 준비 없이 바로 녹화 버튼을 눌러 촬영을 시작한다면 누르는 순간이나 이리저리 구도를 잡을 때 흔들림이 들어갈 수밖에 없답니다. 따라서 녹화를 시작하기 3초 전에 미리 녹화 버튼을 누르고 3초 동안 화면이 안정되도록 잡아 주세요. 마찬가지로 녹화를 끝낼 때도 다 찍은 후에 3초 정도 기다렸다가 끊어 주는 게 좋아요.

바른 촬영 자세 역시 말 그대로 자세를 최대한 바르게 한 상태로 촬영하는 거예요. 앉아서 촬영할 때는 팔을 책상이나 주변에 안정적으로 받치고 찍어 주세요. 걸을 때는 무릎을 살짝 굽힌 채로 걸으면서 촬영하면 영상에 흔들림이 덜 들어갑니다. 물론 찍을 땐 좀 힘들지만 결과물은 훨씬 안정적이랍니다.

촬영 팁 5. 카메라 보조 앱 활용하기

일반 카메라에는 없는 스마트폰만의 가장 큰 장점이 바로 앱을 활용할 수 있다는 것입니다. 카메라 기능을 보조해 주는 촬영 앱을 사용하면 프레임 크기, 프레임 속도, 노출,

셔터 속도 등 세밀한 카메라 설정부터 다양한 필터까지 활용할 수 있죠.

뿐만 아니라 미러리스나 DSLR 카메라로만 할 수 있었던 로그 촬영 기능(log, 채도를 줄여 색 보정을 수월하게 하는 기능)이나 수동 포커스 조정 기능 등을 활용할 수도 있답니다. 스토어에 수많은 카메라 앱이 있으니 자신에게 필요한 기능이 무엇인지, 어떤 앱을 활용하는 게 도움이 될지 여러 앱을 사용해 보는 게 좋아요. 그중에서도 자주 사용하는 유·무료 앱을 추천할게요.

💧 유료 앱은 구매하기 전에 사용 목적을 분명히 따져 보는 게 좋아요.

추천하는 무료 앱

'Focos Live'는 영상에 다양한 필터를 적용할 수 있고 노출값 고정, 프레임 수 변경, 화면 비율(영화 비율, 정사각형 비율 등) 변경 등 무료 버전으로도 다양한 기능을 쓸 수 있답니다. 유료 결제를 하면(1달 2,500원, 1년 11,000원, 평생 구매 19,000원) 배경을 흐리게 하는 효과, 흔들림을 잡아 주는 효과 등 업그레이드된 기능을 활용할 수 있습니다.

추천하는 유료 앱

'FiLMiC Pro'는 프레임 수, 비율, 노출, 로그 촬영 등 스마트폰으로도 전문 카메라 수준으로 세세하게 값을 설정할 수 있는 앱이에요. 대부분의 기능이 유료이기 때문에 필요한 기능을 꼼꼼히 따져 보고 구매를 결정하세요.

현직 PD가 알려 주는
장비 고르는 법

나에게 맞는 카메라 선택하기

촬영하기 전 가장 고민되는 게 있다면 바로 장비, 즉 카메라입니다. 물론 고가의 카메라를 사용하면 그만큼 기능은 다양하지만, 장비의 질이 곧 영상의 질은 아니랍니다. 중요한 것은 값비싼 고성능 카메라가 아니라 내가 만들 영상에 적합하고 내 상황에 맞는 카메라죠. 가장 많이 쓰는 카메라를 꼽자면 스마트폰, 콤팩트 카메라, 액션캠 그리고 DSLR 같은 렌즈 교환식 카메라 4가지입니다. 각각 어떤 장단점이 있고 어떤 영상에 적합한지 살펴보겠습니다.

스마트폰	콤팩트 카메라	액션캠	렌즈 교환식 카메라
휴대성 ★★★★★ 성능 ★★★☆☆ 난이도 하	휴대성 ★★★☆☆ 성능 ★★★★☆ 난이도 중	휴대성 ★★★★☆ 성능 ★★★☆☆ 난이도 중	휴대성 ★★☆☆☆ 성능 ★★★★★ 난이도 상

스마트폰	콤팩트 카메라	액션캠	렌즈 교환식 카메라
휴대성에서 최상위! 카메라에 비해 기능은 많지 않지만 사용이 쉽고 편리합니다. 유튜브 브이로그, 정보 전달 영상 등은 스마트폰 카메라로도 충분해요.	스마트폰보다 화질도 좋고 아웃 포커싱 효과도 선명합니다. 게다가 가볍고 조작법도 간단하죠. 스마트폰은 아쉽고 기능이 많은 카메라는 부담스럽다면 콤팩트 카메라를 추천해요.	수중 촬영, 등산, 달리기, 드라이브 등 활동적인 장면을 담을 땐 액션캠을 빼놓을 수 없죠. 단, 화각이 넓고 영상 확인이 바로 어려워 일상 영상 촬영에는 적합하지 않아요.	카메라 몸체에 렌즈를 교체할 수 있는 카메라로, DSLR과 미러리스를 대표로 꼽을 수 있죠. 휴대성이 떨어지고 조작도 어려운 편이지만 그만큼 높은 품질의 영상을 얻을 수 있습니다.

카메라 비교 표

휴대성	스마트폰 → 액션캠 → 콤팩트 카메라 → 렌즈 교환식 카메라
아웃 포커싱 기능	렌즈 교환식 카메라 → 콤팩트 카메라 → 스마트폰 → 액션캠
가격	렌즈 교환식 카메라 → 콤팩트 카메라 → 액션캠 → 스마트폰(이미 가지고 있다고 가정했을 때)

기기별 휴대성, 아웃 포커싱 기능, 가격 비교 표

카메라를 정했다면 이제 모델을 정할 차례입니다. 배터리 지속 시간, 틸트 액정 유무(화면을 180도로 돌려 촬영 화면을 바로 볼 수 있는 액정), 4K 지원 여부, 손 떨림 방지 기능, 적당한 가격 등 여러분이 중요하게 생각하는 기능 또는 조건을 목록으로 만들어 검색해 보고 최대한 많은 조건을 만족하는 모델을 찾아보세요. 그런 다음 해당 카메라의 리뷰를 참고해 어떤 기능이 있고 영상이 어떻게 나오는지 확인하는 것도 좋은 방법입니다.

스마트폰 '아이폰XR(4K)'로 촬영한 영상

미러리스 '소니 a6400(FHD)'로 촬영한 영상

DSLR '캐논 80D(FHD)'로 촬영한 영상

촬영 보조 장비 추천 1. 삼각대

고가의 장비를 쓴다고 해서 반드시 좋은 영상이 나오는 건 아니지만, 적절한 보조 장비는 좋은 영상을 만드는 데 많은 도움이 됩니다. 촬영 보조 장비도 스탠드, 조명, 반사판, 동조기 등 무척 다양하지만 그중에서 활용도 높은 4가지만 소개할게요.

먼저 촬영 필수 장비인 카메라를 안정적으로 거치하도록 도와주는 보조 장비, 삼각대입니다. 혼자 촬영한다면 더더욱 필수! 가격대는 3천 원부터 10만 원대까지 다양합니다. 삼각대를 고를 때 고려할 요소는 우선 다리 길이입니다. 테이블에 올려놓고 쓸 건지 바닥에 놓고 쓸 건지 용도를 고민해 봐야 해요.

또 무게도 중요합니다. 들고 다니면서 스마트폰만 거치할 거라면 가볍고 작은 삼각대가 좋겠죠. 하지만 카메라와 스마트폰을 같이 거치할 거라면 카메라의 무게를 버틸 수 있을 정도로 무게 있는 삼각대가 필요합니다. 삼각대에도 여러 종류와 다양한 브랜드가 있는데요. 그중에서 초보자가 쓰기 좋은 중저가 모델을 정리해 봤어요.

제품명 (가격)	울란지 미니 삼각대 MT-05(6천 원대)	디씨네트워크 블루 투스 셀카봉 (9천 원대)	엠킷 카메라 스마 트폰 삼각대 (1만 7천 원대)	맨프로토 콤팩트 라이트 삼각대 (7~8만 원대)
거치 장비	스마트폰, 카메라	스마트폰	스마트폰, 카메라	스마트폰, 카메라
무게 / 길이	189g / 11~16cm	155g / 18~70cm	570g / 38~121cm	816g / 39~131cm

특징	책상에 올려놓고 낮은 높이에서 촬영할 때 좋은 삼각대. 360도 회전할 수 있는 볼 헤드로 각도를 쉽게 바꿀 수 있음	초경량이라 휴대성이 높은 스마트폰 삼각대. 블루투스 리모컨으로 쉽게 조작할 수 있음. 단, 가벼운 만큼 거치 장비의 무게 고려	내구성이 좋고 스마트폰뿐만 아니라 카메라도 거치할 수 있어 가성비가 높음	다른 제품에 비해 가격대가 높지만 그만큼 안정된 품질을 보장함

촬영 보조 장비 추천 2. 짐벌

걷거나 뛰면서 촬영할 때 영상의 흔들림을 최소화하고 부드러운 움직임을 담고 싶다면 짐벌이 꼭 필요해요. 짐벌은 장착된 내부 센서가 외부 움직임과 반대 방향으로 기기를 기울여 흔들림을 막아 준답니다. 아웃도어 광고나 스포츠 경기 같은 역동적인 영상은 대부분 짐벌을 사용하죠.

크기와 무게는 제품에 따라 천차만별이지만 충전이 필요한 장비라 배터리 무게까지 고려하면 아무리 가벼워도 웬만한 스마트폰 무게에, 크기는 그 이상이죠. 따라서 접을 수 있는 제품인지 무게는 얼마나 나가는지 배터리 유지 시간은 얼마나 되는지 등 꼼꼼히 살펴보고 신중히 선택해야 합니다.

제품명(가격)	페이유 브이로그 포켓 (7만 원대)	DJI 오즈모 모바일3 콤보 (16만 원대)	DJI 로닌S(80만 원대, 약 2만 원대로 1일 대여)
거치 장비	스마트폰	스마트폰	카메라
무게 / 길이	272g / 14cm (접었을 때 길이)	405g / 15cm (접었을 때 길이)	1.5~1.85kg / 48cm (접었을 때 길이)
최대 사용 시간	14h	15h	12h
특징	초소형, 비교적 저렴한 가격	섬세한 움직임, 연동 앱을 활용한 다양한 촬영 기능, 크기도 작고 가벼워 비교적 휴대성이 높음	연동 앱에서 다양한 촬영 기능을 활용할 수 있음

촬영 보조 장비 추천 3. 마이크

스마트폰으로 촬영할 때 아쉬운 게 있다면 바로 음질입니다. 주변이 시끄럽거나 말하는 사람이 여러 명이면 소리가 겹쳐서 선명하게 녹음하기 어렵죠. 이럴 때는 보조 장비로 마이크를 연결해서 녹음 품질을 보완할 수 있어요.

● 조용하고 좁은 실내 공간이나 차 안에서는 스마트폰으로도 선명하게 녹음할 수 있습니다.

보조 장비로 사용하기 좋은 마이크로는 샷건 마이크가 대표적입니다. 샷건 마이크는 마이크가 향하는 특정 각도에서 나는 소리를 잘 잡습니다. 즉, 요리하는 소리나 목소리 등 원하는 특정 소리를 선명하게 잡아 주죠.

제품명(가격)	로데 VideoMic GO(9만 원대)	너츠 단일 지향성 마이크 NM-200 풀 세트(4만 원대)
특징	카메라와 연결해서 쓸 수 있는 샷건 마이크로, 목소리뿐만 아니라 요리하는 소리, 풍경 소리 등 마이크가 향하는 대상의 소리를 선명하게 녹음할 수 있음	지향성 마이크. 스마트폰이나 카메라와 연결해 마이크가 향한 방향에서 나는 소리를 또렷하게 녹음할 수 있음. 가성비 높은 제품으로 평이 좋음

목소리를 선명하게 녹음하려면 말하는 사람의 옷깃에 다는 핀 마이크 또는 목소리를 녹음해서 음성 파일로 저장하는 녹음기를 많이 씁니다.

제품명(가격)	컴소닉 PILLAR CM-006(2만 원대)	소니 ICD-TX650(16만 원대)
특징	스마트폰, 카메라와 연결 가능. 가성비가 높지만 유선이라 상황에 맞게 사용 고려	녹음기 형태로, 오디오 파일을 따로 저장할 수 있고 부착된 클립을 활용해 한층 더 깔끔하게 녹음 가능

촬영 보조 장비 추천 4. 조명

조명을 사용하는 이유는 단순히 밝게 촬영하기 위해서가 아닙니다. 조명을 잘 쓰면 원하는 분위기를 낼 수도 있고 더 선명하고 입체감 있는 영상을 표현할 수 있죠. 특히 실내에서 촬영하는 인물 위주의 튜토리얼 영상이나 인터뷰 영상은 조명이 있고 없고에 따라 결과물에 큰 차이가 납니다.

조명 켰을 때

조명 껐을 때

촬영할 때 흔히 쓰는 조명에는 검은색 박스 모양의 소프트박스 조명과 원형 가운데에 카메라를 두고 촬영할 수 있는 링 조명이 있습니다.

	![소프트박스 조명]	![링라이트]
제품명(가격)	포터블 지속광 라이트 D4040 KIT1(4~5만 원대)	본젠 KL-120 카메라 스마트폰 LED 링라이트 스탠드(3만 원대)
특징	소프트박스가 조명을 감싸 빛을 더 부드럽게 만들어 줌. 1-2명이 출연하는 실내 인터뷰, 예능 등 다양한 영상에 활용하기 좋음	카메라를 부착하기 좋아 혼자 실내에서 촬영할 때 유용함. 90도 이상 각도 조절이 되어 테이블을 넓게 비춰 요리, 그림 등 작업하는 영상을 촬영하는 데도 활용할 수 있음

| 조명 없이 조명 효과 내는 법

초보자가 사용하기 좋은 비교적 저렴한 조명을 위주로 추천했지만, 실제 조명의 가격 대는 2~3만 원대부터 100만 원대까지 무척 다양합니다. 그럼 이 비싼 조명을 꼭 사야 만 할까요? 그렇진 않습니다. 어디까지나 조명은 '보조 장비'지 '필수 장비'가 아니거 든요. 비싼 조명을 구입하는 게 부담스럽다면 자연광이나 백색 스탠드를 활용해 보세 요. 단, 다음 2가지만 기억해 두세요.

1. 창문, 형광등, 스탠드 등 빛이 들어오는 쪽을 바라보면서 촬영하세요.

빛을 등졌을 때

빛을 마주볼 때

2. 빛을 마주보되 빛이 자연스럽게 퍼지도록 어느 정도 거리를 두세요. 또는 형광등, 스 탠드 등을 사용한다면 얇은 종이나 휴지로 감싸 빛을 부드럽게 만드는 것도 좋아요.

빛과 가까울 때

빛과 거리를 두었을 때

01-4

영상 촬영 심화,
카메라 이해하기

스마트폰으로 촬영을 하다가 좀 더 욕심이 난다면 카메라에 관심이 가기 마련입니다. 하지만 대부분 자동으로 설정되는 스마트폰과 달리 카메라는 세부 설정을 직접 조절해야 해서 더 어렵게 느껴질 수 있습니다. 그래서 이번엔 스마트폰뿐만 아니라 카메라를 사용할 때 알아 두면 좋을 카메라 용어에 대해 간단히 알려드릴게요.

화이트 밸런스

화이트 밸런스란, 말 그대로 '흰색 균형'을 잡는 것입니다. 조명의 색온도가 높으면 붉게, 색온도가 낮으면 푸르게 찍히는데요. 촬영할 때 들어오는 빛에 따라 화이트 밸런스 값을 적당히 조절해야 흰색 사물이 영상에도 흰색으로 보입니다.

우리가 보는 빛의 온도와 색은 비슷해 보여도 조금씩 다릅니다. 해질녘 자연광과 푸른 형광등 빛이 다른 것처럼 말이죠. 촬영한 영상이 유난히 노랗거나 파랗게 보였던 적이 있나요? 특히 실내에서 촬영한 영상이 실제로 보이는 것과 다르다고 느낀 적은 없나요? 이처럼 색 조명이나 주변 사물에 따라 종종 완전히 다른 색감이 나오곤 하는데요. 이럴 때 조절해야 하는 기능이 바로 화이트 밸런스입니다.

화이트 밸런스 설정 방법은 카메라마다 조금씩 다르지만 대부분 카메라는 자동 설정 기능이 있습니다. 하지만 수동으로 설정하는 법도 알아 두면 좋겠죠?

먼저 화면에 어떤 빛이 많이 들었는지 확인해야 합니다. 흰색 종이나 벽을 촬영하면서 화면의 빛을 확인해 보세요. 흰색이 푸른빛을 띤다면 색온도 값을 높여 색감의 균형을 맞춰 주세요. 반대로 흰색이 노란빛을 띤다면 색온도 값을 낮추면 됩니다.

파랗게 찍힌 영상 → 색온도를 높인 모습

노랗게 찍힌 영상 → 색온도를 낮춘 모습

초점 모드 AF · MF

스마트폰은 자동으로 초점을 잡는 기능이 있습니다. 초점을 맞출 피사체를 화면에 담고 그 부분을 터치하면 자동으로 초점이 잡히죠. 카메라에도 자동 초점 모드(AF: auto focus) 기능이 있습니다. 피사체나 카메라가 움직일 때마다 매번 초점을 맞추긴 어려우니까요. 자동 초점 모드에서는 셔터를 살짝 누르면 카메라가 자동으로 대상에 초점을 맞춥니다.

자동 초점 모드

영상을 촬영하다 피사체를 바꾸고 싶다면 수동 초점 모드(MF: manual focus)로 변경할 수 있습니다. 수동 초점 모드에서는 시점, 원하는 거리 등 더 세세하게 조정할 수 있어요. 예를 들면, 한 화면에 거리를 두고 서 있는 두 사람을 촬영하다가 앞사람에서 뒷사람으로 초점을 옮겨야 할 때는 수동으로 초점을 변경하는 게 좋습니다.

💧 카메라로 촬영 연습을 할 때는 M 모드, 즉 완전 수동 모드로 맞추고 하는 걸 추천합니다.

하지만 이렇게 세세한 연출은 영화, 뮤직 비디오 등 다소 난도가 높은 영상에서 많이 사용하며 브이로그나 예능 같은 영상에서는 자주 사용하지 않아요. 특히 초점 이동이 익숙하지 않은 상태에서 수동 초점 모드를 사용하면 자칫 초점이 나간 영상만 찍혀 있을 확률이 높으니 충분히 연습해 본 후에 사용하세요.

수동 초점 모드

조리개 값

조리개 값(F number)이란 말 그대로 조리개를 열어 빛을 받는 양을 뜻합니다. 사람도 빛이 강하면 눈을 찌푸리고 어두우면 눈을 크게 뜨는 것처럼 조리개로 카메라에 들어오는 빛의 양을 조절하는 거죠.

조리개 값은 F1, F2, F3…과 같이 F값으로 표현합니다. 조리개를 넓게 열어 빛을 많이 받을수록 F값은 작아지고 조리개를 좁게 열어 빛을 적게 받을수록 F값은 커지죠. 이 F값은 영상의 밝기와 아웃 포커싱(out of focus), 즉 주요 피사체를 제외하고 배경이 흐려지는 효과에 큰 영향을 미칩니다. 조리개를 넓게 열면(F값이 낮으면) 영상이 밝아지고 아웃 포커싱 효과는 커집니다. 반대로 조리개를 좁게 열면(F값이 높으면) 영상이 어두워지고 아웃 포커싱 효과는 줄어듭니다.

F3.5로 촬영한 모습

F8로 촬영한 모습

두 영상의 밝기가 확실히 구분되나요? 조금 더 자세히 살펴보면 아웃 포커싱의 차이도 확실히 보일 거예요. F3.5(조리개를 많이 열었을 때)로 촬영했을 땐 빛을 많이 받아 밝고 아웃 포커싱 효과가 크게 들어간 반면, F8(조리개를 조금 열었을 때)로 촬영했을 땐 전체적으로 어둡고 아웃 포커싱 효과도 적게 들어간 것을 확인할 수 있습니다.

셔터 속도

셔터 속도(shutter speed)란 렌즈가 빛을 받는 시간을 나타내는 값이에요. 1/60(초), 1/300(초)와 같이 표현합니다. 셔터 속도가 짧으면 빛을 받는 시간이 짧아지니 영상이 어두워지고, 셔터 속도가 길면 빛을 받는 시간이 길어지니 영상도 밝아집니다.

셔터 속도는 밝기뿐만 아니라 영상의 움직임에도 차이를 줍니다. 셔터 속도가 짧으면 피사체가 빠르게 움직여도 비교적 정확하게 움직임을 포착할 수 있어요. 반대로 셔터 속도가 길면 피사체가 빠르게 움직일 때 일명 모션 블러(motion blur)라는 잔상이 남습니다. 흔들리는 나뭇잎을 찍은 이미지를 예로 살펴볼까요?

셔터 속도 1/60(초)으로 촬영한 모습

셔터 속도 1/500(초)으로 촬영한 모습

셔터 속도가 긴 왼쪽 이미지를 보면 밝기도 밝고 모션 블러도 많습니다. 반대로 셔터 속도가 짧은 오른쪽 이미지는 어둡고 모션 블러 없이 선명하죠. 영상에 잔상을 많이 남기고 싶다면 셔터 속도를 길게 하는 게 좋아요. 단, 화면이 지나치게 밝아진다면 조리개 값이나 ISO 감도를 조절해 밝기를 낮춰야 해요.

셔터 속도는 보통 프레임 수의 2배 정도로 맞추는 것을 권합니다. 영상 프레임 수가 30fps라면 셔터 속도를 1/60(초)로 설정하는 거죠.

실내에서 촬영한다면 셔터 속도가 지나치게 짧아지지 않도록 주의해야 합니다. 형광등 때문에 화면에 검은 줄이 생기는 플리커 현상이 생길 수 있기 때문인데요. 먼저 영상을 촬영해 보고 플리커 현상이 생긴다면 셔터 속도를 낮추면 됩니다. 대부분 1/125(초)보다 낮게 설정하면 플리커 현상 없이 촬영할 수 있어요.

ISO

ISO란, 빛의 감도를 뜻합니다. 조리개 값, 셔터 속도와는 별개로 영상 밝기를 조절하는 값입니다. ISO값이 높을수록 영상이 밝아져요. 간단하죠? ISO를 이용하면 어두운 곳에서도 비교적 밝은 영상을 찍을 수 있습니다.

단, ISO값이 지나치게 높으면 영상에 노이즈가 생기면서 화질이 떨어져 보일 수 있으니 주의해야 해요. 선명하게 찍으려면 ISO값이 3200을 넘지 않는 게 좋습니다. '적당한 값'은 각자 원하는 화질이나 카메라의 성능에 따라 다를 수 있으니 미리 영상을 촬영해 보면서 ISO값을 정확하게 조절하세요.

ISO 800으로 촬영한 모습

ISO 5000으로 촬영한 모습

예PD의 꿀팁 | **한눈에 살펴보는 설정값**

지금까지 살펴본 설정값들을 정리해 보았어요. 한번 더 살펴본 뒤 촬영하면서 직접 조절해 본다면 더 빠르게 손에 익겠죠?

조리개 값 (F)	·심도(아웃 포커싱), 밝기 ·F값을 낮출수록 아웃 포커싱 효과는 커지고 화면은 밝아짐
셔터 속도 (초)	·움직임(모션 블러), 밝기 ·초가 길어질수록 모션 블러 효과가 강해지고 화면이 밝아짐 ·보통 영상 프레임 속도의 2배에 맞춤(30fps -1/60(초) ·실내에서는 1/125보다 짧아지면 플리커 현상이 생길 수 있음
ISO (감도)	·빛의 감도 ·값이 커질수록 밝아지지만 지나치게 크면 화면에 노이즈가 생길 수 있음

시선을 사로잡는
촬영 구도 잡기

장비도 마련했고 카메라 설정도 마쳤으니 이제 촬영할 차례입니다! 그런데 무엇을 촬영하죠? 막연하게 여행 브이로그를 촬영한다며 인물, 풍경, 음식 등 보이는 대로 담다간 1인칭 시점에서 방황하는 영상만 고스란히 남게 될 겁니다. 그러면 촬영 분량이 늘어나 편집 시간도 오래 걸리고 영상의 콘셉트도 중구난방이 되죠. 뚜렷한 촬영 목표와 확실한 촬영 대상 그리고 곰손도 금손이 되는 촬영 구도 팁까지 쉽게 알려드릴게요.

주요 촬영 대상 찾기

잠깐! 녹화 버튼을 누르기 전에 자신에게 질문을 하나 던지세요. "내가 보여 주고 싶은 게 뭐지?" 만약 여러분이 지금 카메라를 들고 있는 장소가 카페라면, 여기서 보여 주고 싶은 게 카페의 분위기인지 테이블 위 메뉴인지 디저트의 색감인지 등 촬영 목적을 분명하게 정해야 합니다. 그리고 녹화를 멈출 때까지 목적에 맞는 장면만 촬영하면 됩니다.

핵심 대상을 중심으로 촬영한 영상

여러 대상을 촬영한 영상

QR 코드로 영상을 확인하세요.

만약 촬영 도중 장면이나 대상을 바꾸고 싶다면? 일단 녹화를 멈추세요. 그런 다음 카메라를 바꾸고 싶은 장면 또는 대상으로 옮기고 다시 녹화 버튼을 누르세요. 그럼 보여주는 대상이 뚜렷해지고 장면에 따라 영상 파일이 나뉘므로 편집할 때도 수월하답니다.

💧 녹화 버튼을 누르고 멈출 때까지 녹화된 동영상 파일 하나를 '컷(cut)' 또는 '숏(shot)'이라고 합니다.

대상에 가까이 다가가기

촬영 대상은 구체적이고 가까울수록 좋아요. 예를 들어 카페를 촬영한다면 테이블에 놓인 커피잔, 벽에 걸린 액자 등 대상에 더 가까이 다가가 보세요. 인물도 마찬가지입니다. 전신을 보여 줄 수도 있지만 발, 손, 머리카락 등 특정 부분만 확대해서 보여 줄 수도 있어요. 특히 스마트폰으로 찍을 때는 대상을 클로즈업해서 찍을수록 아웃 포커싱 효과가 커져서 더 또렷하게 찍을 수 있어요.

촬영 대상을 가까이 두고 배경은 흐려지는 아웃 포커싱 효과

특정 부분만 가까이에서 촬영한 모습

피사체는 정중앙 또는 1/3 지점에 두기

촬영 대상, 즉 피사체가 화면 어디에 있어야 보기 좋을까요? 가장 직관적인 위치는 정중앙입니다. 하지만 색다른 느낌을 주고 싶다면 피사체를 화면의 1/3 지점에 놓아 보세요. 적당한 여백이 안정감을 준답니다. 이 여백은 자막을 넣을 때도 활용할 수 있어요.

핵심 피사체를 화면 1/3 지점에 두고 촬영한 모습

핵심 피사체를 화면 정중앙에 두고 촬영한 모습

핵심 피사체가 분명하지 않고 위치도 애매하게 촬영한 모습

다양한 거리 · 각도에서 촬영하기

보통 자신의 눈높이에서 보이는 그대로 영상을 찍기 마련인데요. 그러다 보면 모든 영상이 비슷해지고 단조로워지기 쉬워요. 피사체를 가까이 또는 멀리서 찍어 보면 훨씬 다채로운 영상을 만들 수 있어요.

거리뿐만 아니라 각도도 달리해 보면 또 다른 느낌을 줄 수 있어요. 같은 인물을 찍을 때도 올려다보는 각도로 찍으면 웅장한 느낌이나 무게감을 주고 내려다보는 각도로 찍으면 평소엔 보지 못했던 새로운 모습이 보이면서 완전히 다른 느낌을 줄 수 있겠죠. 이렇게 적절한 거리, 각도를 활용해 여러 컷을 찍어 두면 원하는 분위기를 더 강조할 수도 있고 편집할 때 활용할 컷도 많아집니다.

카메라를 아래에 두고 촬영한 영상

위를 보는 시점으로 촬영한 영상

잘 만든 영상 참고하기

촬영 구도를 잡는 게 어렵다면 평소 즐겨 보는 유튜브 채널 또는 TV 프로그램에서 카메라 구도를 어떻게 잡고 있는지 유심히 살펴보세요. 시청자가 아닌 제작자의 눈으로 보면 달리 보이는 부분이 있을 거예요. '나도 이렇게 만들어 봐야지!' 하는 부분은 캡처하거나 메모해 두는 습관도 아주 큰 도움이 됩니다.

촬영 구도 참고 : 유튜브 채널 '여행에 미치다'

색상, 분위기 참고 : 유튜브 채널 'linh truong'

감성적 촬영 구도 참고 : 유튜브 채널 '승아네'

자막 위치 고려한 촬영 구도 참고 : 유튜브 채널 'Necry Talkie Official'

쪽지 시험

촬영 연습하기

앞서 배운 5가지 팁을 활용해 촬영해 봅시다. 대상을 구체적으로 정한 다음 거리, 배치, 각도 등을 다르게 하면 어떤 차이가 나는지 직접 촬영하면서 느껴 보세요.

1. **공간 설정**: 방, 부엌, 자주 가는 카페, 음식점 등 촬영할 장소를 정합니다.
2. **피사체 없이 촬영**: 촬영 대상을 정하지 않고 보이는 대로 카메라를 움직이며 20초 정도 촬영해 보세요.
3. **피사체 정하고 촬영**: 간판, 가구, 인물 등 보여 주고 싶은 대상을 구체적으로 정해서 5초씩 4개의 컷을 촬영해 보세요.
4. **영상 비교**: 영상을 비교해 피사체가 있고 없고에 따라 영상이 어떻게 다른지 기록해 보세요.

촬영·영상
제작 기본 편

#프로젝트 시작

#컷 편집

프리미어 프로
기본 편

Pr

프리미어 프로
활용 편

포토샵
특강

#화면, 오디오 전환

(찡긋)

#자막

프 리 미 어 프 로 기본 편

프로젝트 생성부터 영상 출력까지 한번에

영상 편집
준비하기

본격적으로 영상 편집을 시작하기 전에 꼭 필요한 것들을 준비해 볼
게요. 먼저 영상 편집 프로그램인 '프리미어 프로'를 설치해야겠죠?
그런 다음 영상에 쓸 배경 음악과 효과음 그리고 자막에 사용할 글꼴
도 필요합니다. 마지막으로 화면을 더 자연스럽게 전환할 수 있는 플
러그인까지 설치하면 모든 준비 끝!

누구나 쉽게 시작하는
'프리미어 프로'

영상 편집을 시작하려고 마음먹었을 때 가장 먼저 부딪히는 벽이 있다면 바로 '프로그램 선택'입니다. 영상 편집 프로그램만 해도 프리미어 프로, 베가스, 파이널 컷, 곰믹스, 여기에 수많은 스마트폰 앱까지… 여기서 끝이 아닙니다. 섬네일 만들 땐 포토샵, 소스 만들 땐 일러스트레이터, 효과 넣을 땐 애프터 이펙트 등 듣기만 해도 머리가 지끈지끈하죠. 다행히 지금부터 우리가 사용할 프로그램은 딱 하나입니다. 어도비(Adobe)의 프리미어 프로라는 아주 직관적이면서 다루기 쉬운 영상 편집 프로그램이죠. 물론 포토샵, 애프터 이펙트 등 다양한 프로그램을 함께 사용하면 좋지만 반드시 모두 쓸 필요는 없어요. 그럼 각 프로그램이 어떤 역할을 하는지 가볍게 살펴볼까요?

알아 두면 유용한 프로그램 3가지

프리미어 프로 — 영상 편집

프리미어 프로에는 없는 게 없습니다. 컷 편집, 자막, 음악, 효과 등 영상 편집에 필요한 모든 기능이 프리미어 프로에 준비되어 있죠. 그중에서도 특히 영상을 자르고 붙이는 컷 편집 작업을 하는 긴 시간 내내 프리미어 프로와 함께할 거예요. 그 외에 색 보정, 볼륨 조절 등 기능이 다양해서 프리미어 프로 하나만 제대로 다뤄도 웬만한 영상을 만들 수 있답니다.

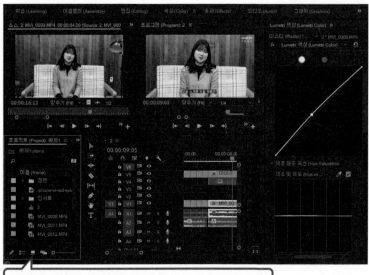

컷 편집, 자막, 음악, 효과 등 영상 편집의 필수 프로그램 '프리미어 프로'

포토샵 — 자막, 로고, 섬네일

포토샵 역시 어도비 프로그램으로, 색 보정, 합성 등 이미지를 편집할 때 주로 사용하죠. 영상 편집에서는 자막이나 로고를 만들 때 포토샵을 많이 사용합니다. 물론 기본 자막이나 로고는 프리미어 프로에서도 작업할 수 있지만 더 다양한 이미지 편집 기능을 사용하고 싶다면 포토샵을 활용하면 좋아요.

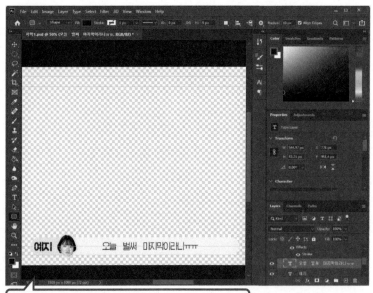

더 다채로운 자막, 로고, 섬네일을 만들 수 있는 프로그램 '포토샵'

애프터 이펙트 — 트랜지션, 특수 효과

애프터 이펙트는 영상 또는 이미지 합성이나 화면 전환, 특수 효과를 만들 때 사용하는 프로그램입니다. 대표적으로 영화나 뮤직비디오에서 불꽃이 터진다거나 빛이 나는 효과를 넣을 때 또는 그래픽 애니메이션을 만들 때 쓰이죠. 그래서 초보자가 곧장 다루기는 쉽지 않습니다. 물론 이미 만들어진 템플릿을 활용한다면 초보자도 화려한 화면 전환 효과나 자막 효과를 넣을 수 있어요.

화면 전환, 모션 효과에 탁월한 기능을 갖춘 '애프터 이펙트'

영상 편집을 위한 최소 사양

영상 편집을 할 때는 데스크톱과 노트북을 주로 사용하는데요. 빠른 편집 속도를 원하고 4K 영상을 편집할 예정이라면 노트북보다는 데스크톱을 권합니다. 휴대성을 중요하게 생각한다면 노트북도 좋지만 화면 크기가 15인치 이상이어야 눈의 피로감을 덜수 있어요.

또 사용하는 컴퓨터의 운영체제에 따라 최소 사양이 조금씩 다릅니다. 최소 사양이란 프리미어 프로를 실행하기 위해 갖춰야 할 최소한의 사양을 뜻합니다. 윈도우의 경우 CPU는 core i5 이상, 맥일 경우 맥북 에어보다는 프로를 추천합니다.

최소 사양은 운영체제, 프로세서 또는 프리미어 프로의 업데이트에 따라 달라질 수 있으니 프로그램을 설치하기 전에 확인하는 게 좋습니다. 자세한 설명은 어도비 홈페이지의 〈Premiere Pro 시스템 요구 사항〉을 참고하세요.

Windows

	최소 사양	권장 사양
프로세서	Intel® 6 세대 이상의 CPU – 또는 이와 유사한 AMD	Intel® 7 세대 이상의 CPU – 또는 이와 유사한 AMD
운영 체제	Microsoft Windows 10 (64비트) 버전 1803 이상	Microsoft Windows 10 (64비트) 버전 1809 이상
RAM	8GB RAM	• 16GB RAM(HD 미디어용) • 32GB(4K 미디어용)
GPU	2GB GPU VRAM 권장 그래픽 카드 목록은 Adobe Premiere Pro의 권장 그래픽 카드를 참조하십시오.	4GB GPU VRAM 권장 그래픽 카드 목록은 Adobe Premiere Pro의 권장 그래픽 카드를 참조하십시오.
하드 디스크 공간	• 설치를 위한 8GB의 하드 디스크 여유 공간, 설치 중 추가 공간 필요(이동식 플래시 스토리지에는 설치되지 않음) • 미디어용 추가 고속 드라이브	• 앱 설치 및 캐시용 고속 내장 SSD • 미디어용 추가 고속 드라이브
모니터 해상도	1280 x 800	1920 x 1080 이상
사운드 카드	ASIO 호환 또는 Microsoft Windows 드라이버 모델	ASIO 호환 또는 Microsoft Windows 드라이버 모델

MacOS

	최소 사양	권장 사양
프로세서	® Intel 6 세대 이상의 CPU	® Intel 6 세대 이상의 CPU
운영 체제	macOS v10.13 이상	macOS v10.13 이상
macOS v10.13 또는 laterRAM	8GB RAM	• 16GB RAM(HD 미디어용) • 32GB(4K 미디어용)
GPU	2GB GPU VRAM	4GB GPU VRAM
하드 디스크 공간	• 설치를 위한 8GB의 하드 디스크 여유 공간, 설치 중 추가 공간 필요(대/소문자를 구분하는 파일 시스템이 사용되는 볼륨 또는 이동식 플래시 스토리지 디바이스에는 설치되지 않음). • 미디어용 추가 고속 드라이브	• 앱 설치 및 캐시용 고속 내장 SSD • 미디어용 추가 고속 드라이브
모니터 해상도	1280 x 800	1920 x 1080 이상

프리미어 프로는 월 또는 연 단위로 프로그램을 사용하는 구독제로 운영합니다. 단일 프로그램 또는 전체 프로그램을 구독할 수 있으며 비용은 개인, 기업, 학생에 따라 다르니 구독을 계획하고 있다면 플랜을 잘 살펴보세요.

하면 된다!♪

프리미어 프로 설치하기

01 어도비 홈페이지(adobe.com/kr)에서 [지원 → 다운로드 및 설치] 또는 프리미어 프로 페이지(adobe.com/kr/products/premiere)에서 [무료 체험판]이나 [구매하기]를 눌러 구매 플랜 선택 페이지로 이동합니다. 우선 7일 무료 체험판을 설치해 보겠습니다. [무료로 체험하기]를 클릭하세요.

02 어도비 계정이 없어도 메일로 설치할 수 있습니다. 메일을 입력한 다음 필수 동의 사항에 체크하고 [계속]을 클릭해 결제 정보 페이지로 이동합니다. 7일 무료 체험 기간이 종료되면 이때 입력한 결제 정보로 자동 결제됩니다.

💧 프리미어 프로 또는 어도비 프로그램을 앞으로도 사용할 예정이라면 계정을 만들어 두는 걸 추천합니다.

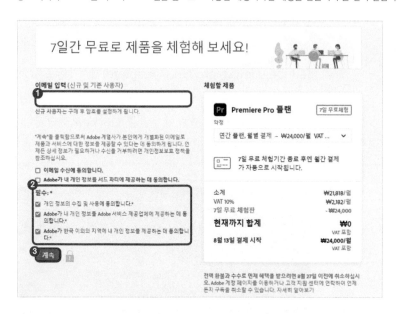

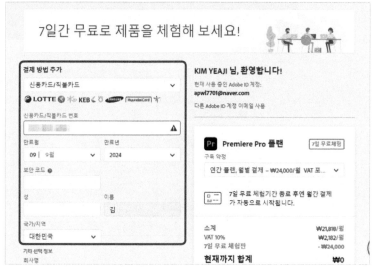

03 설치된 프로그램은 [로컬 디스크(C)]에서 [Program Files → Adobe]에 저장됩니다.

💧 실행 경로가 복잡하면 윈도우의 작업 표시줄에 고정해 두거나 바탕화면에 바로가기를 만들어 두면 편리해요.

[Adobe Premier Pro 2020]을 더블클릭하면 프리미어 프로를 시작할 수 있어요.

'Adobe Media Encoder'는 편집한 영상을 내보낼 때 사용해요.

📌 **예PD의 꿀팁**

자동 결제 취소하기

무료 체험 기간이 지나면 자동으로 구독 설정이 되며 결제가 된답니다. 만약 결제를 원하지 않는다면 어도비의 크리에이티브 클라우드 페이지(creativecloud.adobe.com)에서 로그인한 후 [계정 관리 → 플랜 관리 → 플랜 취소]로 구독을 취소할 수 있어요.

무료 글꼴·음원
준비하기

영상 편집에서 자막은 디자인 면에서도 내용 면에서도 아주 중요한 요소입니다. 특히 어떤 글꼴을 쓰느냐에 따라 자막 스타일이나 영상의 느낌이 확 달라지죠. 그래서 활용도 높은 글꼴을 다양하게 갖고 있는 것도 중요합니다.

단, 글꼴을 설치하기 전에 반드시 저작권을 확인해야 해요. 설치는 무료로 할 수 있어도 광고 영상이나 출판 같이 상업적 이용은 할 수 없는 글꼴도 있답니다. 우선 내가 만들 영상이 수익 창출 목적이 없는 개인적 영상인지, 광고 등 수익 창출을 목적으로 하는 상업적 영상인지를 분명히 해야 해요.

저작권 무료 글꼴 사이트

눈누

눈누(noonnu.cc)는 저작권 걱정 없이 개인적·상업적 영상에 모두 사용할 수 있는 무료 글꼴만 모아 둔 사이트입니다. 원하는 글꼴을 클릭하고 파일을 받아 설치하면 됩니다.

네이버 소프트웨어

네이버 소프트웨어(software. naver.com)는 문서, 보안, 동영상, 이미지 등 각종 프로그램을 설치할 수 있도록 모아 둔 일종의 공개 자료실입니다. 왼쪽에서 카테고리를 살펴보면 맨 아래에서 [폰트]를 찾을 수 있어요. 이곳에선 눈누에 없는 더 다양한 글꼴을 발견할 수 있답니다. 단 글꼴마다 라이선스가 다르니 사용하기 전에 이용 범위를 꼭 확인하세요!

다폰트

타이틀이나 포인트 자막 등 생각보다 영문 글꼴을 자주 사용하게 됩니다. 다양한 영문 글꼴은 다폰트(dafont.com)에서 무료로 받을 수 있어요. 목적에 맞고 마음에 드는 글꼴을 찾았다면 목록 오른쪽에서 라이선스를 먼저 확인한 다음 [Download]를 눌러 설치하면 됩니다.

활용도 높은 글꼴 내려받기

앞으로 우리가 영상을 만들면서 사용할 글꼴들을 미리 받아 두면 이후 프로젝트를 따라 하기가 한결 쉬울 거예요. 이 책에서 사용한 글꼴은 모두 저작권 무료지만 글꼴마다 이용 범위가 다를 수 있으니 반드시 설치 전에 라이선 ● 대부분 폰트는 눈누에서 받을 수 있어요. 스를 확인하세요.

글꼴명	설치 사이트	사용 예시
S-Core	s-core.co.kr/who-we-are/font	도토리는 다람쥐를 좋아해
카페24 빛나는별	fonts.cafe24.com	도토리는 다람쥐를 좋아해
카페24 고운밤		도토리는 다람쥐를 좋아해
여기어때 잘난체	goodchoice.kr/font	도토리는 다람쥐를 좋아해
마포애민체	mapo.go.kr/site/main/content/mapo04010201	도토리는 다람쥐를 좋아해
마포배낭여행체		도토리는 다람쥐를 좋아해
레시피 코리아	recipekorea.com/bbs/board.php?bo_table=ld_0308&wr_id=2479	도토리는 다람쥐를 좋아해
지마켓 산스	company.gmarket.co.kr/company/about/company/company--font.asp	도토리는 다람쥐를 좋아해
신비는일곱살	sangsangfont.com/21	도토리는 다람쥐를 좋아해
꽃길		도토리는 다람쥐를 좋아해
경기천년체	gg.go.kr/archives/3734940	도토리는 다람쥐를 좋아해
둘기마요체	blog.naver.com/oters/221300837221	도토리는 다람쥐를 좋아해

설치한 글꼴이 보이지 않을 때

글꼴을 적용할 프로그램이 실행 중일 때는 새로운 글꼴을 설치해도 바로 보이지 않아요.
글꼴을 설치하고 프로그램을 종료한 뒤 다시 실행하면 설치한 글꼴을 볼 수 있습니다.

저작권 무료 음원 사이트

영상에서 중요한 요소 중 하나를 꼽으라면 소리를 빠뜨릴 수 없죠. 효과음과 배경 음악
이 영상에 미치는 영향은 생각보다 크답니다. 물론 유명한 가수의 노래나 좋아하는 노
래를 마음대로 쓸 수 있다면 좋겠지만 유튜브나 SNS에 게시할 목적이라면 반드시 저
작권 문제가 없는 음원을 사용해야 해요.

특히 유튜브는 크리에이터들의 창작 활동을 지원하기 위해 [YouTube 스튜디오 → 오디
오 보관함]에서 저작권 없는 무료 음원을 제공하고 있어요. 이 페이지에서 바로 음원을
들을 수도 있고 장르, 분위기, 재생 시간 등으로 음원을 찾을 수 있습니다. 원하는 음원
을 찾았다면 오른쪽의 [다운로드]를 클릭해 파일을 내려받을 수 있어요.

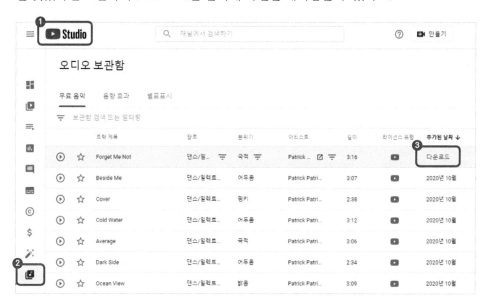

또는 유튜브에서 '무료 배경 음악', '무료 음원', 'Royalty free music' 등을 검색하는
방법도 있습니다. 키워드를 검색하면 유튜버가 골라 둔 무료 음악 목록을 볼 수 있어요.

영상을 클릭하면 영상 게시자가 [더보기] 설명란에 각 음악의 재생 시간과 음원을 받을 수 있는 링크를 정리해 두었을 거예요. 원하는 음악을 찾았다면 해당 링크에서 음원 파일을 받을 수 있어요. 단, 음원 파일을 받기 전에 다시 한번 라이선스를 확인해야 합니다. 간혹 저작권 정보를 표기해야 하는 음원이 있으니 반드시 사전에 확인한 후 사용해 주세요.

이 외에도 다양한 유·무료 음원 사이트가 있으니 직접 살펴보고 내가 만들 영상에 적합한 음원을 찾아보세요.

사이트 이름	설치 사이트	유·무료
last.fm	last.fm/tag/royalty+free	무료
모션 엘리먼츠	motionelements.com	유/무료
프리 뮤직 아카이브	freemusicarchive.org	무료
뮤직베드	musicbed.com	유료(구독제)
에피데믹	epidemicsound.com	유료(구독제)

쪽지 시험

자막 관찰하기

평소에 자주 보는 채널의 영상 또는 프로그램을 하나 선택한 다음 자막을 관찰하고 다음 질문에 답하세요.

1. 한 회차에 쓰인 자막 종류는 총 몇 개인가요?
2. 각 자막은 어떤 상황에 쓰였나요?
   (예: 출연자가 말할 때, 효과음을 표현할 때 등)
3. 각 자막은 글꼴이나 디자인에서 어떤 차이 또는 특징이 있나요?

02-3

써먹고 싶은
트랜지션 준비하기

TV 프로그램, 영화, 유튜브 등 영상을 유심히 보면 한 장면에서 다른 장면으로 넘어갈 때 단순히 화면이 바뀌는 경우도 있고 화면을 손으로 넘긴 것처럼 넘어가거나 어두워졌다가 다시 밝아지는 등 생각보다 다양한 효과가 쓰인 걸 발견할 수 있어요. 이렇게 화면이 바뀌는 기법을 화면 전환 효과 또는 트랜지션 효과라고 합니다.

써먹고 싶은 화면 전환 효과 사이트

화면 전환 효과는 프리미어 프로의 기본 기능을 사용할 수도 있지만 외부 사이트에서 유·무료로 내려받을 수도 있어요. 이렇게 외부에서 효과 또는 기능을 설치하는 것을 플러그인(plug-in)이라고 합니다. 실제로 현직 영상 편집자들은 자막 효과, 화면 전환, 색 보정, 효과음 등 다양한 플러그인을 사용해요. 그중에서도 활용도 높은 플러그인이 모여 있는 사이트를 알려드릴게요.

Motion Array

Motion Array(motionarray.com)에서는 유·무료 트랜지션을 받을 수 있어요. 트랜지션뿐만 아니라 타이틀, 로고 등 다양한 효과도 제공하고 있습니다. 무료 또는 가격대별로 상품을 골라 볼 수도 있어요.

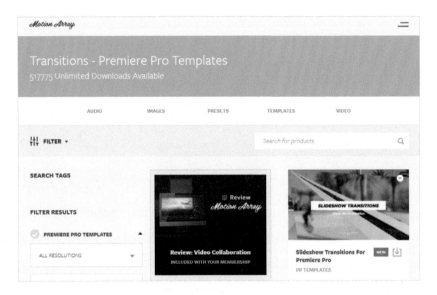

RED GIANT

영상 효과로 잘 알려진 RED GAINT(redgiant.com)의 유료 유니버스 팩입니다. 트랜지션 효과뿐만 아니라 자막, 타이포그래피, 화면 보정 효과 등 영상에 다양하게 활용할 수 있는 효과를 제공해요. 학생과 교사는 무료로 사용할 수 있으며 매달 정액제로 구매할 수도 있습니다.

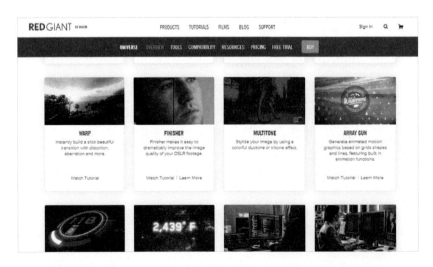

Motion Bro

프리미어 프로와 애프터 이펙트의 다양한 트랜지션 효과를 무료로 이용할 수 있는 사이트 Motion Bro(motionbro.com)입니다. 프리미어 프로의 기본 트랜지션보다 트렌디한 효과를 원한다면 둘러보세요. 미리보기로 효과를 어떻게 썼는지 확인한 다음 원하는 패키지를 선택하세요. 0달러(무료)부터 최대 68달러 사이에서 효과를 구매할 수 있습니다.

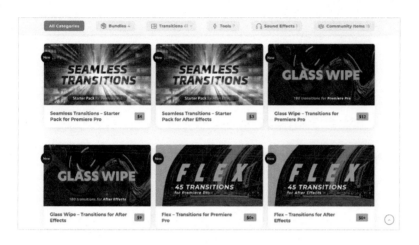

하면 된다! ♪

무료 트랜지션
'Motion Bro' 설치하기

01 Motion Bro에서 제공하는 무료 트랜지션 팩을 설치해 볼게요. motionbro.com/products/free-motion-bro-presets-for-premiere-pro에서 두 번째 항목 [Personal use - Free]를 선택하고 하단에서 [Add to Cart]를 누릅니다. [Checkout] 창으로 연결되면 코드를 전송받을 내 이메일 주소를 입력하고 [Get]을 클릭합니다.

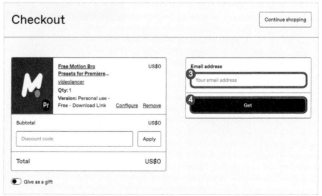

02
내려 받을 수 있는 무료 효과들을 영상으로 미리 살펴볼 수 있습니다.
[Download Flex Transitions form Mega]를 클릭하고 [다운로드]를 눌러 원하는 파일
을 하나씩 내려 받습니다.　　　　　　　　　　● 효과 Seamless Transitions은 무료가 아닙니다.

03
이제 프리미어 프로에 효과를 넣어보겠습니다. 크리에이티브 클라우드를 실행
하고 검색 창에 motionbro를 입력합니다. 플러그인 Motion Bro의 [자세히 알아보기]
를 클릭한 후 [받기]를 클릭합니다.

 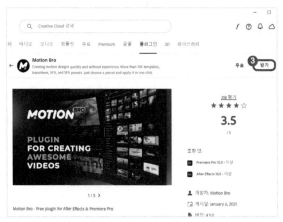

04 프리미어를 프로를 실행하고 [새 프로젝트]를 클릭해 프로젝트 이름과 위치만 설정해 프로젝트를 만들어 주세요. 오른쪽 위에서 [창(Window) → 확장명(Extensions) → Motion Bro 4.5.0]을 선택합니다.

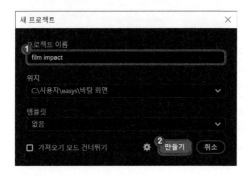

05 왼쪽에 [Motion Bro] 창이 나타나면 [Install a Package]를 누릅니다. 이어서 [select a package]를 클릭해 방금 전 내려 받은 파일을 선택하고 [열기]를 클릭합니다.

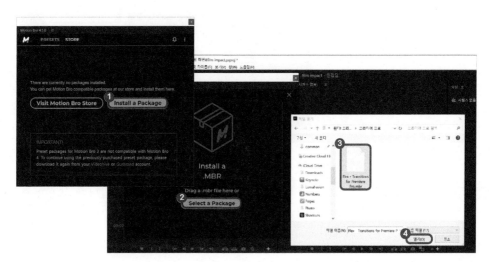

06 설치가 완료되면 이메일로 전송된 라이선스 키를 복사해서 붙여 넣고 [CHECK CODE]를 클릭합니다. 타임라인에서 트랜지션을 적용하고 싶은 두 개의 클립을 선택하고 원하는 효과를 클릭해서 적용합니다.

화면을 손으로 넘기는 듯한 Impact Push 효과를 적용한 예

하면 된다! ⟩

무료 트랜지션
'Mister Horse' 설치하기

01 Mister Horse(misterhorse.com) 홈페이지 상단 메뉴에서 [Products → Products for Premiere Pro]를 클릭해 설치 페이지로 이동합니다. 운영체제 (윈도우/맥)에 따라 [Download for Win/Mac]을 클릭해 실행 파일을 받아 주세요.

02 설치한 실행 파일 [Mister Horse Project Manager]를 실행합니다. [I Agree] 를 클릭하면 로그인 화면으로 넘어갑니다.

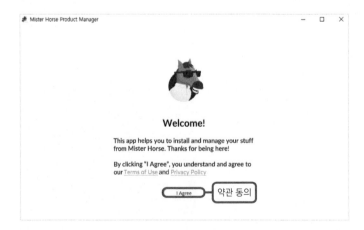

03 [Create new account]를 클릭하면 계정 생성 페이지로 이동합니다. 메일 주소와 비밀번호를 입력해 계정을 만들어 주세요.

💧 입력한 메일 주소로 인증 메일이 발송되니 정확히 입력해 주세요.

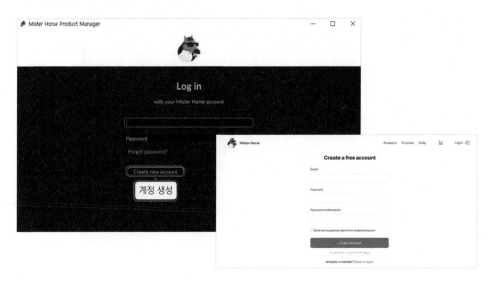

04 입력한 메일 주소로 인증 메일이 발송됩니다. 메일함을 확인해 [Confirm My Account]를 클릭하면 인증 완료 페이지로 이동합니다.

05 다시 [Mister Horse Product Manager]를 실행해 로그인하면 플러그인과 팩을 설치할 수 있습니다. [Install All]을 클릭해 플러그인 설치를 완료하세요.

06 제대로 설치되었는지 확인해 보겠습니다. 프리미어 프로를 실행하고 [새 프로젝트 만들기]를 눌러 프로젝트를 만듭니다. 프로젝트 이름은 'premiere composer'로 입력하고 위치는 편한 곳으로 설정합니다.

07

프로젝트가 열리면 상단 메뉴에서 [창(Window) → 확장명(Extentions) →
Premiere Composer]를 클릭합니다. [Premiere
Composer] 창이 뜨면 설치를 완료한 거예요.

💧 트랜지션 활용은 5일차에서 본격적으로 해 보
겠습니다.

📌
예PD의 꿀팁

창 옮기기

프리미어 프로에서는 창을 옮겨 원하는 대로 레이아웃을 구성할 수 있답니다. [Premiere
Composer] 창을 옮겨 볼게요.

1. 창 위쪽을 꾹 누른 채 프리미어 프로 맨 오른쪽으로 드래그하세요. 오른쪽 끝에 길
   게 초록색 영역이 표시되면 마우스를 놓습니다.

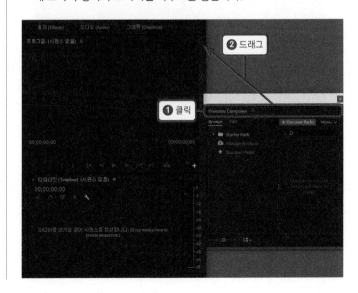

2. 기존 창의 크기가 자동으로 조정되면서 [Premiere Composer] 창이 오른쪽에 배치
   된 걸 볼 수 있어요.

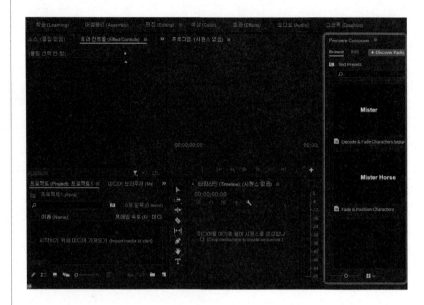

3. 창을 쓰지 않을 때에는 [Premiere Composer] 창 오른쪽 상단의 ▤를 클릭하고
   [패널 닫기]를 누르세요.

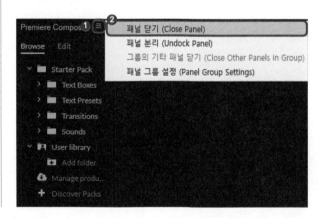

3일차

실전 영상
편집 시작하기

1일차엔 카메라 다루는 법과 느낌 있는 영상을 만드는 촬영법을 살펴봤고, 2일차엔 영상 편집 전 필요한 글꼴, 배경 음악 그리고 효과 플러그인을 준비했죠. 3일차엔 본격적인 영상 편집을 시작해 보겠습니다. '아이폰 리뷰'라는 제품 리뷰 영상을 이용해 새 프로젝트를 만든다음 영상을 자르고 붙이고 자막과 음악을 넣는 것까지 영상 편집에 필요한 기본 기능을 모두 살펴볼 거예요.

잠깐,
폴더 정리는 했나요?

폴더 · 파일 정리는 선택이 아닌 필수!

프리미어 프로를 실행하기 전에 꼭 해야 할 일이 있어요. 바로 파일 정리입니다. 파일 정리는 별일 아닌 것 같지만, 작업의 효율을 높이는 데 아주 큰 역할을 한답니다. 원본 영상과 효과음, 프로젝트, 완성 영상이 뒤죽박죽 섞여 있으면 편집하기도 복잡하고 나중에 다시 수정하기도 어려워지기 때문이죠.

특히 공동 작업을 하거나 컴퓨터를 옮기며 작업한다면 파일 정리는 필수입니다. 그 이유는 프리미어 프로의 저장 방식 때문인데요. 영상 하나를 편집할 때 원본 영상, 이미지, 음악 파일 등 수많은 파일을 쓰게 되는데 프리미어 프로 프로젝트는 이 파일들의 편집 정보만 저장할 뿐 원본 파일까지 저장하지는 않습니다. 따라서 편집에 사용한 원본 영상, 음악 파일이 없으면 저장한 프로젝트를 열어도 편집을 할 수 없습니다. 예를 들어 A 컴퓨터에서 작업하던 도중 B 컴퓨터에서 작업을 하기 위해 프리미어 프로 파일, 즉 프로젝트 파일만 옮길 경우 다음과 같은 화면을 보게 될 거예요.

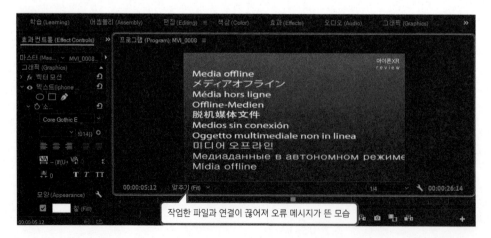

작업한 파일과 연결이 끊어져 오류 메시지가 뜬 모습

이런 화면이 뜨는 이유는 영상을 만드는 데 쓴 모든 파일이 B 컴퓨터엔 없기 때문이죠. 심지어 위치만 바뀌어도 연결을 놓치고 오류 메시지가 뜰 수 있습니다. 따라서 파일을 한 폴더에 잘 정리해 두는 것은 선택이 아닌 필수랍니다.

파일 정리 방법은 작업자에 따라 조금씩 다르지만 저는 보통 작업할 영상 이름으로 최상위 폴더를 만들고 그 안에 5개의 폴더를 만듭니다. 폴더 이름은 각각 [1. 프로젝트], [2. 원본 영상], [3. 그래픽], [4. 음악, 효과음], [5. 완성본]입니다. 폴더 이름으로 눈치챘겠지만, 각 폴더에는 폴더 이름에 적합한 파일만 정리해 둡니다.

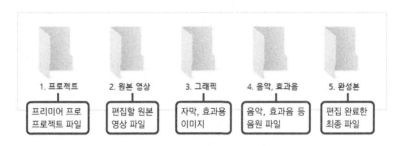

이렇게 파일을 정리해 두면 원하는 자료를 쉽고 빠르게 찾을 수 있을 뿐만 아니라 어느 컴퓨터로 옮기든 파일과 연결이 끊어져 영상 편집 중 오류가 생길 염려도 줄어듭니다.

●●●●
쪽지 시험

준비 파일
3일차/쪽지 시험

뒤죽박죽 폴더 정리하기

프로젝트 파일, 이미지 파일, 음원 파일이 뒤죽박죽 섞인 폴더를 앞으로 할 예제 프로젝트에 쓸 수 있도록 정리하세요.

1. 파일의 형태 또는 쓰임새에 따라 분류하는 게 좋습니다.
2. 본인의 작업 방식에 맞게 폴더와 파일을 재정리해 보세요.

프리미어 프로의 시작,
프로젝트 만들기

워드나 한글 프로그램에서 문서 하나가 곧 파일 하나가 되듯이 프리미어 프로에서는
프로젝트 하나가 파일 하나가 됩니다. 즉, 프로젝트 파일 단위로 영상 편집 작업을 한답
니다. 따라서 가장 먼저 할 일은 프로젝트를 만드 　 💧 이 책에서는 한글과 영어가 함께 표시되는
는 거예요. 그럼 프리미어 프로를 실행하고 새 프 　 [bilingual language]를 설정했어요. 언어 설정은
로젝트를 시작해 볼까요? 　 79쪽 '프리미어 프로 언어 설정하기'를 참고하세요.

하면 된다!}

새 프로젝트 만들기

영상 보기

01 프리미어 프로의 첫 실행 화면입니다! 새로
운 작업을 시작하기 위해 왼쪽의 [새 프로젝트...(New
Project...)]를 누르세요.

02

[새 프로젝트(New Project)] 창이 뜨면 우리가 만들 프로젝트 파일 설정을 할 수 있습니다. [이름]에 '아이폰 리뷰'를 입력하고 [위치]는 미리 만들어 둔 프로젝트 폴더로 지정합니다. 나머지 설정은 그대로 두고 [확인(OK)]을 눌러 파일을 만들어 주세요.

💧 앞으로 할 모든 프로젝트는 '03-1 잠깐, 폴더 정리는 했나요?'에서 만들어 둔 작업 폴더에 저장하고 진행하세요.

03

새 프로젝트가 생성되었습니다. 이곳이 앞으로 여러분의 멋진 영상이 탄생할 작업 공간입니다.

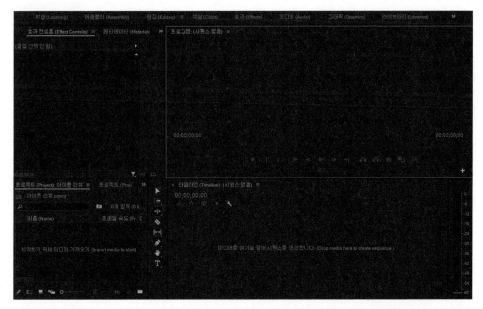

[새 프로젝트] 창 살펴보기

❶ **이름(Name):** 프로젝트 파일의 이름

❷ **위치(Location):** 프로젝트 파일을 저장할 위치. 이곳에 프로젝트 파일과 자동 백업 파일이 저장됩니다.

❸ **렌더러(Renderer):** 그래픽 카드에 따른 머큐리 엔진의 가속 방식

❹ **비디오 표시 형식(Display Format):** 편집 중인 영상 길이를 표시하는 방법. 프레임으로 표시할 수도 있지만, 보통 기본으로 설정된 '타임 코드'로 표시합니다.

❺ **오디오 표시 형식(Display Format):** 기본으로 설정된 '오디오 샘플'로 설정합니다. 오디오 샘플은 시, 분, 초에 따라 표시하고 Milliseconds는 1/1000까지 세분화하여 오디오 시간을 표시합니다.

❻ **캡처 형식(Capture Format):** 테이프로 녹화한 영상을 디지털로 저장하는 캡처 과정에서 최대 해상도를 정하는 항목. 최근엔 자주 사용하지 않는 옵션입니다.

프로젝트 저장하기

만든 프로젝트 파일을 저장해 보겠습니다. 프리미어 프로 상단의 [파일 → 저장] 또는 Ctrl + S를 누르면 프로젝트를 생성할 때 지정한 위치에 자동으로 저장됩니다.

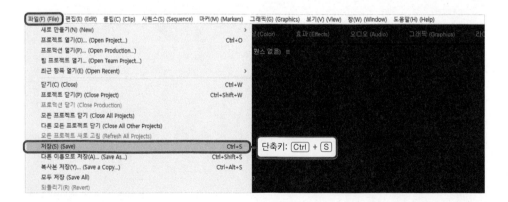

[1. 프로젝트] 폴더를 보면 [Adobe Premiere Pro Auto-Save]라는 폴더가 생성되었는데요. 이 폴더에는 여러분이 프리미어 프로에서 작업하는 동안 15분에 한 번씩 자동 저장된 프로젝트가 담깁니다.

용량이 큰 영상을 편집하거나 알 수 없는 오류로 갑자기 프로그램이 종료되더라도 프로젝트가 자동 저장되니 어느 정도 복구할 수 있다는 장점이 있지만, 그만큼 프로젝트 폴더의 용량이 커진다는 단점도 있죠. 그러므로 원본 프로젝트를 자주 저장하는 습관을 들이는 것이 무엇보다 중요합니다.

작업 공간 둘러보기

이제 우리가 작업하게 될 프리미어 프로의 창과 패널을 하나씩 살펴볼까요? 프리미어 프로를 설치하고 처음 실행하면 기능을 배울 수 있는 [학습] 작업 영역이 나타나요. 어떤 작업 영역을 선택하느냐에 따라 창 배치가 조금씩 바뀌어요. [창(Window) → 작업 영역(Workspace) → 편집(Edit)]을 누르면 편집할 때 필요한 패널이 배치됩니다.

프리미어 프로를 처음 실행한 화면

[편집] 모드로 구성을 바꾼 화면

앞으로 가장 많이 사용할 [편집]을 살펴볼게요. [편집]의 작업 영역은 크게 5군데로 나눌 수 있는데요. 각 공간의 역할은 다음과 같습니다.

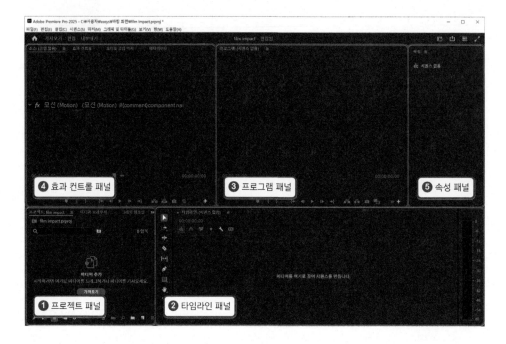

❶ [프로젝트] 패널

원본 영상, 음악, 이미지 등 영상 편집에 사용할 모든 자료를 불러오는 공간입니다. 왼쪽 아래에는 영상에 사용하는 효과들을 모아 볼 수 있는 [효과] 패널과 작업 과정을 기록하는 [작업 내역] 패널 등이 있습니다.

❷ [타임라인] 패널

영상을 시간 순서로 배열하고 컷 편집을 하는 공간입니다. 영상 외에도 자막, 이미지, 음원 파일 등을 클립 형태로 불러와 편집하는 모든 과정이 바로 이곳에서 이뤄집니다.

❸ [프로그램] 패널

편집하고 있는 영상을 미리 볼 수 있는 영역입니다. 영상을 재생할 뿐만 아니라 재생 화면 위에 자막과 도형 등을 만들어 크기와 위치를 직접 조정하기도 합니다.

❹ [효과 컨트롤] 패널

영상, 글꼴, 이미지, 음악 등에 들어가는 효과를 조정하는 공간입니다. 영상의 크기를 키우거나 자막의 위치를 옮기거나 글꼴 스타일을 바꾸는 등의 작업이 모두 여기서 이뤄집니다.

❺ [속성] 패널

프리미어 프로 25.0부터 도입된 [속성] 패널에는 가장 자주 쓰는 편집 기능이 모여 있어요. 기존 [효과 컨트롤] 패널에서 조절하던 비디오/오디오 편집 기능과 자르기 효과, 오디오 등을 조정할 수 있어요. 또, 여러 클립의 속성을 동시에 선택하여 편집할 수 있어 더 효율적입니다.

실제 영상 편집 작업도 이 순서대로 진행됩니다. ❶프로젝트에서 원본 파일을 불러오고 ❷타임라인에서 편집한 결과를 ❸프로그램에서 확인하고 ❹효과 컨트롤에서 크기, 위치 등 효과를 조절합니다.

📌 **예PD의 꿀팁** | 사라진 창 활성화하기

정신없이 편집을 하다 보면 종종 패널이나 창이 사라지는 경우가 있습니다. 물론 마술처럼 갑자기 사라진 건 아니고 실수로 꺼버리는 경우가 대부분이죠. 이럴 때 당황하지 말고 화면 위쪽에서 [창(W) (Window)] 메뉴를 눌러 꺼진 창을 찾아 선택하면 앞쪽에 체크 표시가 활성화되면서 해당 창이 열립니다.

프리미어 프로 언어 설정하기

프리미어 프로를 실행하면 한글 또는 영어로 설정되어 있을 텐데요. 언어를 변경하고 싶다면 프리미어 프로를 실행한 다음 Ctrl + F12 를 눌러 [콘솔] 창을 켭니다. 위쪽에 있는 ☰를 눌러 [Debug Database View]를 선택합니다.

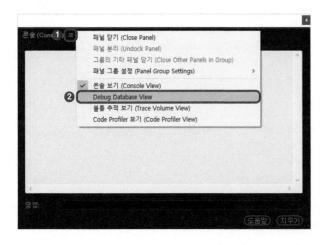

입력 창에 'applicationlanguage'를 입력한 다음 오른쪽 입력 창의 [ko_KR]을 [en_US]로 바꿉니다. 한글과 영어가 둘 다 나오도록 하려면 바로 아래 [ApplicationLanguage Bilingual]의 체크 박스를 눌러 [true]로 바꿔주세요.

이제 프리미어 프로를 껐다가 다시 실행하면 언어 변경이 적용된 걸 볼 수 있습니다.

한/영 이중 언어 버전

영문 버전(en_US)

03-3

영상을 덧입히는 빈 도화지, 시퀀스

준비 파일 3일차/2. 원본 영상/아이폰 인서트1.mp4, 아이폰 인서트2.mp4, 인사.mp4, 장단점.mp4

새 프로젝트도 만들고 작업 공간도 둘러봤으니 이제 영상 편집에 필요한 재료를 꺼내와 편집할 공간을 마련해야겠죠? 이 공간을 프리미어 프로에서는 시퀀스(sequence)라고 합니다. 영상, 이미지, 자막 등을 올려 둘 빈 도화지라고 볼 수 있죠. 이번엔 영상을 불러와 정리하고 시퀀스를 만들면서 영상 편집의 첫걸음을 떼보겠습니다.

하면 된다!♪

영상 불러오고 정리하기

01 먼저 편집할 원본 영상을 불러오겠습니다. 프로젝트 패널의 빈 곳을 더블클릭하거나 Ctrl + I 를 눌러 [가져오기] 창을 엽니다.

💧 프로젝트 패널의 빈 곳에 마우스 오른쪽을 클릭해 [가져오기]를 누르거나 폴더에서 파일을 직접 끌어오는 방법도 있습니다.

02 [아이폰 인서트1.mp4, 아이폰 인서트2.mp4, 인사.mp4, 장단점.mp4] 파일을 모두 선택한 다음 [열기]를 눌러 불러옵니다.

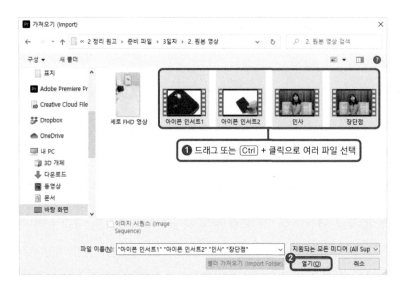

예PD의 꿀팁 한번에 여러 파일 선택하고 불러오기

원본 영상 외에 이미지, 음악 등 여러 파일을 불러와야 할 때가 있는데요. 이럴 때 여러 파일을 한번에 선택하는 방법은 크게 3가지가 있어요.

❶ 여러 파일을 드래그한다.
❷ Ctrl 을 누른 채 불러올 파일들을 클릭한다.
❸ 불러올 파일 중 첫 번째 파일을 클릭하고 Shift 를 누른 채 마지막 파일을 클릭해 그 사이에 있는 모든 파일을 한번에 선택한다.

이 방법들은 파일을 불러올 때 외에도 폴더에서 파일을 정리할 때 등 다양한 상황에서 유용하게 쓸 수 있어요.

03 불러온 영상 파일은 프로젝트 패널에서 볼 수 있습니다. 프로젝트 패널은 기본적으로 [아이콘 보기 ]로 미리보기 설정이 되어 있습니다. 간략하게 목록 형태로 보려면 프로젝트 패널 아래 [목록 보기 ]를 눌러 현재 보기를 전환할 수 있어요.

04 프로젝트 패널의 파일도 폴더를 만들어 정리할 수 있습니다. 불러온 영상 4개를 한 폴더로 묶어 보겠습니다. 폴더에 넣을 파일을 선택하고 아래 [새 저장소 ]로 끌어다 놓으세요.

💧 원본 파일이 많아질수록 뒤죽박죽이 될 수 있으니 촬영 날짜별 또는 소스 종류별(영상, 음악, 이미지 등)로 정리해 두세요.

05 파일 4개가 저장소에 담겼습니다. 저장소 이름을 '영상 파일'로 바꿔주세요. 저장소 이름을 클릭하면 이름을 바꿀 수 있습니다.

06 저장소 왼쪽의 ▶를 눌러 목록을 여닫을 수 있습니다.

07 불러온 원본 영상을 미리 재생해 보려면 프로젝트 패널에서 원하는 영상을 더블 클릭하세요. [효과 컨트롤]에서 [소스]로 전환되면 서 영상을 바로 재생할 수 있습니다.

💧 다시 효과 컨트롤 패널로 돌아가고 싶다면 상단 에서 [효과 컨트롤]을 눌러 전환해주세요.

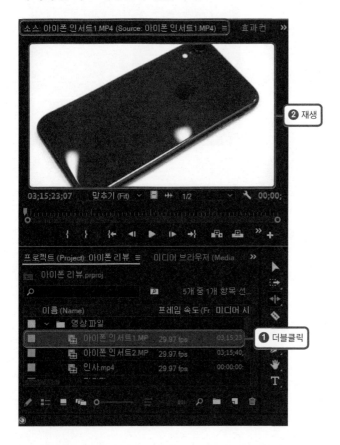

시퀀스 파헤치기

그림을 그리려면 먼저 종이가 필요하겠죠? 어떤 그림을 그리냐에 따라 종이 크기는 손바닥보다 작을 수도 있고 벽 한 면보다 클 수도 있죠. 영상을 만들 때도 마찬가지입니다. 어떤 영상을 만드냐에 따라 공간, 즉 시퀀스의 크기를 정하고 그 안에서 작업을 한답니다.

시퀀스도 하나의 영상처럼 프레임 크기와 프레임 속도가 있습니다. 시퀀스의 프레임 크기와 속도는 보통 시퀀스 안에 들어가는 영상의 크기에 맞춰서 편집합니다.

시퀀스를 만드는 방법은 간단합니다. 원본 영상을 불러온 다음 타임라인으로 끌어오면 자동으로 프로젝트 패널, 타임라인 클립 그리고 타임라인 상단에 시퀀스가 생성됩니다.

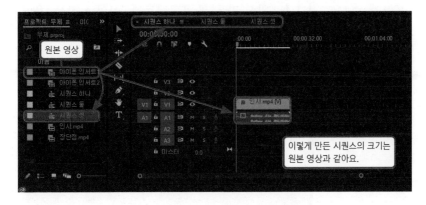

시퀀스 구분은 타임라인 위의 탭 형태로 할 수 있습니다. 마치 엑셀의 시트와 비슷하죠. 하나의 엑셀 파일에 시트를 여러 장 만들어서 작업하듯이 프리미어 프로에서도 하나의 프로젝트 파일에 시퀀스 여러 개를 만들어서 작업할 수 있습니다.

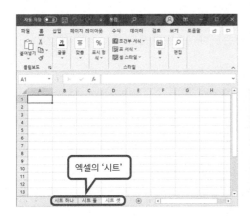

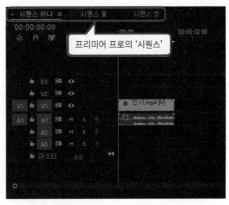

왜 시퀀스를 나눠서 작업할까요? 여러 가지 이유가 있는데 가장 큰 이유는 작업 과정을 저장하기 위해서입니다. 예를 들어 컷 편집 작업만 한 시퀀스, 영상 효과까지 작업한 시퀀스, 음악과 효과음까지 작업한 시퀀스를 따로 분리하면 이전 작업 과정이 필요할 때 언제든지 불러올 수 있어요.

또 다른 이유는 영상 자체를 분리하기 위해서입니다. 예를 들어 베트남 여행 프로젝트 안에 1편-하노이 시퀀스, 2편-다낭 시퀀스 등 영상 자체를 시퀀스로 분리해서 작업하는 거죠. 시퀀스를 만드는 방법도 여러 가지가 있지만 그중에서 가장 기본적인 영상 크기와 동일한 크기의 시퀀스를 만드는 방법부터 살펴보겠습니다.

하면 된다! ♪

시퀀스 만들기

01 앞서 만든 새 프로젝트에 '아이폰 리뷰' 원본 영상 4개를 넣어 둔 상태에서 이어가 볼게요. 프로젝트 패널은 사용할 파일을 불러온 공간에 불과해요. 프로젝트 패널에서 [인사.mp4] 파일을 타임라인으로 드래그 해 주세요.

02 타임라인에 영상의 길이만큼 클립이 생기고 타임라인 상단에 영상 파일과 똑같은 이름의 시퀀스 탭이 생성된 것을 볼 수 있습니다. 또 프로젝트 패널에도 똑같은 이름의 시퀀스 파일이 생성되었어요.

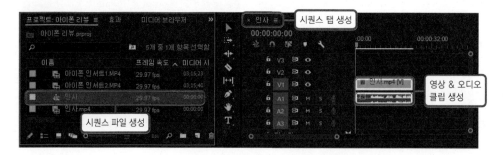

03 같은 방법으로 프로젝트 패널의 나머지 영상 파일을 타임라인으로 옮겨주세요. 이미 옮겨 둔 [인사] 클립 뒤로 파일을 드래그하면 자동으로 클립과 가깝게 붙으면서 길게 나열됩니다.

📌 **예PD의 꿀팁**

시퀀스와 영상 파일 구분하기

원본 영상으로 시퀀스를 만들면 프로젝트 패널에 이름이 같은 파일이 2개가 되어 혼동하기 쉬워요. 이럴 때 쉽게 구분하는 법은 아이콘을 보는 거예요.

시퀀스 아이콘

영상 아이콘

또 다른 구분법은 영상 파일 뒤에 붙은 확장자를 보는 겁니다. 영상 파일에는 .mp4 같은 확장자가 붙어 있지만, 시퀀스는 비어 있는 걸 볼 수 있어요.

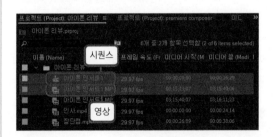

하지만 가장 좋은 구분법은 시퀀스 이름을 바꾸는 겁니다. 시퀀스 이름을 길게 누르면 이름을 바꿀 수 있어요.

하면 된다! ♪

시퀀스 복사 · 추가하기

01 시퀀스를 복사해 하나 더 만들어 보겠습니다. 방법은 간단합니다. 프로젝트 패널에서 [인사] 시퀀스를 클릭한 다음 Ctrl + C, Ctrl + V로 복제합니다.

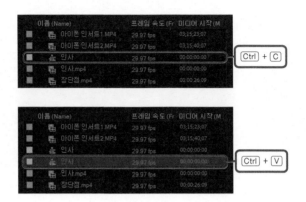

02 원본과 복사본을 구분할 수 있게 클립 이름을 바꾸겠습니다. 원본 클립을 길게 클릭했다가 놓고 '인사_컷편집', 마찬가지로 복사한 클립도 길게 클릭하고 '인사_효과'로 이름을 바꿔 주세요.

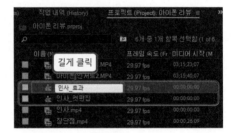

03 복사한 시퀀스를 타임라인에서 새로운 탭으로 열어 볼게요. 프로젝트 패널에서 [인사_효과] 시퀀스 아이콘을 더블클릭하면 타임라인에 [인사_효과] 탭이 생깁니다.

| 빈 시퀀스 만들기

영상 파일이 없어도 또는 영상 파일의 길이와 화면 비율과 관계없이 빈 시퀀스를 만들수 있어요. 빈 시퀀스는 촬영한 영상과 다른 화면 비율로 영상을 편집하고 싶을 때 또는 본 편집에서는 쓰지 못하지만 지우기는 아쉬운 클립을 모아 둘 때 쓸 수도 있죠.

빈 시퀀스는 간단하게 만들 수 있습니다. 프로젝트 패널에서 마우스 오른쪽을 클릭한 뒤 [새 항목 → 시퀀스]를 선택하거나 Ctrl + N을 눌러 [새 시퀀스] 창을 엽니다.

● 새 프로젝트 만들기 : Ctrl + Alt + N
● 새 시퀀스 만들기 : Ctrl + N

[새 시퀀스] 창에서 시퀀스 이름, 프레임 크기 등을 지정하고 [확인]을 누르면 프로젝트 패널과 타임라인에 비어 있는 [새 시퀀스]가 생성됩니다.

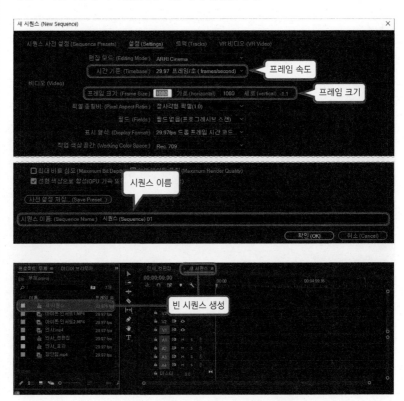

하면 된다!

시퀀스 비율 바꾸기

준비 파일 3일차/2. 원본 영상/
세로 FHD 영상.mp4

01 만약 스마트폰 세로로 촬영한 영상을 정방형으로 바꿔서 편집하고 싶다면 어떻게 해야 할까요? 간단하게 시퀀스 비율 조정만으로 영상의 크기를 바꾸는 법을 알려드릴게요.

원본 영상 - 9:16 비율   편집 영상 - 1:1 비율

02 [Ctrl] + [Alt] + [N]을 눌러 [새 프로젝트] 창을 엽니다. 프로젝트 이름은 '시퀀스 비율 바꾸기'로 입력합니다. 만들어 둔 프로젝트 폴더로 저장 위치를 설정하고 [확인]을 누르세요.

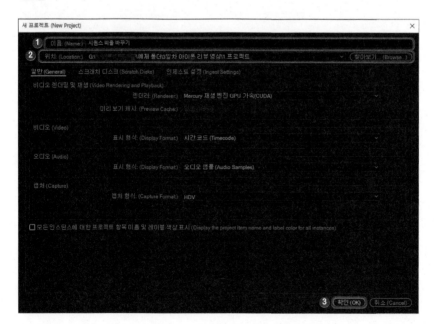

03

프로젝트 패널의 빈 곳을 더블클릭하거나 Ctrl + I 를 눌러 [세로 FHD 영상.mp4]를 불러옵니다. 프로젝트 패널로 불러온 파일을 타임라인으로 끌어와 영상 크기와 같은 시퀀스를 만듭니다.

04

프로젝트 패널에서 [세로 FHD 영상] 시퀀스를 마우스 오른쪽으로 클릭하고 [시퀀스 설정]을 선택합니다.

05

[시퀀스 설정] 창에서 [프레임 크기]를 '1080 x 1080'으로 변경하고 [확인]을 누릅니다.

💧 FHD와 30fps가 뭔지 잘 기억나지 않는다면 '01-1 이건 알고 시작하자, 영상 제작의 기초'를 참고하세요.

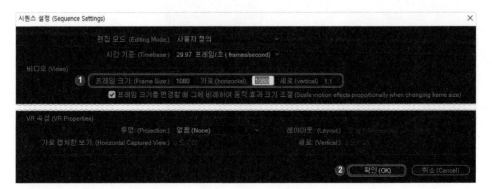

06 시퀀스 비율을 원본 영상과 다르게 바꿨기 때문에 경고창이 뜹니다. 미리보기 파일을 삭제한다는 내용이니 [확인]을 눌러 계속 진행해 주세요.

07 시퀀스의 화면 비율이 1:1로 바뀌면 프로그램 패널의 영상도 정사각형으로 보입니다. 물론 실제로 영상이 잘린 것은 아닙니다. 프로그램 패널의 영상을 더블클릭하고 위아래로 끌어서 영상의 위치를 조정할 수 있어요.

03-4

알고 쓰면 더 유용한
타임라인

영상 편집의 기본 중 기본인 컷 편집, 즉 영상을 순서대로 배치하고 필요 없는 부분을 잘라 내고 붙이는 모든 과정이 바로 타임라인에서 이루어집니다. 컷 편집을 시작하기 전에 타임라인의 핵심 요소인 인디케이터, 타임 코드, 트랙, 버튼을 하나씩 짚어 가며 살펴볼게요!

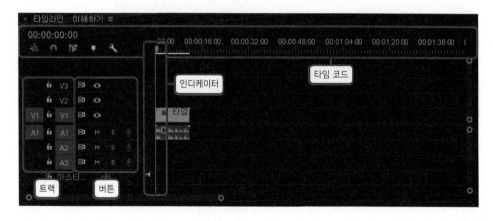

인디케이터

타임라인에 세로로 길게 난 파란 선을 재생 바 또는 인디케이터라고 합니다. 우리가 흔히 영상을 보면서 재생 바를 움직여 재생 위치를 옮기는 것과 같은 역할을 해요. 인디케이터를 움직여 원하는 시간대로 이동할 수 있습니다.

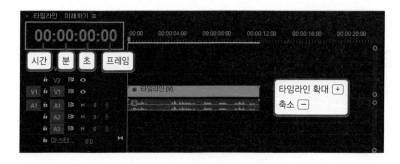

타임 코드

프리미어 프로에서 시간 단위는 시간, 분, 초, 프레임 4가지입니다. 타임라인 왼쪽 위에 뜨는 숫자, 타임 코드가 현재 인디케이터가 위치한 시점의 시간;분;초;프레임을 뜻합니다. 왼쪽 타임 코드에 직접 시간을 입력해 인디케이터를 옮길 수도 있어요.

타임 코드 또는 클립을 자세히 볼 때는 키보드 위쪽 ⊞를 눌러 타임라인을 확대할 수 있고 반대로 ⊟를 누르면 축소할 수 있습니다.   💧 Alt + 마우스 휠로 조정할 수도 있습니다.

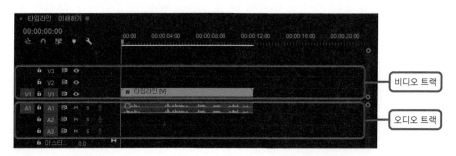

트랙

영상을 프로젝트 패널에서 타임라인으로 옮기면 보통 2겹의 클립이 생성되는데요. 이 때 각 층을 가리켜 트랙이라고 해요. 트랙은 크게 비디오 클립이 들어가는 V 트랙, 오디오 클립이 들어가는 A 트랙으로 나뉩니다. 따라서 소리가 있는 영상을 타임라인에 옮기면 V1 트랙에 영상, A1 트랙에 오디오가 들어가게 되죠.

이미지 파일을 타임라인으로 가져오면 영상 파일과 달리 클립이 분홍색으로 표시되는데요. 이 클립은 비디오 트랙(V 트랙)에만 들어갑니다. 반면 mp3, WAV 확장자인 음원 파일을 타임라인으로 가져오면 클립이 초록색으로 표시되고 오디오 트랙(A 트랙)에만 들어갑니다.

그렇다면 3개의 트랙이면 충분할 텐데 여러 개인 이유는 무엇일까요? TV 프로그램이나 유튜브 등 아무 영상을 재생한 다음 소리를 들어 보세요. 출연자의 말소리, 배경 음악, 효과음 등 여러 소리가 동시에 나오는 걸 들을 수 있어요. 보이는 것도 마찬가지입니다. 영상, 자막, 이미지 등 여러 요소가 등장하죠. 이게 바로 트랙이 여러 개 필요한 이유예요.

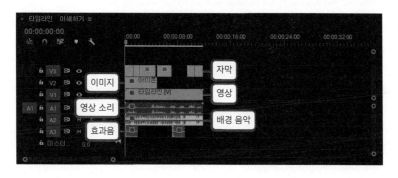

예PD의 꿀팁 | 트랙 순서에 주의하기

트랙은 단순히 클립을 구분하는 용도는 아닙니다. 디자인 프로그램의 레이어(layer)와 같은 역할도 하죠. 쉽게 말해 맨 위에 있는 트랙이 영상에서도 맨 위에 나오고 맨 밑에 있는 트랙이 영상에서도 맨 밑에 깔린다는 뜻이죠.

특히 비디오 트랙은 순서에 주의해야 합니다. 예를 들어 V1 트랙에 영상이 있고 V2 트랙에 자막이 있어야만 자막이 영상 위에 뜹니다. 그 반대라면 자막이 영상 밑에 깔려서 보이지 않겠죠. 맨 아래 트랙부터 기본 영상을 넣고 그 위 트랙에 이미지, 자막 순서로 쌓아 올리면 됩니다.

타임라인 버튼

타임라인의 왼쪽을 보면 트랙명 외에 여러 버튼이 있는데요. 각 버튼이 어떤 기능을 하는지 하나씩 살펴볼게요.

❶ 트랙 출력 켜기/끄기 ▣

비디오 트랙의 영상, 이미지, 자막 등이 보이지 않도록 숨기는 버튼이에요. 한 번 클릭해 파란색으로 활성화하면 숨김 상태고 한 번 더 클릭해 비활성화하면 숨김 해제가 됩니다.

❷ 트랙 잠금 켜기/끄기 ▣

말 그대로 해당 트랙을 잠그는 버튼입니다. 잠금을 걸어 둔 트랙은 편집할 수 없어요. 배경이나 로고같이 한번 영상에 얹고 편집하지 않을 트랙은 잠금 설정을 해 두는 게 편리합니다.

❸ 트랙 음소거 ▣ / 솔로 트랙 ▣

오디오 트랙의 ▣은 Mute, 즉 해당 트랙의 소리를 끄는 버튼입니다. ▣는 Solo, 즉 해당 오디오 트랙만 재생하는 버튼입니다. 다른 소리를 일일이 끌 필요 없이 ▣를 누르면 원하는 트랙의 소리만 재생할 수 있어요.

❹ 음성 더빙 기록 ▣

프리미어 프로에서 편집하면서 바로 음성을 녹음할 수 있는 기능이에요. 마이크를 연결한 다음 목소리를 넣고 싶은 시간대로 인디케이터를 옮기고 비어 있는 오디오 트랙의 ▣을 눌러보세요. 3초 뒤에 오디오가 녹음됩니다.

03-5

영상의 흐름을 잡는
컷 편집

촬영한 영상을 나열만 한다고 영상이 완성되지는 않습니다. 불필요한 부분은 지우고 강조하고 싶은 부분은 더 드러나게 해야 영상의 흐름이 매끄러워지죠. 거기에 적절한 음악과 효과음, 이미지를 사용해서 재미 요소를 더하고 자막을 넣어 쉽게 내용을 이해할 수 있도록 돕는다면 더 좋겠죠?

우선 영상 편집의 첫 단계, 영상을 정렬하고 불필요한 부분은 지우고 흐름에 맞게 순서를 조정하는 컷 편집을 해볼게요.

📌 **예PD의 꿀팁** | **컷 편집 전 알아 두면 좋은 단축키**

컷 편집은 영상 편집 과정에서 가장 많은 시간이 드는 작업입니다. 그래서 실행 취소, 다시 실행을 자주 하게 되고 저장도 자주 해야 하죠. 이처럼 반복해서 쓰는 기능은 단축키를 손에 익혀 두는 게 좋아요.

- 저장: Ctrl + S
- 실행 취소: Ctrl + Z
- 다시 실행: Ctrl + Shift + Z

하면 된다!

클립 정렬하기

영상 보기

01 영상 편집을 시작하기 전에 먼저 편집할 영상을 차례대로 정리하면서 어떻게 컷 편집을 할지 정리해 두는 과정이 필요합니다. 앞서 영상을 불러와 시퀀스를 만들고 타임라인에 클립을 나열했으니 이제 순서에 맞게 클립의 위치를 옮기고 또 클립 사이 새로운 클립을 추가해 보겠습니다.

02 '03-3 영상을 덧입히는 빈 도화지, 시퀀스'에서 만든 [아이폰 리뷰] 프로젝트를 이어서 진행하겠습니다. 먼저 [인사] 클립을 맨 앞으로 옮기겠습니다. 클립끼리 겹쳐지지 않도록 [Ctrl]을 누른 채 클립을 맨 앞으로 끌어오세요.

💧 프로젝트 파일이 없다면 '03-3 영상을 덧입히는 빈 도화지, 시퀀스'를 참고해 프로젝트 파일을 만들어 주세요.

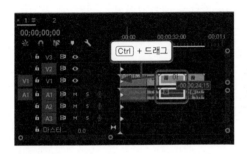

03 이번엔 새로운 클립을 추가할게요. 프로젝트 패널의 [아이폰 인서트 2.mp4] 파일을 [아이폰 인서트 1] 클립 뒤에 넣겠습니다. 마찬가지로 클립과 클립이 겹치지 않도록 [Ctrl]을 누른 채 타임라인으로 끌어오세요. 뒤에 있던 클립이 옮긴 클립과 겹치지 않고 자연스럽게 뒤로 밀려나며 정렬됩니다.

💧 편집 중간 중간 [Ctrl] + [S]를 눌러 저장하는 것도 잊지 마세요.

클립 정렬하기

[아이폰 리뷰] 프로젝트의 클립을 다음 순서로 정리해 보세요.

[인사] → [아이폰 인서트1] → [아이폰 인서트2] → [장단점]

💧 클립을 옮길 땐 Ctrl 을 누르세요.

📌 **예PD의 꿀팁**

클립 색상으로 타임라인 정리하기

자막, 이미지, 영상 등 클립의 종류도 많아지고 길이도 길어지면 타임라인이 점점 복잡해져 뭐가 뭔지 구분하기가 어렵습니다. 이럴 때 이미지는 이미지대로, 자막은 자막대로 클립 색상을 다르게 해주면 한눈에 구분할 수 있죠. 또는 자막 스타일을 여러 가지 쓴다면 스타일별로 클립 색상을 다르게 해서 구분하는 것도 좋은 방법이에요.
클립에 마우스 오른쪽을 클릭하고 [레이블]을 선택하면 클립 색상을 다양하게 변경할 수 있습니다.

클립 여러 개를 선택해 한 번에 변경할 수도 있습니다.

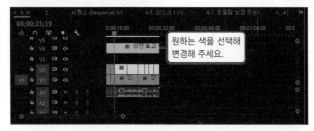

하면 된다!▸

전체 영상 재생하기

01 컷 편집을 시작하기 전에 가장 먼저 해야 할 일은 원본 영상을 처음부터 끝까지 보는 거예요. 영상을 쭉 보면서 어떤 장면을 지우고 어떤 장면을 강조할지 정합니다.

02 4개의 영상을 처음부터 재생해 볼게요. 인디케이터를 타임라인의 맨 앞으로 옮기고 [Spacebar]를 눌러 영상을 재생합니다. 재생 도중 영상을 멈추고 싶다면 다시 [Spacebar]를 누르세요. 다시 영상의 맨 처음으로 돌아가려면 [Shift] + [Spacebar]를 누릅니다.

03 기본 속도로 재생하려니 시간이 오래 걸리네요. 전체 영상을 빠르게 한번 훑어 볼게요. [L]을 눌러 영상을 재생했다가 일시 정지를 하려면 [K], 뒤로 재생하려면 [J]를 누르세요. [L]을 2번 누르면 2배속, 3번 누르면 3배속이 됩니다. 마찬가지로 [J]를 2번 누르면 뒤로 2배속이 됩니다. 긴 영상을 빠르게 훑어볼 땐 [J], [K], [L]을 기억하세요!

💧 단축키가 작동하지 않을 땐 [한/영]을 눌러 영어로 바꾼 다음 다시 단축키를 눌러 보세요.

04

클립 단위로 이동할 땐 ⬆, ⬇를 누르면 한 클립씩 이동할 수 있습니다.

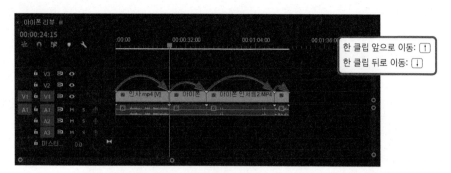

한 클립 앞으로 이동: ⬆
한 클립 뒤로 이동: ⬇

05

인디케이터를 프레임 단위로 옮기려면 ⬅, ➡를 눌러 1프레임씩 이동할 수 있습니다. 맨 앞의 [인사] 클립에서 06;13 프레임에서 K를 눌러 영상을 멈춘 다음 ➡를 2번 눌러 06;15 프레임으로 이동해 보세요.

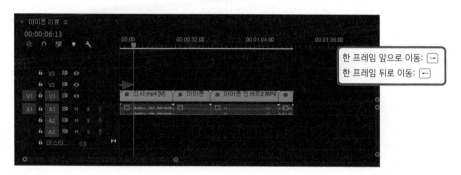

한 프레임 앞으로 이동: ➡
한 프레임 뒤로 이동: ⬅

🔖 예PD의 꿀팁 │ 미리 찍어 두는 편집 점, '마커' 활용하기

영상을 쭉 재생하다 보면 잘라 낼 부분, 강조하고 싶은 부분, 효과음을 넣으면 좋을 부분 등이 보일 거예요. 그때마다 바로 편집 작업을 하려면 번거로우니 미리 이 부분에 편집을 하겠다고 표시를 해 두면 좋겠죠? 이때 활용할 수 있는 기능이 바로 '마커'입니다.

마커 사용법은 간단합니다. 영상을 재생하다 마커로 표시할 시점에 M을 누르거나 타임코드 아래 🔳를 클릭하면 클립 위에 마커가 표시됩니다.

❶ 클릭
❷ 마커 표시

클립 위의 마커 또는 ▨를 더블클릭하면 [마커] 창이 열립니다. [마커] 창에서는 마커 이름, 지속 시간, 주석(설명), 마커의 역할에 따른 색상 지정 등 다양한 기능을 활용할 수 있어요.

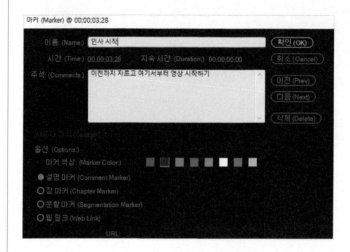

마커 위에 커서를 놓으면 [마커] 창에서 입력했던 마커 이름과 프레임, 설명을 볼 수 있어요.

하면 된다! ✂

[자르기 도구]로 클립 자르기

01 영상을 자르는 방법에도 여러 가지가 있는데요. 그중에서 가장 기본적인 2가지 방법을 살펴볼게요. 먼저 인디케이터를 06;15 프레임으로 옮깁니다.

02 타임라인 왼쪽 도구 패널에서 [자르기 도구 ✂]를 선택합니다. 커서가 아이콘 모양으로 바뀌면 인디케이터가 있는 클립 위를 클릭하세요. 클립이 2개로 나뉘면서 분리됩니다.

🔹 클립 자르기: Ctrl + K
🔹 [자르기 도구 ✂]: C

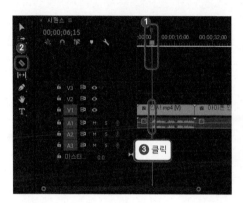 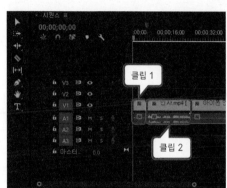

03 잘라 낸 클립에서 불필요한 부분은 지울게요. 도구 패널에서 [선택 도구 ▶]를 선택하고 버릴 클립을 클릭합니다. Delete 또는 Backspace 를 누르면 삭제됩니다.

04 클립을 지워서 생긴 공간을 클릭하고 (Delete) 또는 (Backspace)를 누르면 공간이 사라지고 자동으로 뒤에 있던 클립이 당겨옵니다.

하면 된다! ⟩

클립 밀어 자르기

01 [선택 도구 ▶]를 선택하고 [인사] 클립의 맨 앞으로 커서를 옮기면 커서 모양이 빨간색 화살표로 바뀝니다. 이때 클립을 클릭한 채 자르고 싶은 만큼 밀어내면 밀어낸 만큼 영상이 지워집니다.

💧 클립의 가장자리를 잘라 낼 때는 [자르기 도구 ◈]보다 이 방법이 더 편해요.

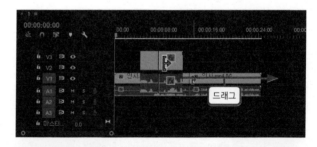

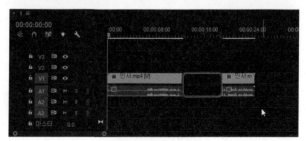

02 너무 많이 밀어냈다면 다시 클립의 끝을 잡아서 반대로 당겨주세요. 지워진 영상이 복구됩니다.

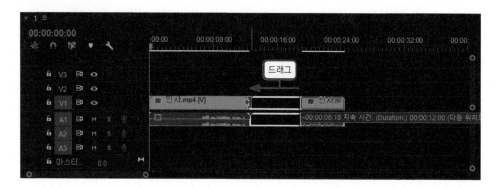

03 마지막으로 영상을 지워서 생긴 공간을 선택하고 마우스 오른쪽 클릭해 [잔물결 삭제]로 지워주세요.

🖢 공간은 `Delete` 나 `Backspace` 를 눌러 지울 수 도 있어요.

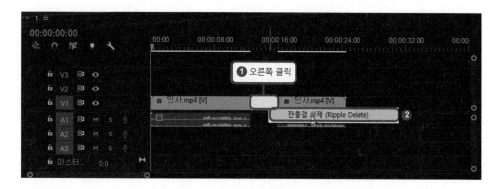

컷 편집 시간을 줄이는 단축키

컷 편집은 영상 편집 과정에서 가장 오랜 시간이 걸리고 또 가장 많은 반복 작업이 이뤄지는 과정이기도 하죠. 따라서 자주 쓰는 단축키를 알아 두면 훨씬 빠르고 쉽게 작업할 수 있어요.

🔸 단축키는 윈도우 사용자 기준으로, 맥 사용자는 Ctrl을 Command로, Alt는 option으로 바꿔서 사용하세요.

재생 단축키

Spacebar	재생 & 일시정지
Shift + Spacebar	처음부터 재생
J	뒤로 재생(배속)
K	일시 정지
L	재생(배속)

프레임·클립 이동 단축키

↑	한 클립 앞으로
↓	한 클립 뒤로
→	한 프레임 앞으로
←	한 프레임 뒤로

컷 편집 단축키

Q	공백 없이 앞부분 자르기
W	공백 없이 뒷부분 자르기
Ctrl + K	자르기

🔸 Q와 W를 사용할 때는 영상과 함께 음악까지 잘리지 않도록 음악이 들어간 트랙은 잠그세요.

도구 전환 단축키

V	[선택 도구 ▶]
A	[앞으로 트랙 선택 도구 ▦]
B	[잔물결 편집 도구 ◀▶]
C	[자르기 도구 ◥]
Y	[밀어넣기 도구 ↔]
P	[펜 도구 ✎]
H	[손 도구 ✋]
T	[문자 도구 T]

단축키
설정하기

자주 쓰는 단축키는 좀 더 편한 위치로 변경해 두면 사용하기 편합니다. 자주 쓰지만
누르기 불편한 자르기 단축키, Ctrl + K 를 변경해 볼게요.

상단 메뉴에서 [편집 → 키보드 단축키] 또는 Ctrl + Alt + K 를 눌러 [키보드 단축키]
창을 엽니다. 왼쪽 아래 검색창에서 '편집 추가'를 입력합니다.

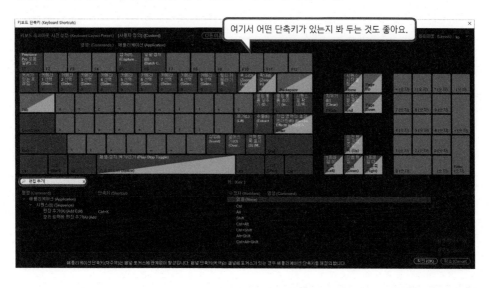

기존 단축키를 표시하는 Ctrl + K 를 클릭하면 파란색으로 바뀝니다.

새롭게 지정할 단축키를 눌러 주세요. 저는 기존 단축키와 겹치지 않는 G 로 지정하겠습니다. 기존 단축키 Ctrl + K 는 ✕ 를 눌러 지워 주세요.

💧 알파벳 키가 눌리지 않으면 한/영 을 눌러 영어로 바꿔 주세요.

다시 [키보드 단축키] 창을 보면 G 에 [편집 추가]가 적용된 것을 확인할 수 있습니다.

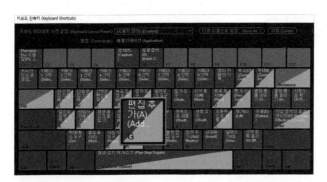

바꾼 단축키를 시험해 볼까요? 인디케이터를 자르고 싶은 시간대에 놓고 G 를 누르면 클립이 잘리는 걸 볼 수 있어요.

03-6

밋밋한 영상을 다채롭게,
이미지 얹기

준비 파일 3일차/3. 그래픽/아이폰XR 사진.png 완성 파일 3일차/5. 완성본/아이폰 리뷰.mp4

오늘 배울 기능	하나, 이미지 클립 편집하기	둘, 이미지 크기 조정하기	셋, 이미지 위치 조정하기
		·[비율 조정]	·[위치]

컷 편집을 하고 나면 영상의 흐름은 자연스러워지지만 어딘가 밋밋한 느낌이 있습니다. 강조할 부분이 더 잘 드러나도록 상황에 맞는 이미지를 추가해 볼게요.

🔹 '03-5 영상의 흐름을 잡는 컷 편집'에서 잘라 냈던 부분은 Ctrl + Z 로 실행 취소하거나 다시 [인사] 파일을 불러온 다음 시작해 주세요.

하면 된다! ♪

이미지 넣기

영상 보기

01 먼저 이미지를 영상 어디쯤에서 띄우면 좋을지 정합니다. 영상을 재생해 보니 제품을 소개할 때 더 크게 보이도록 제품 사진이 뜨면 좋겠어요. 제품 사진을 삽입할 '아이폰 XR입니다!'라고 말하는 시점으로 인디케이터를 옮기겠습니다.

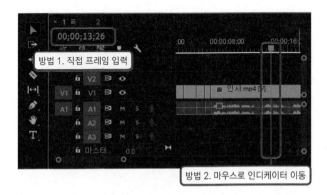

02 프로젝트 패널의 빈 곳을 더블클릭하거나 Ctrl + I 를 눌러 [아이폰XR 사진.png]를 불러옵니다. 영상 위에 이미지가 올라오도록 프로젝트 패널로 불러온 이미지 파일을 V2 트랙으로 끌어오세요.

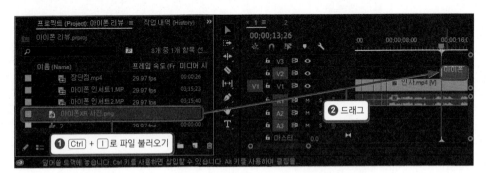

03 처음 이미지를 불러오면 기본 5초 정도 길이의 클립이 생성됩니다. 재생 길이, 즉 이미지가 화면에 뜨는 시간은 8초 정도면 좋겠네요. 이미지 클립 오른쪽 끝을 클릭한 채로 원하는 시간까지 쭉 늘려 주세요.

하면 된다!〉

**이미지 크기와
위치 조정하기**

01 프로그램 패널의 재생 화면을 보면 영상에 제품 이미지가 추가된 것을 볼 수 있습니다. 그런데 크게 들어간 바람에 출연자를 가렸네요. 이미지 크기도 줄이고 위치도 옮겨 볼게요.

02 이미지나 영상의 크기 또는 위치를 조정할 때는 효과 컨트롤 패널을 사용합니다. 효과 컨트롤 패널은 보통 비어 있지만 타임라인에서 클립을 선택하면 활성화됩니다. 타임라인에서 이미지 클립을 선택해 보세요.

📌 예PD의 꿀팁

효과 컨트롤 패널에 아무것도 안 보여요!

클립을 선택했는데도 효과 컨트롤 패널에 아무것도 뜨지 않는다면 혹시 클립을 1개 이상 선택했는지 혹은 인디케이터가 내가 클릭한 클립 위에 있는지 확인해 보세요. 내가 클릭한 클립을 조절하면서 다른 클립을 재생하고 있다면 효과 컨트롤 패널을 조절해도 재생 화면에는 변화가 없답니다.

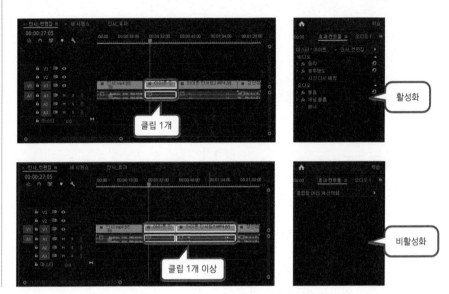

03 효과 컨트롤에서 [비디오 → 모션] 왼쪽의 ▨를 클릭해 목록을 열면 [위치, 비율 조정, 회전] 등 이미지를 조정할 수 있는 다양한 항목이 나타납니다. 크기는 [비율 조정]으로 조절할 수 있어요.

04 [비율 조정] 오른쪽의 숫자를 클릭한 채로 오른쪽, 왼쪽으로 끌어 보세요. 오른쪽으로 끌면 값이 커지면서 이미지가 커지고, 왼쪽으로 끌면 값이 줄어들면서 이미지가 작아져요.

<u>05</u> 숫자를 클릭해서 직접 원하는 값을 입력할 수도 있습니다. [비율 조정] 값을
'100'에서 '58'로 줄여 볼게요. 이미지 크기가 줄어든 것을 확인할 수 있어요.

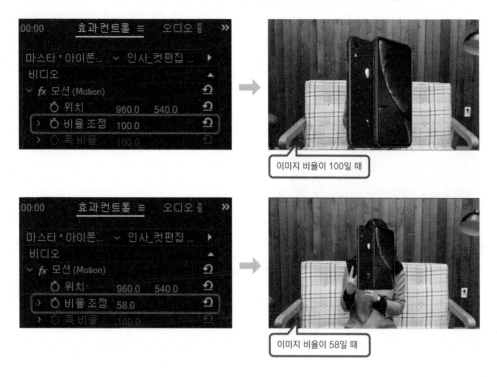

이미지 비율이 100일 때

이미지 비율이 58일 때

✎ 예PD의 꿀팁 | 영상에 최적화된 이미지 파일

영상에 이미지를 추가할 때에는 배경이 있는 JPEG 파일 형식보다 배경 없이 사람, 물
체만 보이는 PNG 파일 형식을 사용하는 게 깔끔합니다.
PNG 이미지는 Freepik(freepik.com), Flation(flaticon.com) 등의 사이트에서 무
료로 받을 수 있어요.

06
이미지 위치를 옮기겠습니다. 이미지 위치는 효과 컨트롤 패널의 [위치]로 조정할 수 있어요. [위치]에 있는 2개의 값 중 앞의 값은 좌우, 뒤의 값은 위아래를 조절합니다. 제품 사진이 오른쪽에 오도록 앞의 값은 '1424.0', 뒤의 값은 '540.0'으로 입력하세요.

💧 [위치] 값을 마우스로 끌거나 클릭해서 직접 입력할 수 있습니다.

07
일일이 숫자를 입력하지 않고 직접 이미지 위치를 옮기고 싶다면 프로그램 패널에서 이미지를 더블클릭해 이미지를 활성화한 다음 끌어 옮기는 방법도 있습니다.

💧 가장자리의 점을 끌면 크기도 변경할 수 있어요.
💧 같은 방법으로 이미지뿐만 아니라 영상의 크기와 위치도 조정할 수 있어요.

| 밋밋한 영상을 살리는 포인트 잡기

인터뷰나 리뷰 영상 같이 출연자가 한자리에 앉아 있는 영상은 한 가지 화면 구도만 계속되어 자칫 지루하게 느끼기 쉬워요. 물론 카메라 여러 대로 촬영해 컷을 바꾸는 방법도 있지만, 조건상 카메라를 하나만 사용해야 할 때 쓸 수 있는 꿀팁 2가지를 알려드릴게요.

하나의 영상을 다양한 구도로 활용하기
강조하고 싶은 장면을 확대한 다음 위치를 살짝 옮겨 포인트 자막을 쓸 공간을 마련할 수도 있습니다. 이러면 촬영한 구도는 하나지만, 여러 구도에서 촬영한 것과 같은 효과를 낼 수 있어요.

같은 구도에서 촬영한 영상의
크기와 위치를 조정한 모습

특정 장면 확대해 강조하기
특정 장면이나 강조해서 보여주고 싶은 부분을 크게 확대하는 방법입니다. 특히 예능적인 요소를 살리고 싶다면 더 극적으로 확대하고 그 순간에 어울리는 자막이나 효과음을 활용하면 더 효과적입니다.

웃음 포인트를 강조해 확대하고 자막을
넣은 모습(유튜브 '아름이 알음?')

영상의 필수 요소,
자막 넣기

준비 파일 3일차/3. 그래픽/아이폰XR 사진.png   완성 파일 3일차/5. 완성본/아이폰 리뷰.mp4

오늘 배울 기능	하나, [기본 그래픽] 패널 기능 다루기	둘, 자막 클립 만들기	셋, 자막 스타일 만들기
	· [단추 편집기 ➕]	· [문자 도구 **T**]	· [프로그램 모니터에서 스냅 ▣]

요즘은 자막 없는 영상을 찾기 어려울 정도로 자막은 영상의 필수 요소가 되었어요. 자막이 영상에서 하는 역할은 생각보다 크답니다. 우선 시청자가 언제 어떤 환경에서 영상을 보든 영상 속 대화를 이해하고 흐름을 파악할 수 있게끔 합니다. 무심코 놓칠 수 있는 장면의 재미를 살리기도 하며, 영상만으로는 알 수 없는 중요한 정보를 자막으로 보여 줄 수도 있죠.

자막은 역할이 다양한 만큼 스타일도 무척 다양합니다. 로고, 대사, 효과음 등 자막의 역할에 따라 스타일도 제각각이죠. 그중에서도 가장 기본적인 것은 출연자의 대사가 그대로 자막으로 뜨는 '대사 자막'입니다. 그럼 같이 대사 자막을 만들어 볼까요?

하면 된다!〉

대사 자막 넣기

영상 보기

01 이전 프로젝트 [아이폰 리뷰]에 이어서 진행하겠습니다. 타임라인에서 [인사] 클립을 재생해 '안녕하세요'라고 말하는 시점으로 인디케이터를 옮겨 주세요.

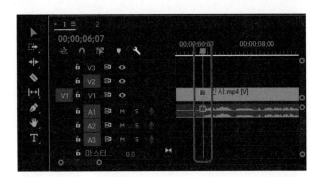

02 모든 글자는 [문자 도구 **T**]를 이용해 삽입합니다. 타임라인 왼쪽의 도구 패널에서 [문자 도구 **T**]를 선택하세요.

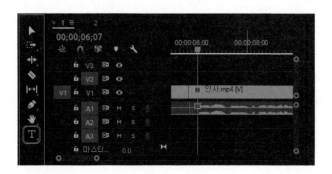

03 프로그램 패널에서 자막을 넣고 싶은 곳을 클릭하면 빨간색 텍스트 상자가 뜹니다. '안녕하세요'를 입력하세요.

04 자막의 위치와 크기를 조정해 볼게요. 도구 패널에서 [선택 도구 ▶]를 선택하고 프로그램 패널에 추가한 텍스트 상자를 클릭하면 테두리가 파란색으로 바뀝니다. 이때 화면에서 자막의 위치를 이동하거나 크기를 조정할 수 있습니다.

🍴 텍스트 상자를 드래그하면 위치를 옮길 수 있고 가장자리의 점을 끌면 크기를 조정할 수 있어요.

05 자막 위치는 가운데가 가장 보기 좋겠죠? 이때 위치 기준을 잡아주는 기준선이 필요합니다. 프로그램 패널 아래 버튼에서 맨 오른쪽에 있는 [단추 편집기 ➕]를 클릭하세요. [단추 편집기 ➕]에서 [프로그램 모니터에서 스냅 ⬚]을 버튼 창으로 끌어오면 새로운 버튼이 생성된 것을 볼 수 있어요. 추가된 버튼을 한 번 클릭해 활성화해 주세요.

06 [프로그램 모니터에서 스냅 ⬚]이 활성화되면 프로그램 창에서 자막이나 이미지를 옮길 때 자동으로 위치를 가운데로 맞추고 빨간 점선이 뜨는 걸 볼 수 있어요.

❶ **마커 추가**: 타임라인에 마커를 표시합니다.

❷ **시작 표시**: 잘라 내거나 출력할 시작 지점을 표시합니다.

❸ **종료 표시**: 잘라 내거나 출력할 종료 지점을 표시합니다.

❹ **시작 지점으로이동**: 타임라인에 표시한 시작 지점으로 이동합니다.

❺ **1프레임 이전 단계**: 1프레임 뒤로 이동합니다.

❻ **재생-정지**: 영상을 재생·정지합니다.

❼ **1프레임 다음 단계**: 1프레임 앞으로 이동합니다.

❽ **종료 지점으로 이동**: 타임라인에 표시한 종료 지점으로 이동합니다.

07

마지막으로 말이 끝날 때 자막도 사라지도록 하겠습니다. '안녕하세요'라는 말이 끝나는 시점으로 인디케이터를 옮깁니다. 자막 클립을 선택하고 클립의 오른쪽 끝을 잡아 인디케이터가 있는 곳까지 끌어주세요.   💧 타임라인을 확대하고 싶다면 키보드 위쪽 ⊕를 누르세요.

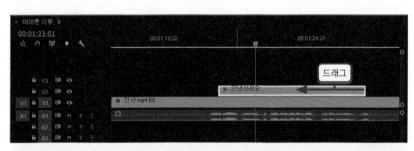

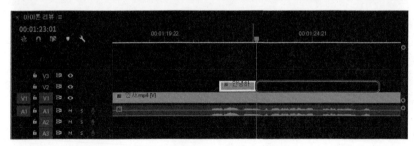

하면 된다!〉

대사 자막 꾸미기

01 가독성도 높이고 영상 분위기에도 맞게 자막 글꼴과 스타일을 꾸며 볼게요. 타임라인에서 자막 클립을 선택합니다. 효과 컨트롤 패널의 [그래픽 → 텍스트(안녕하세요) → 소스 텍스트]에서 글꼴, 자간, 문단 정렬 등을 조정할 수 있어요. 먼저 글꼴부터 [S-Core Dream 3 light]로 바꿀게요.

02 자막이 잘 보이도록 배경을 넣을게요. 타임라인에서 자막 클립을 선택하고 효과 컨트롤 패널의 [그래픽 → 텍스트(안녕하세요) → 소스 텍스트 → 모양]에서 [칠]은 기본 값인 흰색(FFFFFF)을 그대로 두고 [배경]의 체크 상자를 클릭합니다.

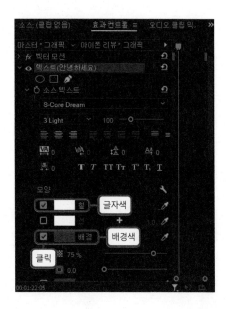

03 [배경] 오른쪽의 색상 상자를 클릭하면 배경 색상을 설정할 수 있는 [색상 피커]
창이 뜹니다. 마우스를 왼쪽 모서리 끝까지 끌어
배경색을 검은색(000000)으로 지정한 다음 [확
인]을 누르세요.

◆ 또는 [색상 피커] 창 오른쪽 아래에서 직접
RGB 값을 입력할 수 있어요. 검은색의 RGB 값은
'000000' 입니다.

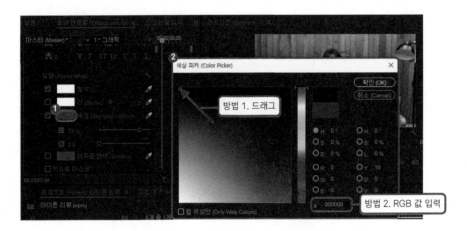

04 [배경] 바로 아래에는 불투명도와 크기를 조정하는 2개의 슬라이드 바가 있어
요. 자막 배경이 선명해지도록 [불투명도]는 '100%'로, [크기]는 '15'를 주겠습니다.

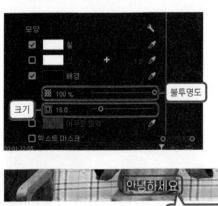

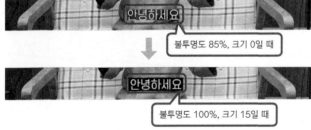

하면 된다!
자막 복사하기

01 자막을 쓸 때마다 매번 텍스트 상자를 만들고 입력하고 수정하는 건 무척 번거로울 거예요. 간단하게 자막을 만드는 방법이 있습니다. 만들어 둔 자막 클립을 복사하는 거죠.

02 [Alt]를 클릭한 채 '안녕하세요' 자막을 오른쪽으로 끌어오세요. 내용, 길이, 글꼴까지 완벽히 똑같은 자막이 하나 더 생성됩니다.

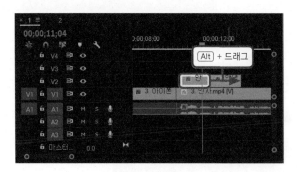

03 인디케이터를 복사한 자막 클립 위로 옮기고 프로그램 패널에서 텍스트 상자를 더블클릭하면 글자를 수정할 수 있어요. 다음 대사인 '오늘은 제품 리뷰를 해보려고 하는데요'를 입력해 보겠습니다.

04 자막 내용을 고쳤더니 위치가 중심에서 벗어났네요. 자막을 수정해도 계속 화면 중앙에서 뜨게 해 볼게요. [효과 컨트롤 → 텍스트 → 텍스트 가운데 맞춤]을 클릭해 주세요.

05 [선택 도구 ▶]로 바꾸고 프로그램 패널에서 텍스트 상자를 끌어 화면 가운데로 옮겨 주세요. 이렇게 텍스트 가운데 맞춤을 해 두면 자막이 길어지거나 짧아져도 위치는 계속해서 영상의 가운데에 있습니다.

쪽지 시험

| 영상 끝까지 자막 넣기

지금까지 배운 내용을 활용해 영상 끝까지 출연자의 대사를 자막으로 넣어 보세요.

🔹 클립 복사: Alt + 드래그
🔹 3일차/5.완성본/아이폰 리뷰.mp4를 참고해서 상황에 맞게 다른 자막을 추가해도 좋아요.

하면 된다! ♪
자막 스타일 한번에 바꾸기

01 처음부터 끝까지 자막을 다 넣고 난 다음에야 자막 글꼴이나 색을 바꾸고 싶을 때가 있어요. 이럴 때 자막 스타일을 한번에 바꾸는 법을 알려드릴게요.

02 자막을 넣을 때는 기본 그래픽 패널을 켜 두면 작업이 훨씬 편리해집니다. 상단 메뉴에서 [창 → 기본 그래픽]을 눌러 주세요.

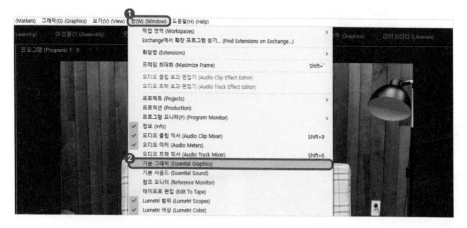

03 기본 그래픽 패널을 효과 컨트롤 패널로 옮기겠습니다. 패널 윗부분을 클릭한 채 효과 컨트롤 패널로 끌어와 놓습니다.

💧 편의상 기본 그래픽과 효과 컨트롤을 병합했지만, 실제 작업할 때는 기본 그래픽 패널을 화면 오른쪽에 두고 쓰는 게 편리합니다.

예PD의 꿀팁 | 패널 닫기 · 분리하기

이렇게 병합한 패널을 분리하거나 닫으려면 패널 상단에서 마우스 오른쪽을 클릭해 패널 설정 메뉴를 열어 보세요. 패널을 닫으려면 [패널 닫기], 패널을 다른 곳으로 이동시키거나 분리하려면 [패널 분리]를 눌러주세요.

$\underset{\text{\small 04}}{0}$ 맨 앞에 있는 자막 클립 하나를 선택하고 [기본 그래픽 → 편집]에서 편집할 자막을 클릭합니다. 원하는 대로 글꼴과 색상을 선택해 자막을 디자인해 주세요.

💧 [기본 그래픽 → 편집]에서 자막을 선택해야 편집 항목들이 활성화됩니다.

$\underset{\text{\small 05}}{0}$ 수정해 둔 자막을 마스터 스타일로 만들어 두겠습니다. [마스터 스타일 → 마스터 텍스트 스타일 만들기]를 선택합니다. [새 텍스트 스타일] 창이 뜨면 스타일 이름을 '기본 검은색 자막'이라 입력하고 [확인]을 누릅니다.

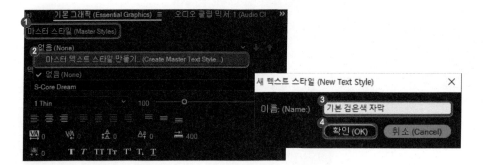

06 타임라인에서 마스터 스타일을 적용할 자막 클립을 모두 선택한 후 프로젝트 패널에 생성된 [기본 검은색 자막] 스타일을 끌어옵니다. 전체 자막 스타일이 바뀌는 것을 확인할 수 있습니다.

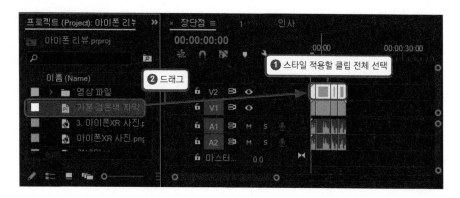

예PD의 꿀팁 │ **자막 위치와 크기 한번에 바꾸기**

글꼴, 칠, 선, 배경색은 [마스터 스타일]로 한번에 바꿀 수 있지만 위치와 크기는 바뀌지 않아요. 자막의 위치와 크기를 한번에 바꾸려면 자막 클립을 선택하고 [효과 컨트롤 → 벡터 모션 → 위치/비율] 에서 값을 조정해 둔 클립을 선택합니다. 그런 다음 해당 클립의 [벡터 모션]을 클릭하고 Ctrl + C, 타임라인에서 크기와 위치를 바꿀 다른 자막 클립을 선택해 Ctrl + V를 누릅니다. 이렇게 설정한 크기와 위치 값을 붙여 넣으면 모든 자막의 위치와 크기를 똑같이 바꿀 수 있습니다

자막 작업 속도를 높이는
'브루' 활용하기

긴 영상에 자막을 하나하나 만드는 건 생각보다 시간이 많이 걸리는 일입니다. 하지만 외부프로그램 도움을 받는다면 조금 더 작업 속도를 높일 수 있죠. 바로 브루(Vrew)입니다. 브루는 음성을 자동으로 인식해서 활자화하고 프리미어 프로에서 바로 사용할 수 있는 자막 파일로 저장해 주죠.

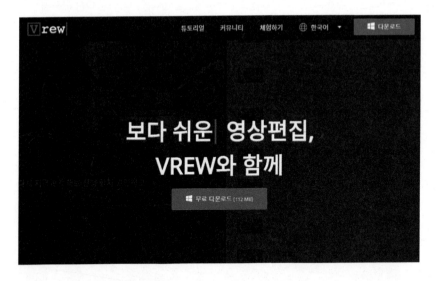

프로그램을 설치해 실행하면 음성 인식할 언어를 선택한 다음 자막을 생성할 영상 파일을 연결할 수 있습니다. 영상이 연결되면 자동으로 자막을 생성하죠. 단, 자동 인식 기능이라 정확하지 않을 수 있지만 그 부분도 브루에서 바로 수정할 수 있습니다.

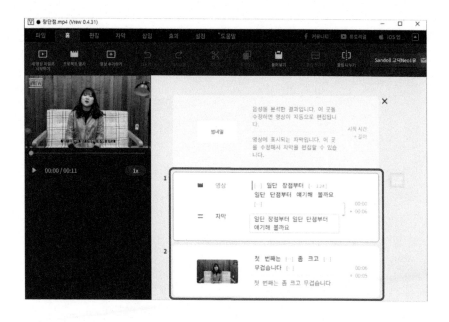

이렇게 완성한 자막은 프리미어 프로, 파이널 컷 등 다양한 형태로 내보낼 수 있는데요. 프리미어 프로에서 활용한다면 Premiere Pro xml로 파일을 추출합니다. 추출한 자막 파일을 프리미어 프로로 불러오면 바로 영상에 적용되는 걸 볼 수 있어요.

배경 음악·효과음
입히기

준비 파일 3일차/4. 음악, 효과음/Hunnies_At.mp3   완성 파일 3일차/5. 완성본/아이폰 리뷰.mp4

평소 즐겨 보던 영상이 있나요? 그렇다면 이번엔 눈을 감고 들어 보세요. 눈으로 볼 때는 인식하지 못했던 다양한 배경 음악과 효과음이 계속해서 들리는 걸 알 수 있어요. 예능, 브이로그, 여행 등 어떤 영상이든 말이죠. 그만큼 영상에서 배경 음악과 효과음은 영상의 품질을 가르는 중요한 요소입니다. 배경 음악은 분위기를 만들고 효과음은 말, 자막, 행동 등 포인트를 강조하죠. 2일차에서 살펴본 사이트에서 배경 음악·효과음 많이 받아 두었나요? 이제 이 파일들을 제대로 활용하는 방법을 알려드릴게요.

하면 된다! ♪

배경 음악 넣기

영상 보기

01 영상이 시작하자마자 준비해 둔 배경 음악이 나오게 해 볼게요.

Ctrl + I 로 [Hunnies_At.mp3] 파일을 불러온 다음 타임라인의 00;00 프레임으로 끌어옵니다. A1 트랙에는 영상 사운드 클립이 있으니 겹치지 않도록 A2 트랙으로 가져오세요.

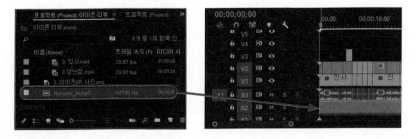

02

음악 재생 시간이 영상 전체 재생 시간보다 기네요. 영상이 끝날 때 음악도 끝나도록 배경 음악 클립을 자르겠습니다. [선택 도구 ▶]를 선택하고 오디오 클립 뒷부분을 잡아 영상이 끝나는 지점까지 끌어오세요.

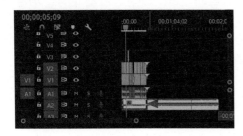 

📌 예PD의 꿀팁 | ### 적당한 볼륨은 어느 정도일까?

타임라인 오른쪽의 [오디오 미터]에서 실제로 볼륨이 어느 정도로 높은지 확인할 수 있어요. 오디오 미터를 자세히 보면 눈금과 숫자를 볼 수 있는데요, 여기서 맨 위에 있는 0까지 수치가 오르면 소리 크기가 '최대'라는 뜻입니다. 소리가 지나치게 크면 흔히들 '찢어진다'고 표현하죠. 소리는 크지만 오히려 잘 들리지 않는 상태를 뜻합니다. 크고 선명하게 들리는 볼륨은 오디오 미터 기준 -9에서 -6 사이입니다.

그럼 모든 소리를 -9에서 -6 사이로 맞추면 될까요? 그렇진 않습니다. 상대적인 소리 크기도 중요해요. 사람이 말을 할 때는 음악 소리를 조금 더 줄여주고, 말 소리는 조금 키워서 들려야 할 소리가 조금 더 크고 선명하게 들리도록 상대적으로 조절하는 게 좋아요.

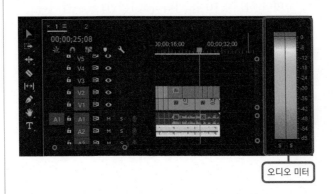

오디오 미터

잡음이 많다거나 녹음 상태가 좋지 않으면 볼륨이 -9 ~ -6 사이여도 잘 들리지 않을 수 있어요. 영상을 시청할 기기에서 직접 소리를 들어 보며 상황에 맞게 조정이 필요합니다.

하면 된다! ♪

볼륨 조절하기

01 영상이 재생되는 동안 오디오 미터의 수치가 0 까지 치솟으면 볼륨이 최대치라는 뜻이에요. 즉, 너무 시끄럽고 찢어지는 듯한 소리가 나서 잘 들리지 않을 수 있어요. 배경 음악 소리는 낮추고 말소리는 높여 볼 게요.

02 타임라인에서 볼륨을 줄일 배경 음악 클립(A2 트랙)을 선택한 다음 마우스 오른쪽을 클릭해 [오디오 게인]을 클릭합니다. 🔵 [오디오 게인] 창 열기: Ctrl + G

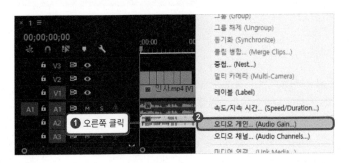

03 [오디오 게인] 창이 뜨면 [게인 조정]이 기본값인 '0'으로 설정되어 있어요. 말소리보다 작게 소리를 줄여야 하니 '-10'을 입력하고 [확인]을 누릅니다.

04 이번엔 볼륨을 키울 영상 클립(A1 트랙)에서 [오디오 게인] 창을 열어 [게인 조정] 값을 '3'으로 변경합니다.

🔵 한번에 여러 클립을 선택하려면 Shift 를 누른 채 드래그 또는 클릭하세요.

05 그래도 말소리가 작은 것 같아요. 이번엔 [오디오 게인] 창으로 들어가지 않고 볼륨 조절 단축키인 ⎡]⎤를 눌러 볼륨을 조금씩 키워 보세요. ⎡Spacebar⎤를 눌러 영상의 소리를 직접 듣는 동시에 오디오 미터를 보면서 적당한 볼륨으로 조절해 보세요.

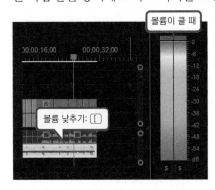
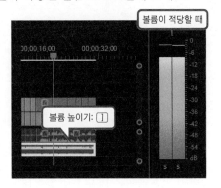

하면 된다!♪
구간별 볼륨 조절하기

01 배경 음악이 크게 나오다가 사람이 말을 시작하면 소리가 줄어들고 말을 멈추면 다시 소리가 커지도록 해볼게요.

세밀한 작업을 하기 위해 배경 음악 클립(A2 트랙)의 높이를 넓히겠습니다. 트랙 아래에 커서를 두면 위아래로 트랙을 넓히고 좁힐 수 있도록 커서 모양이 변합니다. 트랙 아래를 클릭한 채 아래로 끌어당겨 주세요.

02 트랙을 충분히 넓히면 클립 가운데 가로로 길게 난 흰 선이 보입니다. 볼륨을 조절하고 싶은 시점에서 ⎡Ctrl⎤을 누른 채 흰 선을 클릭하면 선 위에 파란 점이 하나 생기는데요. 이 점이 바로 오디오 키프레임입니다.

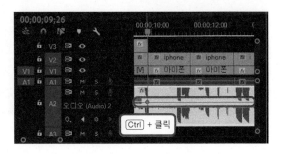

03 1초쯤 뒤로 이동한 뒤 다시 Ctrl 을 누른 채 흰 선을 클릭해 키프레임을 하나
더 만듭니다.

04 두 번째 키프레임을 마우스로 끌어내립니다. 아래 데시벨(db)이 '–10'까지 떨
어지도록 내려 주세요. 이 구간을 재생해 보면 첫 번째 키프레임부터 두 번째 키프레임
까지 볼륨이 –10db만큼 서서히 줄어듭니다.

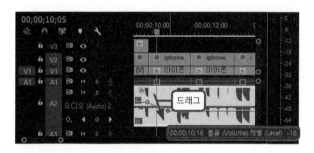

05 같은 방법으로 말소리가 끝나는 지점에서 다시 배경 음악 소리가 커지도록 키
프레임을 만들고 조정합니다.

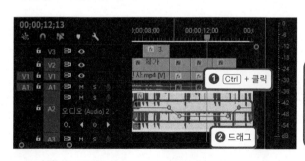

키프레임을 조정할 땐 각도도
중요해요. 각도가 가파를수록
소리가 빠르게 줄어들고 완만
할수록 천천히 줄어들죠. 자
연스럽게 소리가 줄어들도록
조정해 주세요.

하면 된다!}
효과음 넣기

01 화면을 전환하거나 자막, 이미지가 나타날 때 또는 출연자가 어떤 동작을 할 때 효과음을 넣으면 주목해야 할 부분도 두드러지고 생동감도 있어 보입니다. 그럼 지금까지 편집한 영상에 간단하게 2개의 효과음을 넣어 보겠습니다.

02 '오늘 소개할 제품은~'이라고 말할 때 기대감을 높이는 드럼 소리를 넣어 볼게요. 효과음을 넣을 시점으로 인디케이터를 옮기고 Ctrl + I 로 [드럼 소리.mp3] 파일을 불러옵니다. 불러온 파일은 타임라인의 A3 트랙으로 끌어오세요.
💧 다른 오디오 트랙과 겹치지 않도록 트랙을 잘 구분해 주세요.

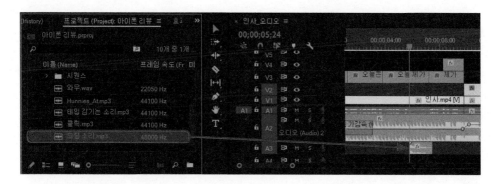

03 '아이폰 XR입니다.'라고 말하자마자 '와아~' 하는 효과음을 넣어 볼게요. 효과음을 넣을 시점으로 인디케이터를 옮기고 Ctrl + I 로 [와우.mp3] 파일을 불러옵니다. 불러온 파일은 타임라인의 A3 트랙으로 끌어오세요.

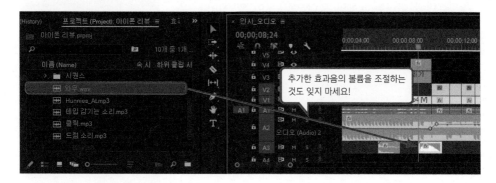

추가한 효과음의 볼륨을 조절하는 것도 잊지 마세요!

하면 된다!♪

목소리 또렷하게 만들기

영상을 마무리하는 단계에서 가장 놓치기 쉽지만 가장 중요한 게 바로 오디오예요. 앞서 간단하게 볼륨 조절하는 법을 살펴봤으니 이번엔 목소리를 좀 더 또렷하게 하고 잡음을 제거하는 등 좀 더 세심하게 편집하는 법을 살펴볼게요.

01 오디오 편집을 위해 작업 환경을 바꿔 볼까요? 프리미어 프로 상단의 작업 영역을 [편집]에서 [오디오]로 변경하세요.

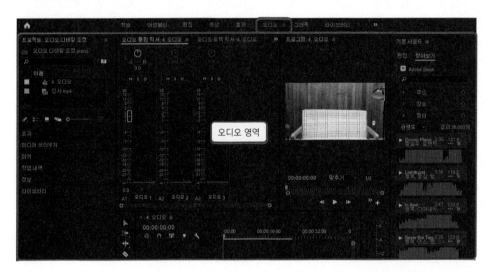

02 편집할 영상 클립을 선택하고 [오디오] 작업 영역 오른쪽의 [기본 사운드 → 편집]으로 이동하면 [대화, 음악, SFX, 주변광]이라는 4개의 오디오 유형이 있습니다. 우리가 편집할 영상의 오디오는 사람 목소리니 [대화]를 선택합니다.

03

오디오 유형을 선택하면 그 유형에 맞는 편집 옵션이 활성화됩니다. [대화]에는 음량, 복구, 음성 강화 등이 있는데요. [음량 → 자동 일치], [복구 → 노이즈 감소] 그리고 마지막으로 [선명도 → 음성 강화 → 여성]을 체크하세요.

💧 [노이즈 감소] 값을 과하게 주면 목소리가 답답하게 들려요. 들어 보면서 값을 조절해 적당한 정도를 찾아주세요.

💧 다양한 기능을 하나씩 적용해 보면서 소리가 어떻게 들리는지 확인해 보세요.

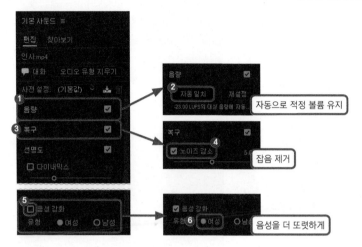

하면 된다!⟩

배경 음악 볼륨
자동 조정하기

01

이번에는 [기본 사운드]를 활용해 자동으로 볼륨이 조절되도록 해 볼게요. 배경 음악 클립을 선택하고 [기본 사운드 → 편집 → 음악]을 선택하세요.

02

[음량→ 자동 일치]를 클릭하면 배경 음악이 목소리보다 작게 들리도록 자동 조정 돼요.

💧 [자동 일치] 버튼이 활성화되었는지 확인하세요. 활성화되지 않으면 효과가 적용되지 않아요.

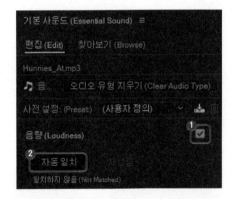

03

[더킹]은 사람이 말을 멈추면 배경 음악 볼륨이 커지고 말을 하면 작아지는 기능입니다. [더킹]을 체크해 활성화하고 더킹 대상은 [대화 클립 ]을 클릭하세요.

💧 [더킹] 기능은 프로그램이 자동으로 인식하기 때문에 정확하지 않을 수 있으니 세세한 조정을 원한다면 직접 볼륨을 조절하는 게 좋아요.

자연스러운
전환 효과 넣기

완성 파일 3일차/5. 완성본/아이폰 리뷰.mp4

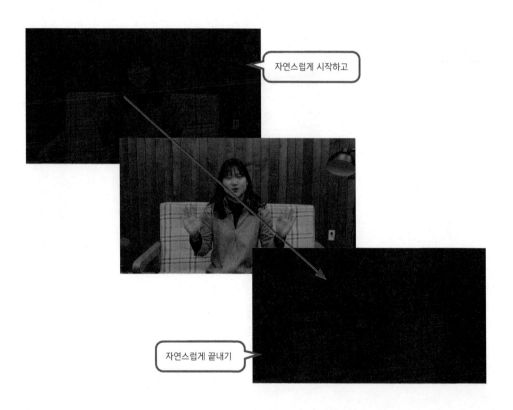

자연스럽게 시작하고

자연스럽게 끝내기

오늘 배울 기능	하나, 효과 패널 활용하기	둘, 오디오·화면 전환 효과 적용하기	셋, 화면 전환 효과를 준 촬영 기법
	·[지속 가감속]	·[교차 디졸브]	·[film impact tarnsition pck] [premiere composer]

초보자가 처음 컷 편집을 하다 보면 영상 흐름이 뚝뚝 끊기고 매끄럽지 않은 경우가 많습니다. 보통 장면이나 내용이 예고 없이 혹 바뀔 때 그런 문제가 생기죠. 오디오도 마찬가지입니다. 음악이 부자연스럽게 끊어지거나 바뀌기도 하죠. 이렇게 맥락이 끊어지는 부분에는 영상을 자연스럽게 이어 주는 화면 전환·오디오 전환 효과가 필요합니다. 오디오 전환은 프로젝트 패널 옆의 [효과] 패널에서 할 수 있어요. 오디오 전환뿐만 아니라 노이즈나 에코를 넣는 오디오 효과, 화면을 자연스럽게 전환할 수 있는 화면 전환, 화면 효과 등은 모두 [효과] 패널에서 찾을 수 있답니다. 이 효과를 사용해 서서히 볼륨이 줄어들면서 영상도 음악도 자연스럽게 마무리되도록 해 볼게요.

하면 된다!⟩

오디오 전환 효과 넣기

영상 보기

01 프로젝트 패널 상단 오른쪽의 ⟫를 누르면 [정보, 작업 내역, 마커] 등 숨어 있던 탭들을 볼 수 있습니다. 그중에서 [효과]를 눌러 이동하세요.

02 효과 패널에서 [오디오 전환 → 크로스 페이드 → 지속 가감속]을 찾아 타임라인의 배경 음악 클립(A2 트랙)의 오른쪽 끝으로 끌 💧[지속 가감속]: 클립 선택 + Ctrl + Shift + D 어오세요.

03 클립 오른쪽 끝에 노란색 띠가 보인다면 효과가 제대로 적용된 거예요. 노란색 띠 위에 커서를 얹으면 효과의 지속 시간을 볼 수 있습니다. 효과는 기본적으로 1초씩 들어갑니다. 즉, 영상이 끝나기 1초 전부터 볼륨이 줄어들죠. 1초는 짧으니 3~4초 정도로 늘리겠습니다. 노란색 띠를 더블클릭하면 [전환 지속 시간 설정] 창이 뜹니다. 효과가 지속되는 시간을 설정할 수 있죠. '00:00:04:00'을 입력하고 [확인]을 누르세요.

🌢 노란색 띠의 앞부분에 마우스를 얹으면 커서 모양이 변합니다. 꾹 누른 채 앞뒤로 잡아끌어서 효과 지속 시간을 바꿀 수 있어요.

04 전환 효과를 클립 앞이나 뒤에 넣어서 소리가 점점 커지고 작아지는 효과를 낼 수도 있고 클립과 클립 사이에 넣어 자연스럽게 다른 음악으로 전환할 수도 있습니다.

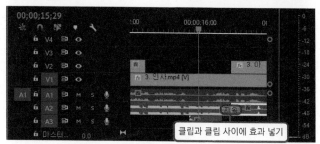

하면 된다!⟩

화면 전환 효과 넣기

01 오디오 클립에 [지속 가감속] 효과를 넣어 소리가 서서히 줄어들면서 사라지듯이 비디오 클립에도 효과를 넣어 영상을 서서히 어둡게 마무리하거나 전환할 수 있어요.

02 [효과]에서 [비디오 전환 → 디졸브 → 교차 디졸브]를 찾거나 검색창에 '교차 디졸브'를 검색하세요.

🔘 [교차 디졸브]: 클립 선택 + Ctrl + D

03 [교차 디졸브]를 타임라인의 비디오 클립 맨 앞으로 끌어오세요. 클립 앞부분에 노란색 띠가 생기는 걸 볼 수 있어요. 한번 더 [효과] 탭에서 [교차 디졸브]를 끌고 와 이번엔 비디오 클립 맨 끝으로 끌어오세요.

클립 앞, 뒤에 효과 넣기

04 영상을 처음부터 재생하면 시작할 때 화면이 어둡다가 서서히 밝아지고 끝날 때도 서서히 어두워지면서 마무리됩니다.

05 [교차 디졸브] 효과를 비디오 클립과 클립 사이에 넣어 자연스럽게 장면 전환이 이루어지도록 할 수도 있습니다.

💧 이외에도 화면을 지우면서 전환하는 [지우기], 밀면서 전환하는 [밀기] 등 다양한 효과가 있으니 자유롭게 효과를 적용해 보세요.

📌 예PD의 꿀팁 | 클립 사이 효과를 넣으면 뜨는 경고창

클립과 클립 사이에 [교차 디졸브] 효과를 넣으면 다음과 같은 경고창이 뜨는 경우가 있어요.

'미디어가 부족하다'는 건 전환 효과를 넣은 부분이 클립 영상의 시작과 끝부분이라 여유 프레임이 없다는 의미예요. 그래서 화면이 전환되는 동안 영상이 재생되지 않고 멈추게 되죠. 이럴 땐 전환되는 지점을 기준으로 앞 클립의 뒷부분, 뒤 클립의 앞부분을 조금씩 잘라 내면 해결할 수 있습니다. 물론 전환 효과가 짧을 땐 큰 문제가 되지 않으니 [확인]을 눌러 계속 진행해도 좋아요.

화면 전환 효과의 모든 것

프리미어 프로의 기본 화면 전환 효과

프리미어 프로에서 제공하는 기본 전환 효과 중 가장 많이 쓰이는 4가지 효과를 소개할게요. 모든 효과는 앞서 오디오·화면 전환 효과에서 사용했듯이 [효과] 탭에서 찾을 수 있습니다. 외부 프로그램이나 사이트에서 내려받을 필요 없이 프리미어 프로 내에서 바로 쓸 수 있다는 장점이 있습니다.

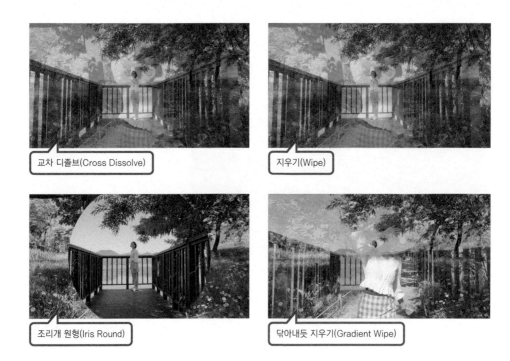

교차 디졸브(Cross Dissolve)

지우기(Wipe)

조리개 원형(Iris Round)

닦아내듯 지우기(Gradient Wipe)

무료 트랜지션

외부 사이트에서 다운받아 쓸 수 있는 무료 트랜지션 효과도 소개할게요. 2일차에서
내려받았던 'film impact tarnsition pck'이나 'premiere composer'가 이 무료 트랜
지션입니다. 인터넷에서 직접 찾아 설치해야 한다는 단점은 있지만, 더 다양한 효과를
쓸 수 있다는 장점이 있습니다.

'flim impact transition pk'의 무료 효과 4가지

촬영 기법을 활용한 트랜지션

촬영할 때부터 화면 전환을 고려해서 영상과 영상을 좀 더 매끄럽게 잇는 방법도 있습니다. 그중에서 가장 흔히 볼 수 있는 2가지 기법을 소개하겠습니다.

장애물을 활용한 트랜지션 1

❶ 장애물이나 벽을 화면 오른쪽에 살짝 걸쳐둔 채 5~10초 정도 멈춰 인물을 찍습니다.

❷ 카메라 각도와 방향은 그대로 정면을 보고 위치만 오른쪽으로 움직입니다.

❸ 장애물이 점점 카메라를 가립니다.

❹ 장애물이 카메라를 완전히 가리면 녹화를 멈춥니다.

장애물을 활용한 트랜지션 2

❶ 반대로 장애물에 화면이 가려진 상태에서 시작합니다.

❷ 카메라가 오른쪽으로 이동하면서 점점 화면이 드러납니다.

❸ 장애물은 화면 왼쪽에 있고 촬영 대상이 다 드러나면 녹화를 멈춥니다.

카메라 움직임을 활용한 트랜지션 1

❶ 풍경이나 인물을 촬영합니다.

❷ 촬영을 끝내기 전에 카메라를 왼쪽으로 휙 돌리고 녹화를 멈춥니다.

카메라 움직임을 활용한 트랜지션 2

❶ 촬영 대상을 화면 왼쪽에 두고 시작합니다. 녹화 버튼을 누르고 카메라를 왼쪽으로 휙 돌립니다.

❷ 카메라를 돌린 후 보이는 인물이나 풍경을 촬영합니다.

💧 회전 방향은 상하좌우 어느 쪽이든 상관없지만, 두 영상의 회전 방향은 같아야 합니다.

인서트 영상 넣기

화면 전환 효과를 사용하지 않고 영상과 영상 사이 1~3초 정도 인서트 영상을 삽입하는 방법도 있습니다. '삐–' 소리와 함께 나오는 색상 막대 영상이나 재밌는 이미지를 반복적으로 사용해 보세요. 화면 전환 효과가 없어도 영상의 맥락이 끊어지는 부분을 자연스럽게 넘길 수 있을 뿐만 아니라 또 다른 재미 요소로 사용할 수 있습니다.

색상 막대를 활용한 인서트 이미지

색상 매트와 마스크를 활용한 인서트 이미지

03-10

완성된 영상
출력하기

편집이 끝난 영상을 유튜브 채널에 업로드하거나 SNS에 공유할 수 있도록 파일로 출력해 보겠습니다. 또 영상의 용도별 주의해야 할 점도 살펴볼게요.

하면 된다!

영상 출력하기

영상 보기

01 최종 영상을 출력하기 전 마지막으로 처음부터 끝까지 재생해 보면서 자막에 오타는 없는지, 볼륨은 적당한지 등 세부적인 것들을 꼼꼼히 확인하세요.

💧 작업을 완료한 뒤에는 반드시 Ctrl + S 를 눌러 저장하는 거 잊지 마세요.

02 Ctrl + M 을 누르거나 [파일 → 내보내기 → 미디어]를 눌러 [내보내기 설정] 창을 열어 주세요.

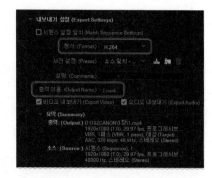

03 [내보내기 설정] 창에서 내보낼 영상 파일의 이름, 형식, 위치 등을 설정할 수 있습니다. 파일 형식은 가장 보편적으로 쓰이는 H.264로 지정하겠습니다. 파일 이름 뒤의 확장자도 .mp4로 바뀐 것을 확인할 수 있어요.

예PD의 꿀팁 | 영상 파일 형식의 종류와 특징

mp4가 보편적인 영상 파일 형식이 된 이유는 압축률이 좋아 고화질 영상을 비교적 저용량으로 저장할 수 있기 때문입니다. 만약 mov로 저장하고 싶다면 형식을 [QuickTime]으로 선택하세요(하지만 대부분 mp4 파일로만 출력해도 충분합니다). mov는 맥, 아이폰 등 iOS 환경에서 주로 사용하는 형식이에요. 영상을 iOS 환경의 기기에서만 재생할 거라면 mov로 출력해도 좋겠죠? 하지만 윈도우나 모바일, TV 등 다양한 기기에서 재생하는 경우 mp4 형식으로 출력하는 게 좋습니다.

04 출력 이름을 클릭하면 [다른 이름으로 저장] 창이 뜹니다. 파일 이름을 입력하고 영상 파일을 저장할 위치를 지정해 주세요.

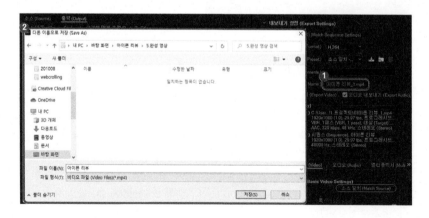

05 다음으로 영상의 품질, 즉 화질을 설정합니다. [사전 설정]에서 [소스 일치-높은 비트 전송률]을 선택합니다.

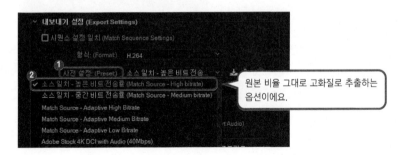

원본 비율 그대로 고화질로 추출하는 옵션이에요.

06 모든 설정을 마치면 [내보내기]를 눌러 파일로 출력하세요.

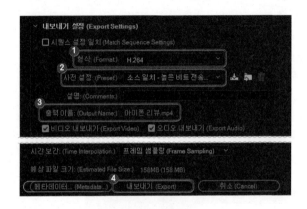

📌 예PD의 꿀팁 | 더 디테일하게 화질 설정하기

화질을 좀 더 디테일하게 설정하고 싶다면 [비디오] 항목에서 스크롤을 내려 [비트 전송률 설정]을 선택하세요.

[비트 전송률 인코딩]을 보면 3가지 옵션이 있는데요. 먼저 CBR은 영상 전체를 같은 전송률로 출력하고, VBR은 비트 전송률이 높은 장면은 높게, 낮은 장면은 낮게 출력하는 것입니다. VBR 뒤의 '패스'는 인코딩 횟수로, [VBR. 2패스]는 VBR 방식으로 2번 인코딩한다는 뜻이죠. 내보내기 시간은 길어지지만 그만큼 더 정확하게 영상을 분석해 비트 전송률을 할당한답니다. 즉, [VBR. 2패스]를 선택하는 걸 추천합니다.

📌 예PD의 꿀팁 │ **출력 속도를 표현하는 렌더링 바**

타임라인의 타임 코드 아래에 영상 길이만큼 긴 바를 볼 수 있는데요. 이 바를 렌더링 바
(rendering bar)라고 합니다. 렌더링 바는 초록색, 노란색, 빨간색으로 렌더링 속도를 표
현하는 역할을 합니다. 고속도로처럼 초록색 구간은 렌더링 속도가 빠르고, 빨간색 구간
은 버벅거리거나 아예 재생이 되지 않을 수 있어요. 출력 전 미리 보기 어려울 정도로 재
생이 너무 느릴 때에는 [Enter]를 눌러 주세요. 렌더링을 마치고 나면 전 구간이 초록색으
로 바껴 원활하게 재생할 수 있습니다.

하면 된다!⟩
영상 일부만 출력하기

01 영상 일부만 출력해야 하는 상황도 종종 있습
니다. 이럴 땐 in·out을 설정해서 특정 시간대만 추출할
수 있어요. 영상 시작 지점부터 14;01 프레임까지 출력
해 볼게요.

02 출력을 시작할 00;00 프레임으로 인디케이터를 옮기고 [I]를 눌러 시작 지점
을 표시합니다.

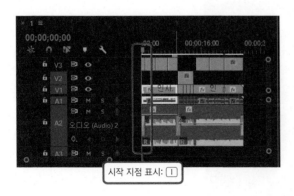

시작 지점 표시: [I]

03

출력을 끝낼 14;01 프레임으로 인디케이터를 옮기고 ⓞ를 눌러 종료 지점을
표시합니다. 시작 지점부터 종료 지점까지 타임라인 배경이 회색으로 바뀝니다.

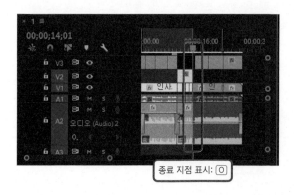

종료 지점 표시: ⓞ

04

Ctrl + M 을 눌러 [내보내기] 창을 엽니다. 영상 파일 형식은 H.264로 하고
이름, 위치, 비트 전송률 등을 지정한 다음 [내보내기]를 누릅니다.

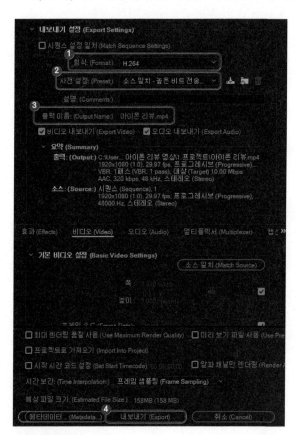

화질 설정, 이럴 땐 이렇게

영상을 출력하는 상황은 여러 가지가 있습니다. 미리보기 또는 공유하기 위해 출력하는 경우도 있고 채널에 업로드하기 위해 최종 버전을 출력하는 경우도 있죠. 또 출력한 영상을 재생하는 환경도 다양합니다. 큰 TV나 스크린에서 시청할 수도 있고 모바일에서 시청할 수도 있죠. 이처럼 다양한 상황이나 환경에 따라 출력할 영상의 화질도 달라져야 한답니다. 어떤 상황에 어떤 화질로 출력해야 하는지 알려드릴게요.

미리보기·공유용으로 사용할 때

작업 중간에 작업물을 공유하거나 단순히 미리보기를 위해 영상을 출력할 때는 군이 고화질로 출력할 필요가 없겠죠. 이럴 땐 [사전 설정 → 소스 일치-중간 비트 전송률]을 선택합니다. 화질은 조금 낮지만 저용량으로 출력됩니다.

특히 간단하게 메신저로 공유할 용도라면 300mb 이하로 뽑는 게 좋습니다. [내보내기 설정] 창 아래에서 예상 파일 크기를 확인해 보세요. 중간 비트 전송률을 선택했는데도 용량이 크다면 [비디오-비트 전송률]에서 비트 전송률 값을 더 낮춰 주세요.

채널에 업로드할 때

채널에 최종 영상을 업로드할 때는 채널의 권장 조건에 맞춰 출력하는 게 좋습니다. 유튜브를 예로 들자면 [소스 일치-높은 비트 전송률]을 선택하면 유튜브에 적당한 비트 전송률 '10'으로 출력됩니다. 그 이상 비트 전송률을 높여도 게시 과정에서 압축되기 때문에 비트 전송률을 높이는 게 의미가 없고 용량만 커지죠. 따라서 채널 게시용으로 출력한다면 [소스 일치-높은 비트 전송률]로 지정하는 게 좋습니다.

촬영·영상
제작 기본 편

프리미어 프로
기본 편

7일에 끝내는
영상편집 ▶

#모션 인트로

#마스크

프리미어 프로
활용 편

포토샵
특강

1회전

잠을 때까지
무한 회전

#예능 자막

#템플릿

ID here
Placeholder you were

프리미어 프로
활용 편

실력은 높이고 실수는 낮추고, 프리미어 프로 손에 익히기

4일차

자막 디자인·효과의
모든 것

TV 예능 프로그램이나 유튜브 예능 채널을 보면 쉴 새 없이 자막
이 나오는 걸 볼 수 있는데요. 무심코 보던 자막을 유심히 보면 세세
한 부분까지 자막으로 쓴 걸 발견할 수 있어요. 계속해서 재미를 줘
야 하는 예능 영상에서 디테일한 자막은 필수이기 때문이죠. 예능뿐
만 아니라 브이로그, 인터뷰 등 어떤 영상이든 자막을 어떻게 넣느냐
에 따라 분위기가 확 바뀐답니다. 즉, 자막만 잘 넣어도 심심한 일상
을 예능으로, 다큐를 분위기 있는 브이로그로 만들 수 있답니다.
3일차에서 기본 자막을 만들어 봤으니 이번엔 실전 영상에서 바로
써먹을 수 있는 다양한 자막 디자인과 효과를 살펴볼게요.

04-1

영상의 꽃,
PD 자막 넣기

준비 파일 4일차/2. 원본 영상/고양이 영상.mp4　완성 파일 4일차/5. 완성본/예능 자막 완성.mp4
글꼴 S-core Dream, cafe24 oneprettynight, Jalan, Mapoagape

오늘 배울 기능	하나, [기본 그래픽] 패널 활용하기	둘, 자막 가운데 정렬하기	셋, 자막 복사하고 위치 고정하기
	• [고정 대상]	• [텍스트 가운데 맞춤]	• [가로 가운데]

영상에 쓰이는 자막은 무척 다양합니다. 출연자의 대사를 띄우는 자막, 상황을 설명하는 자막, 효과음을 표현하는 자막 등 역할에 따라 글꼴도 색깔도 크기도 제각각이죠. 이 중에서 밋밋한 영상에 심폐소생술로 생동감을 불어넣는 영상의 꽃, PD 자막을 만들어 볼 거예요. PD 자막이란 화면 밖에 있는 제 3자의 목소리를 나타내는 자막이에요. 어떤 영상이든 활용하기 좋도록 깔끔하게 디자인하고 자막 내용이 바뀌어도 위치가 바뀌지 않도록 고정해 볼게요.

하면 된다!♪

자막 위치 고정하기

영상 보기

01 자막을 복사해서 쓰다 보면 자막의 길이에 따라 위치가 조금씩 달라지곤 합니다. 자막의 길이에 관계없이 화면 가운데 위치하도록 설정해 보겠습니다.

새 프로젝트에서 시작하겠습니다. Ctrl + I 로 [고양이 영상.mp4] 파일을 불러온 다음 타임라인으로 끌어와 새 시퀀스를 만드세요. 시퀀스 이름은 '고양이 예능 자막'이라고 입력해 주세요.

🔵 프로젝트 창의 빈 곳을 더블클릭해도 파일을 불러올 수 있어요.

02 [고양이 영상.mp4]에서 고양이가 고개를 돌리기 시작하는 02;18 프레임에서 자막을 넣을게요.

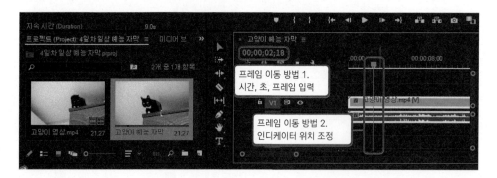

03
[문자 도구 ⊤]를 선택하고 프로그램 패널에서 자막을 띄울 곳을 클릭합니다.
텍스트 상자가 뜨면 '무한 회전'이라고 입력합니다.

04
자막 크기를 키우겠습니다. [선택 도구 ▶]를 선택하고 텍스트 상자를 클릭해
테두리가 파란색으로 바뀌면 상자 모서리를 끌어 크기를 조절하세요.

05 글자가 더 또렷하게 보이도록 기본 그래픽에서 글꼴과 그림자를 설정하겠습니다. 글꼴은 [S-Core Dream 8 heavy]로 하고 [어두운 영역]을 체크해서 그 아래 5개 옵션 값을 다음과 같이 입력해 주세요.

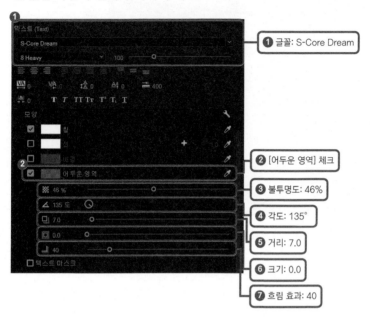

❶ 글꼴: S-Core Dream
❷ [어두운 영역] 체크
❸ 불투명도: 46%
❹ 각도: 135°
❺ 거리: 7.0
❻ 크기: 0.0
❼ 흐림 효과: 40

06 이제 자막이 길어져도 위치는 항상 영상 정중앙에 있도록 고정하겠습니다. 기본 그래픽 패널에서 [텍스트 가운데 맞춤 ▤]을 누릅니다. 글자 기준은 중앙이 됐지만 위치는 왼쪽으로 이동했습니다.

07 자막 위치가 화면 정중앙에 오도록 [가로 가운데 ▣]를 클릭해 주세요.

08 자막 위에 포인트 자막을 하나 더 넣어 볼게요. [문자 도구 ▣]를 선택해 '무한 회전' 위에 텍스트 상자를 하나 더 만든 다음 '잡을 때까지'를 입력하세요.

💧 자막마다 글꼴, 두께, 색상 등 스타일을 다르게 하면 자막이 구분되어 더 잘 읽혀요.

09 [선택 도구 ▶]로 바꾸고 텍스트 상자를 클릭한 다음 자막의 위치와 크기를 조절합니다. 기본 자막보다 작게 조정해 주세요.

10 [기본 그래픽 → 텍스트]에서 포인트 자막의 글꼴을 바꾸겠습니다. [Cafe24 Oneprettynight]로 할게요.

11 추가한 자막에는 그림자 대신 배경을 넣겠습니다. 기본 그래픽에서 [모양 → 배경]을 체크하고 배경 오른쪽의 색상 상자를 클릭하면 [색상 피커] 창이 뜹니다. 포인트 색으로 밝은 주황색(FF974A)을 사용할게요.

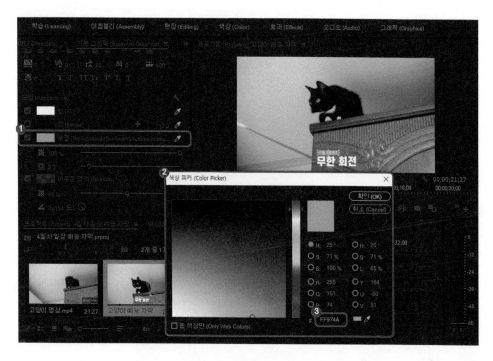

12 이렇게 기본 자막과 포인트 자막까지 완성했습니다.

하면 된다!♪

자막 복사 · 정렬
유지하기

01 자막 클립을 만들면 5초 정도 길이의 클립이 만들어집니다. 자막이 필요한 상황이 끝나면 자막도 사라져야겠죠? 고양이가 고개를 돌리다가 멈출 때 자막도 사라지도록 클립 길이를 조절해 보겠습니다. 먼저 07;04 프레임으로 인디케이터를 옮겨 주세요.

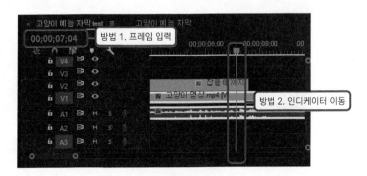

02 [선택 도구 ▶]로 자막 클립의 오른쪽 끝을 잡아 인디케이터까지 당겨주세요.

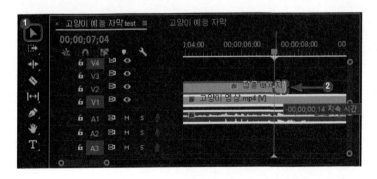

03 이렇게 만든 자막 스타일을 복사해 다음 자막을 만들어 보겠습니다. [Alt]를 누른 채 자막 클립을 원하는 위치로 옮기세요.

💧 한 클립에 여러 도형과 자막을 넣어 두면 [Alt]를 이용해 그대로 복제해서 활용할 수 있어요.

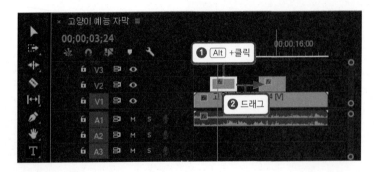

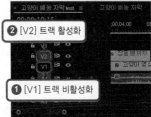
04 복사한 자막에 있던 '무한 회전'을 지우고 '잡힐 듯 말 듯'을 입력합니다. 그런데 왼쪽 정렬되어 있던 포인트 자막의 위치는 고정되어 있고 기본 자막만 길어졌네요.

기본 자막과 포인트 자막이 정렬된 상태

기본 자막이 길어져 정렬이 틀어진 상태

05 이렇게 자막이 1개 이상 같이 움직여야 할 때는 [고정 대상]을 이용하면 됩니다. 타임라인에서 자막 클립을 선택하고 [기본 그래픽 → 편집]에서 포인트 자막을 클릭하세요.
그런 다음 [고정 대상]에서 [무한 회전]을 선택해 기본 자막과 포인트 자막이 함께 움직이도록 고정해 줍니다.

06 [고정 대상] 오른쪽 사각형의 위아래, 양옆을 각각 활성화해 포인트 자막이 기본 자막의 어디에 고정될지 지정할 수 있습니다.

포인트 자막이 고정될 위치는 기본 자막의 왼쪽 상단이니 사각형에서 위쪽과 왼쪽을 클릭해 파란색으로 활성화합니다.

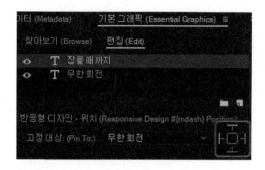

07 잘 적용되었는지 확인하기 위해 프로그램 패널에서 다시 자막을 수정해 보겠습니다. '무한 회전'을 지우고 '무한 회전 돌리기'를 입력해 보세요. 글자 수가 늘어나도 여전히 포인트 자막이 왼쪽 상단에 고정되어 있는 것을 확인할 수 있습니다.

자막 글꼴과 디자인 팁

영상을 볼 때는 미처 몰랐지만, 만들다 보면 뼈저리게 중요함을 느끼는 요소가 있다면 바로 자막입니다. 이상하게 내가 만든 자막은 어딘가 부자연스럽고 빈약해 보일 때가 있어요. 그럴 때 활용성 높은 자막 글꼴과 디자인 팁 몇 가지만 알아 두면 큰 도움이 된답니다.

우선 자막은 잘 읽혀야 합니다. 아무리 예쁜 글꼴과 색을 골라도 읽히지 않는다면 소용이 없죠. 특히 유튜브처럼 모바일에서 주로 재생할 영상이라면 더더욱 글꼴에 신경 써야 합니다. 모니터로 편집할 때는 잘 보였지만, 스마트폰에서는 보기 불편할 정도로 자막이 작게 보이는 경우가 많기 때문이죠.

따라서 영상을 재생할 화면의 크기를 고려해 글꼴의 크기와 색상, 디자인 등을 살펴봐야 해요. 하지만 가독성만 신경 쓴다면 디자인에서는 아쉬운 결과물이 나올 수 있어요. 그래서 디자인을 놓치지 않으면서 가독성도 높이는 팁을 알려드릴게요.

1. 좋은 자막은 잘 고른 글꼴에서

좋은 자막의 기본은 바로 '글꼴'입니다. 좋은 글꼴이란 무조건 예쁜 글꼴을 뜻하는 건 아니에요. 상황에 맞는 글꼴이 바로 좋은 글꼴이죠. 예를 들어 필기체가 예쁘다고 모든 자막에 필기체를 쓴다면 가독성이 떨어지겠죠. 다양한 글꼴 가운데에서도 자주 쓰는 글꼴을 몇 가지 몇 가지 살펴볼게요.

고딕
고딕은 깔끔한 기본 글꼴로, 가장 활용도가 높아요. 디자인 요소를 많이 사용하지 않고 깔끔하게 영상을 만들고 싶을 때는 흰색 고딕 자막으로 통일감을 주어도 좋습니다.

추천 글꼴

본고딕 GoogleXAdobe	에스코어드림티 S-Core	Gmarket Sans L G마켓
본고딕을 추천합니다.	깔끔한 고딕 폰트	기본 폰트로 활용해요

명조·바탕
명조·바탕은 고딕보다 감성적이고 단정한 느낌을 줍니다. 브이로그나 여행 영상에 활용하기 좋아요.

추천 글꼴

마포금빛나루 마포구	제주명조 제주도청	KoPub바탕 한국출판인회의
감성적인 느낌.	제주도청의 단정한 폰트	**책에 쓰인 글처럼,**

두꺼운 글꼴

두꺼운 글꼴은 뚜렷하고 쉽게 눈에 띄어서 제목이나 섬네일에 활용하기 좋습니다. 고딕을 두껍게 사용해도 좋아요!

추천 글꼴

카페24 아네모네	몬소리체	검은고딕
카페24	티몬	ZESSTYPE
눈에 띄는 폰트	제목은 확실하게!	아주 굵은 고딕체

필기체

필기체는 포인트를 줄 때 활용하면 예쁘지만 긴 자막이나 기본 자막에서는 가독성을 떨어뜨리는 요인이 됩니다. 대사나 설명 같은 주요 자막보다 짧게 등장하는 느낌의 포인트 자막에 활용하기 좋아요.

추천 글꼴

카페24 고운밤	KCC은영체	어비 앤체
카페24	한국저작권위원회	어비
예쁜 손글씨 느낌	손으로 쓴 느낌!	귀여운 느낌의 손글씨

2. 역할에 따라 디자인도 다르게

간단해 보이는 영상에도 자막의 종류는 다양합니다. 먼저 출연자의 말을 그대로 띄우는 기본 자막이 있고 출연자의 감정이나 상태를 나타내는 포인트 자막, 화면 밖에 있는 제3자의 목소리를 나타내는 PD 자막 그리고 영상의 상단이나 하단 등 모서리에서 장소나 상황을 표현하는 정보 자막도 있죠.

이렇게 역할과 기능이 다른 자막이 여러 개일 때는 디자인도 달라야 합니다. 시청자는 각기 다른 디자인으로 자막의 역할과 기능을 구분하고 영상을 더 쉽게 이해할 수 있어요.

3가지 자막을 동시에 연출할 수도 있어요!(출처: 유튜브 채널 〈아름이 알음?〉)

3. 메인 색상 & 포인트 색상

글꼴만큼 정하기 어려운 게 바로 색입니다. 정 고르기가 어렵다면 기본 흰색에 포인트 색상 하나만 정해 보세요. 자막이나 도형, 아이콘 등 색이 필요할 때 반복해서 그 포인트 색상을 사용하면 간단하게 보기 좋은 디자인을 완성할 수 있습니다.

물론 포인트가 되는 부분마다 똑같은 색을 사용하면 밋밋해질 수 있어요. 때에 따라 포인트 색상을 살짝 변형해 연한 색, 진한 색을 같이 활용해도 좋아요!

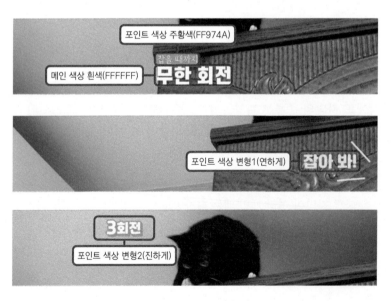

4. 정렬은 정확히

자막이든 이미지든 디자인에 빠뜨려서는 안 되는 과정이 있다면 바로 정렬입니다. 만약 자막이 중앙에서 벗어났다든지 컷이 바뀔 때마다 위치가 조금씩 바뀐다든지 불안정하면 영상 전체가 엉성해 보인답니다.

자막 정렬에 쓰는 프리미어 프로의 대표적인 기능 2가지를 꼽자면 기본 그래픽 패널의 [가로 가운데 ▣]와 [텍스트 가운데 맞춤 ▤]입니다. [가로 가운데 ▣]는 자막 위치를 화면 가로 가운데로 정렬하고 [텍스트 가운데 맞춤 ▤]은 자막 내용을 수정해도 위치가 중앙에 오도록 정렬하는 기능입니다. 이 기능은 자막 외에도 앞으로 프로젝트를 하며 자주 사용하게 될 거예요.

04-2

예능 스타일
포인트 자막 만들기

준비 파일 4일차/2. 원본 영상/고양이 영상.mp4, 4일차/음악, 효과음/효과음-쉭.mp3
완성 파일 4일차/5. 완성본/예능 자막 완성.mp4 글꼴 Recipekorea

오늘 배울 기능	하나, 포인트 자막 넣기	둘, 색상 추출하기	셋, 마스터 스타일 지정하기
		• [스포이드 🖋]	• [마스터 텍스트 스타일 만들기]

172 프리미어 프로 활용 편

이번에는 예능에서 자주 볼 수 있는 스타일로 또 다른 포인트 자막을 만들어 볼게요. 앞서 [고양이 영상]에서 고양이가 고개를 돌릴 때마다 고양이 왼쪽에 '1회전, 2회전…' 하고 숫자가 바뀌는 두 번째 포인트 자막을 추가해 보겠습니다.

하면 된다!》

포인트 자막 넣기

영상 보기

01 고양이가 고개를 한 바퀴 돌리고 난 03;01 프레임으로 인디케이터를 옮기거나 직접 프레임을 입력해 이동합니다.

02 [문자 도구 **T**]를 선택하고 프로그램 패널에서 자막을 띄울 위치를 클릭합니다. 타임라인의 V3 트랙에 새로운 클립이 생성되고 텍스트 상자가 뜨면 '1회전'을 입력합니다.

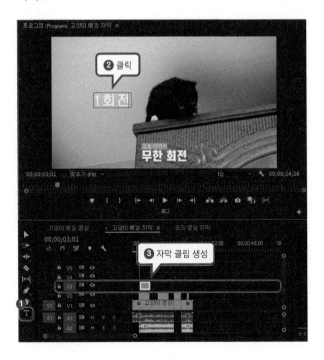

03 [기본 그래픽 → 텍스트]에
서 글꼴을 변경합니다. 둥글고 두
꺼운 [Recipekorea]로 글꼴을 바
꿀게요.

💧 글꼴을 설정했는데도 자막 글꼴이 바뀌지 않는
다면 [선택 도구 ▶]로 바꾼 후 다시 설정해 보세요.

04 숫자가 더 잘 보이도록 자막을 꾸며 줄게요. 프로그램 패널에서 텍스트 상자를
클릭해 활성화한 다음 '1'만 선택해 글꼴 크기를 '121'까지 키워 주세요.

05 크기만으로는 아쉬우니 테두리 색을
넣어 보겠습니다. '1회전' 전체를 드래그한
다음 [기본 그래픽 → 모양 → 선]에 체크하고
색상 상자를 클릭해 [색상 피커] 창을 여세요.

06 테두리 색을 다른 포인트 자막의 배경색과 맞추겠습니다. [색상 피커] 창 아래 쪽의 [스포이드 ✏]를 누르고 재생 화면의 포인트 자막에서 주황색(FF974A) 배경을 클 릭합니다. 자동으로 같은 색이 추출되는 것을 볼 수 있어요. [확인]을 눌러 색을 적용합니다.

> 또는 색상값 'FF974A'를 직접 입력해서 색을 지정하는 방법도 있어요.

07 눈에 띄도록 테두리를 더 두껍게 하고 그림자를 넣어 입체감을 줄게요. [선] 값 을 '19'로 높이고 [어두운 영역]에도 테두리와 같이 주황색(FF974A)을 넣고 불투명도 '100%', 각도 '135도', 거리 '13'으로 값을 조절하세요.

예PD의 꿀팁 | 자막 테두리 두께의 중요성

글꼴에 그림자만 살짝 넣은 자막, 얇은 테두리를 넣은 자막, 테두리에 그림자까지 넣은 자막 등 다양한 스타일로 자막을 꾸밀 수 있어요. 영상이 깔끔하길 원한다면 ❶, 통통 튀는 느낌을 원한다면 ❷, 반짝 포인트를 짚고 넘어가는 자막이라면 ❸이 좋아요.
자막의 스타일에 따라 영상의 분위기가 달라지니 영상에 맞게 그리고 취향에 맞게 자막 스타일을 만들어 보세요.

❶ 글꼴 + 그림자

❷ 글꼴 + 얇은 테두리

❸ 글꼴 + 테두리 + 그림자

하면 된다!〉

자막 스타일 유지하기

01 고양이가 고개를 돌릴 때마다 '1회전, 2회전…' 하고 숫자는 바뀌지만 스타일은 그대로인 자막을 만들어 볼게요. ⓒ를 눌러 [자르기 도구 ◘]로 바꾸고 고양이가 고개를 돌릴 때마다 V3 트랙의 두 번째 포인트 자막 클립을 자르세요.

💧 ⓒ를 눌러도 [자르기 도구 ◘]로 바뀌지 않으면 한/영을 눌러 영어로 바꾼 후에 다시 해보세요.

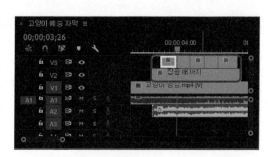

02 두 번째 포인트 자막 클립 위로 인디케이터를 옮기고 재생 화면의 텍스트 상자를 더블클릭해 '1회전'의 '1'을 '2'로 바꿉니다. 같은 방식으로 나머지 3개 클립도 수정하세요.

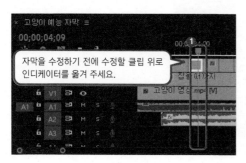

하면 된다!♪
자막에 맞춰 효과음 넣기

01 자막이 바뀔 때마다 한층 더 재미를 더할 효과음을 넣어 보겠습니다. Ctrl + I 를 눌러 [효과음-쉭.mp3] 파일을 불러오세요. 불러온 효과음 파일을 A3 트랙으로 끌어옵니다.

02 자막이 바뀌는 순간에 소리가 나오도록 효과음 클립을 두 번째 포인트 자막의 위치에 맞춰 옮깁니다.

💧 Alt + 스크롤로 타임라인을 확대하면 더 세밀하게 클립을 옮길 수 있어요.

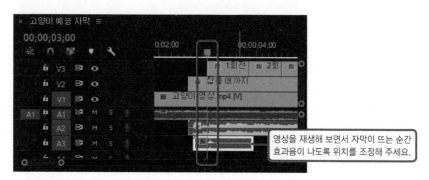

영상을 재생해 보면서 자막이 뜨는 순간 효과음이 나오도록 위치를 조정해 주세요.

03 [Alt]를 누른 채 효과음 클립을 옆으로 드래그해 클립을 복사합니다. 2회전, 3회전… 나머지 포인트 자막에도 똑같이 효과음이 나오도록 클립을 옮겨 주세요.

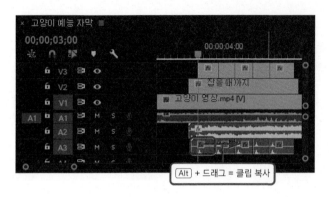

하면 된다! ⟩

마스터 스타일 만들기

01 마음에 드는 자막을 만들었다면 마스터 스타일로 디자인을 저장해 볼까요? 마스터 스타일로 만들어 두면 필요할 때마다 재사용할 수도 있고 여러 자막 클립의 스타일을 한번에 변경할 수 있어 편리하답니다.

02 타임라인에서 마스터 스타일로 지정할 자막 클립을 선택합니다.

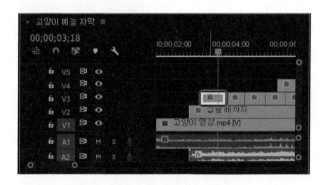

03 [기본 그래픽 → 마스터 스타일]에서 [마스터 텍스트 스타일 만들기]를 선택하세요.

04 [새 텍스트 스타일] 창이 뜨면 스타일 이름으로 '포인트 자막'을 입력하고 [확인]을 누릅니다.

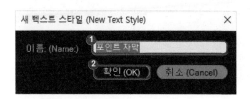

05 마스터 스타일이 만들어지면 프로젝트 패널에 [포인트 자막]이 생성됩니다.

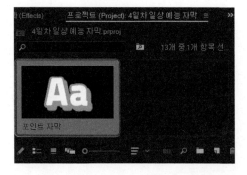

06 이렇게 만든 마스터 스타일을 다른 자막에 적용해 볼게요. [문자 도구 **T**]를 눌러 기본 흰색 자막을 만들고 프로젝트 패널의 [포인트 자막]을 방금 만든 자막 클립으로 끌어오세요.

💧 Shift 를 누른 채 여러 클립을 선택하면 한번에 여러 클립의 스타일을 바꿀 수 있어요.

07 또는 프로그램 패널에서 기본 자막을 선택하고 기본 그래픽 패널에서 마스터 스타일로 만든 [포인트 자막]을 선택해 바꿀 수도 있습니다.

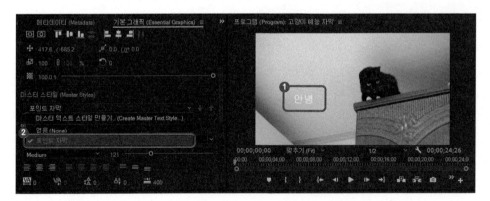

08 기본 자막이 미리 만들어 둔 마스터 스타일로 한번에 바뀝니다.

04-3

자막에
도형 활용하기

준비 파일 4일차/2. 원본 영상/고양이 영상.mp4, 4일차/4. 음악, 효과음/효과음/효과음-쉭.mp3
완성 파일 4일차/5. 완성본/예능 자막 완성.mp4   글꼴 Jalan

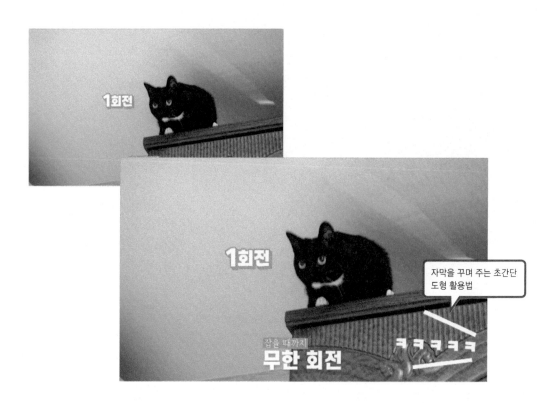

오늘 배울 기능	하나, 도형 삽입하기	둘, 도형 복제하기	셋, 도형 회전하기
	·[사각형 도구 ▣]	·[펜 도구 ✐]	

자막에 도형을 활용하면 더 다양하게 연출할 수 있습니다. 예를 들어 화면 밖에서 들리는 소리를 간단하게 선이나 사각형 도형을 사용해 자막으로 보여 줄 수 있죠. 이번에는 사각형 2개를 활용한 자막을 만들어 볼게요.

하면 된다!♪

도형 삽입하기

영상 보기

01 화면 밖에서 들리는 웃음소리를 자막으로 표현해 보겠습니다. 웃음소리가 들리는 05;20 프레임으로 인디케이터를 옮겨 주세요.

02 [문자 도구 **T**]로 화면 오른쪽 아래에 새로운 텍스트 상자를 만든 다음 'ㅋㅋㅋㅋㅋ'를 입력합니다.

💧 새로운 자막 클립을 만들 때는 기존 자막 클립이 선택되어 있지 않아야 합니다. 자막 클립을 선택한 상태에서 새로운 자막을 만들면 한 클립에 여러 자막이 포함됩니다.

03 다른 자막과 스타일을 다르게 하기 위해 기존 자막에 넣었던 효과인 선, 어두운 영역을 제거하겠습니다. [기본 그래픽 → 모양]에서 [칠]을 제외하고 모든 체크 상자를 해제해 주세요.

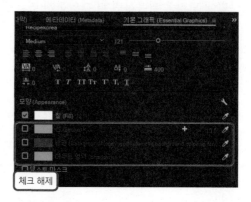

💧 자막에 따라 스타일을 다르게 만들어 구분하는 게 좋아요.

04 도형으로 소리가 들리는 방향을 표현할게요. 도구 패널에서 [펜 도구 ✒️]를 길게 클릭해 [사각형 도구 ■]를 선택하세요.

05 프로그램 패널에 가늘고 긴 사각형을 만들어 주세요. 기본 그래픽 패널에 [모양(Shape)01]이 생성된 것을 확인할 수 있습니다.

💧 하나의 자막 클립 안에 여러 자막과 도형을 겹겹이 만들어 넣을 수 있어요.

06
도형과 자막의 색이 같도록 [기본 그래픽 → 칠 → 색상 피커]에서 흰색(FFFFFF)
으로 바꿉니다.

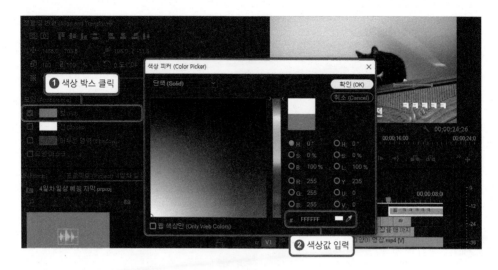

07
[선택 도구 ▶]를 클릭하고 재생 화면에서 도형을 클릭한 다음 위치와 방향을
조정합니다.

도형 위에서 커서 모양이
바뀌면 회전·이동·크기
를 조정할 수 있어요.

08 기본 그래픽 패널에서 [모양(Shape)01]을 클릭하고 Ctrl + C , Ctrl + V
또는 마우스 오른쪽 클릭 후 복사·붙여넣기를 하면 [모양(Shape)01]이 복사됩니다.

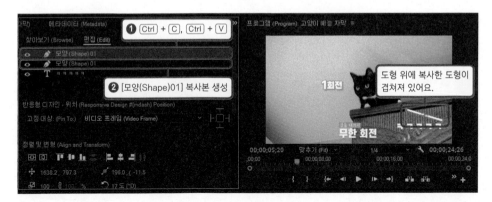

09 헷갈리지 않도록 도형 이름을
바꿔 둘게요. 복사한 [모양(Shape)01]의
이름을 길게 클릭해 [모양(Shape)02]로
바꿉니다.

10 [모양(Shape)01]을 선택하면 프로그램 패널에서 도형의 테두리가 파란색으로
표시됩니다. 복사한 도형을 밑으로 내려 두 도형이 'ㅋㅋㅋㅋㅋㅋ'라는 자막을 위아래로
감싸듯이 위치와 방향을 조정해 주세요.

04-4

움직이면서 사라지는
자막 만들기

준비 파일 4일차/2. 원본 영상/ 고양이 영상.mp4, 4일차/4. 음악, 효과음/효과음/ 효과음-게임 띠링.mp3
완성 파일 4일차/5. 완성본/예능 자막 완성.mp4   글꼴 Jalan

게임에서 점수가 올라가듯이 '띠링!'
소리와 함께 자막의 숫자가 바뀝니다.

밋밋한 자막에 예능
느낌 물씬 내는 법

오늘 배울 기능	하나, 애니메이션 적용하기	둘, 효과음 넣고 전환하기	셋, 키프레임 조정하기
	·[애니메이션 커기/끄기 ⏱]	·[디졸브]	·[효과 컨트롤 → 모션]

이번엔 고양이가 물고기를 잡을 때마다 게임에서 점수가 올라가듯이 자막의 숫자가 바뀌고 위로 움직이면서 희미해지는 자막 효과를 만들어 볼 거예요.

하면 된다!〉

숫자가 올라가는
자막 만들기

영상 보기

01 고양이가 물고기를 잡는 시점으로 인디케이터를 옮겨 주세요.

02 [문자 도구 T]로 고양이 옆에 텍스트 상자를 만든 다음 '+1'을 입력하세요.

03 자막 스타일은 04-2 예능 스타일 포인트 자막 만들기에서 만든 마스터 스타일 [포인트 자막]을 사용하겠습니다. 프로젝트 패널에서 [포인트 자막]을 방금 만든 자막 클립으로 끌어오세요.

04 자막이 나타난 순간부터 2초 동안 숫자가 위로 올라가는 움직임을 줄 거예요. 효과 컨트롤 패널에서 [위치] 왼쪽의 ⓞ를 누르세요. 버튼이 파란색으로 바뀌면서 애니메이션 기능이 활성화되고 효과 컨트롤 패널 오른쪽 타임라인에 키프레임이 나타납니다. 그 시점에서 애니메이션 효과가 시작된다는 뜻이죠.

💧 효과 컨트롤 패널의 [벡터 모션/모션]에는 텍스트, 도형 등 프리미어 프로에서 만든 개체의 움직임을 조정할 때 쓰는 기능들이 모여 있어요. 동영상이나 이미지의 움직임을 조정할 때에는 '모션(motion)' 기능을 사용합니다.

05 효과가 시작할 위치를 잡았으니 끝나는 위치도 잡아 주겠습니다. 1초 동안 자막이 올라가는 움직임을 주기 위해 [Spacebar]를 눌러 영상을 1초 정도 재생했다가 멈춥니다.

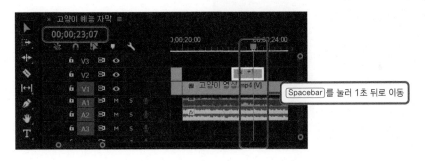

06 프로그램 패널에서 자막이 움직였으면 하는 만큼 위로 옮기거나 효과 컨트롤 패널의 [위치]에서 오른쪽 두 번째 값을 '370'으로 설정합니다.

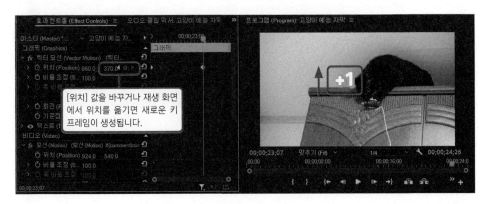

07 애니메이션이 끝남과 동시에 자막도 사라지도록 자막 클립을 밀거나 [자르기 도구 ◈]로 자르고 잘라 낸 뒷부분은 Delete 로 지워 주세요.

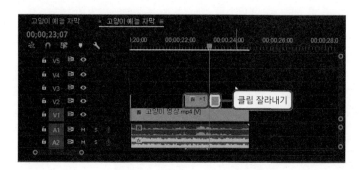

08 자막이 조금 더 자연스럽게 사라지는 효과를 주기 위해 '+1' 자막 클립을 선택하고 Ctrl + D 를 눌러 [디졸브] 효과를 넣어 주세요.

💧 [디졸브] 효과에 대한 자세한 내용은 '03-9 자연스러운 전환 효과 넣기'를 참고하세요.

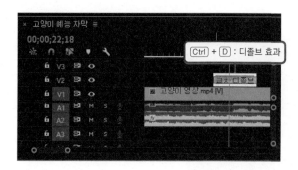

09 자막이 위로 움직이면서 자연스럽게 희미해지는 걸 볼 수 있어요.

애니메이션 버튼 활용법

효과 컨트롤 패널을 보면 [위치, 비율 조정, 회전] 등 여러 가지 항목이 있는데요. 모든 항목마다 [애니메이션 켜기/끄기 🔘] 버튼이 있어요. 이 버튼은 영상의 어느 시점에 애니메이션 효과를 넣을지 정하는 역할을 합니다.

예를 들어 자막의 위치가 바뀌는 애니메이션을 넣고 싶을 땐 [위치]를, 크기가 바뀌는 애니메이션을 넣고 싶을 땐 [비율 조정]을 눌러 애니메이션 기능을 설정할 수 있답니다.

하면 된다! ▸

효과음 넣기

01 마지막으로 움직이는 자막에 어울리는 효과음을 넣어 재미 요소를 높이겠습니다. Ctrl + I 로 [효과음-게임 띠링.mp3]를 불러와 A3 트랙으로 끌어오세요.

02 '+1' 자막이 시작하는 지점으로 효과음 클립을 옮겨 자막이 뜰 때 효과음이 동시에 나오도록 합니다.

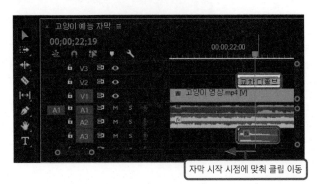

자막 시작 시점에 맞춰 클립 이동

정지 화면에
자막 띄우기

준비 파일 4일차/2. 원본 영상/요리 영상1.mp4, 요리 영상2.mp4, 요리 영상3.mp4, 4일차/3. 그래픽/salad.png
완성 파일 4일차/5. 완성본/요리 영상 자막.mp4   글꼴 Gmarket Sans, Cafe24 Oneprettynight

화면을 정지시키고 긴 자막을
보여 줄 수 있어요.

오늘 배울 기능	하나,	둘,	셋,
	저장소로 파일 정리하기	도형으로 배경 만들기	자막에 아이콘 삽입하기
	·[새 저장소 ▣]	·[프레임 고정 옵션] ·[애니메이션 비율 전환 🖼]	·[애니메이션 위치 전환 ✛]

레시피나 요리 재료를 알려 주는 것과 같이 정보 전달이 목적인 영상은 더 많은 글자를 띄우기 때문에 예능 영상에 비해 자막이 깔끔해야 하고 배치도 신경 써야 한답니다. 이번 프로젝트에서는 새 시퀀스를 만들고 더 긴 자막도 깔끔하고 가독성 높게 전달할 수 있도록 영상이 멈춘 후에 자막이 뜨도록 연출해 볼게요.

하면 된다!

프로젝트 창
정리하기

영상 보기

01 4일차 프로젝트 안에 새 시퀀스를 만들고 이전에 사용한 시퀀스와 파일들은 모두 새 저장소로 정리할게요. Ctrl + I로 [요리 영상1~3.mp4] 총 3개의 파일을 불러온 다음 모두 선택하고 프로젝트 패널 아래 [새 항목 🔳]으로 끌어오세요.

02 프로젝트 패널에 첫 번째 영상 파일 이름인 '요리 영상1'이라는 시퀀스가 생성되고 타임라인에는 클립이 생성됩니다.

💧 프로젝트 패널에서 파일 3개를 모두 선택하고 마우스 오른쪽을한 후 클릭 [클립에서 새 시퀀스 만들기]를 눌러 시퀀스를 만들 수도 있어요.

03 영상과 시퀀스를 헷갈리지 않도록 시퀀스 이름을 바꾸겠습니다. [요리 영상1] 시퀀스를 꾹 눌러 '요리 영상 자막'을 입력해 주세요.

💧 이름이 같더라도 시퀀스▓와 영상▓은 아이콘이 다르니 헷갈리지 않도록 주의하세요.

04 고양이 영상 프로젝트에서 사용한 파일과 새로 추가한 파일이 뒤섞여 정신이 없네요. 소스 파일을 정리하겠습니다. 먼저 프로젝트 패널 보기 형태를 [목록 보기]로 변경합니다.

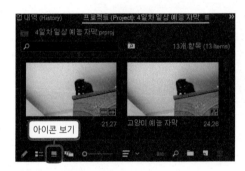

05 [Ctrl]을 누른 채 고양이 영상에 사용한 소스 파일을 모두 선택하고 프로젝트 패널 아래 [새 저장소 ■]로 끌어 오세요. 저장소 이름은 '고양이 영상'으로 바꿉니다.

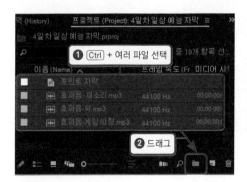

06 같은 방법으로 요리 영상 파일과 시퀀스도 묶어서 [새 저장소 ■]에 넣고 저장소 이름은 '요리 영상'으로 정리해 주세요.

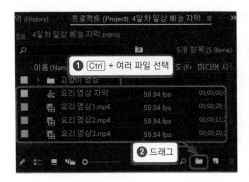 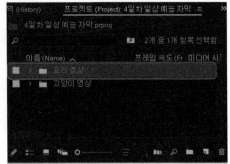

하면 된다!

화면 일시 정지
효과 넣기

01 이제 요리 영상이 재생되다가 일시 정지되고 자막이 뜨도록 해 볼게요. 먼저 화면이 일시정지된 것 같은 효과를 만들겠습니다. (Spacebar)를 눌러 영상을 재생하다 카메라가 김에서 야채로 이동하다 멈추는 04;10 프레임에서 멈춥니다.

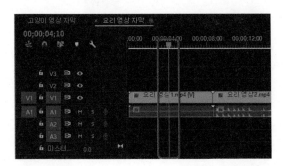

02 인디케이터를 04;10 프레임에 두고 (Ctrl) + (K)를 눌러 클립을 자르세요. 잘라낸 클립 중 오른쪽 클립을 마우스 오른쪽으로 클릭해 [프레임 고정 옵션]을 선택합니다.

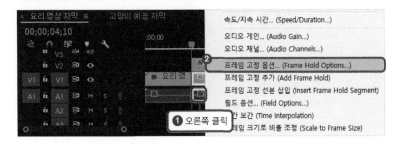

03

[프레임 고정 옵션] 창이 뜨면 [고정]에 체크되어 있는지 확인하고 [확인]을 누릅니다. 04;10 프레임을 기준으로 오른쪽 클립은 정지 화면이 됩니다.

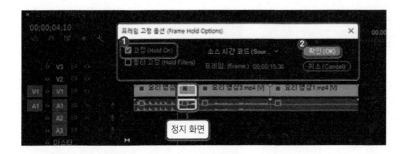

04

자막이 더 잘 보이도록 정지된 동안 화면을 살짝 어둡게 만들 거예요. 정지 화면이 된 클립을 선택하고 [효과 컨트롤 → 불투명도] 값을 100%에서 '70%'로 내려 주세요.

하면 된다!⟩

정보 전달 자막 넣기

01 이제 자막을 만들어 볼게요. 자막을 만들기 전한 클립에 여러 자막을 넣을 건지, 자막마다 별개의 클립을 만들 건지 결정해야 해요. 이번엔 한 클립 안에 여러 자막을 넣어 보겠습니다.

02 [문자 도구 **T**]를 선택하고 프로그램 패널을 클릭해 텍스트 상자를 만들고 '야채가 부족할 때'라고 입력합니다. [문자 도구 **T**]를 선택한 상태에서 그 아래를 클릭해 또 다른 텍스트 상자를 만든 다음 '김 월남쌈'을 입력합니다. 같은 방식으로 그 아래 텍스트 상자를 하나 더 만들어 '김 5장, 사과 1개, 파프리카 2개, 오이 1개, 느타리버섯 한줌, 칵테일 새우 한 줌'을 한 줄씩 입력하세요.

> 클립 1개에 자막 3개가 포함됩니다.

03 [선택 도구 **▶**]로 바꿔 자막의 크기와 위치를 대략 잡아 둘게요. 3개의 자막을 일렬로 세우고 '김 월남쌈'은 크게, '김 5장~새우 한줌'은 작게 줄입니다.

 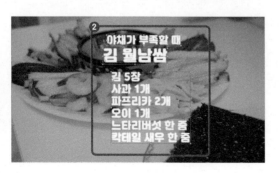

04 이제 자막의 크기와 글꼴을 세세하게 조정해 보겠습니다. [기본 그래픽 → 편집]에서 자막을 선택하고 아래 [텍스트]에서 글꼴, 굵기, 크기 값을 다음과 같이 입력해 주세요.

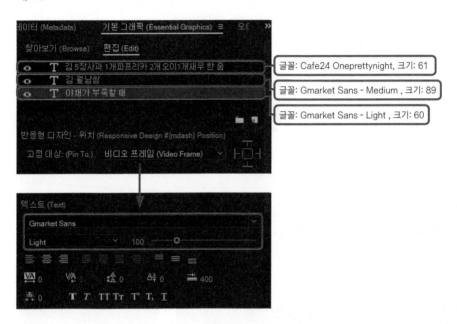

글꼴: Cafe24 Oneprettynight, 크기: 61

글꼴: Gmarket Sans - Medium , 크기: 89

글꼴: Gmarket Sans - Light , 크기: 60

05 모든 자막이 화면 중앙에 오도록 정렬할게요. 자막 3개를 모두 선택하고 기본 그래픽 패널에서 [텍스트 가운데 맞춤 ■]을 누릅니다. 문단 정렬이 가운데로 바뀌면 [가로 가운데 ▣]를 클릭해 자막 위치를 화면 가운데로 옮겨 주세요.

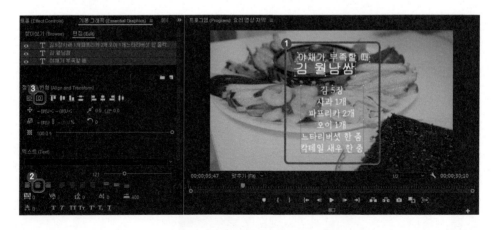

하면 된다!♪

아이콘 삽입하기

01 조금 더 발랄한 느낌이 나도록 '김 월남쌈' 오른쪽에 야채 아이콘을 넣어 볼게요. 자막 클립을 선택하고 [기본 그래픽 → 새 레이어 ▣ → 파일에서…]를 클릭해 [salad.png] 파일을 불러옵니다.

클립을 선택한 채 파일을 불러오면 불러온 파일이 클립 안에 포함됩니다.

02 프로그램 패널에 [salad.png] 이미지가 뜨는 것을 볼 수 있어요. 이미지를 클릭합니다.

클릭

03 이미지 크기와 위치를 설정하겠습니다. 기본 그래픽의 [정렬 및 변형 → 애니메이션 비율 전환 🔲] 값을 '25'로 바꿔 주세요. 적당히 크기가 줄어들면 바로 위 [애니메이션 위치 전환 ✥] 값을 조정해 '김 월남쌈' 오른쪽으로 위치를 옮겨 주세요.

04 마지막으로 타임라인에서 자막과 이미지가 포함된 클립을 영상 길이에 맞춰 자르겠습니다. 자막 클립 오른쪽 끝을 잡고 [요리 영상1] 클립 오른쪽 끝까지 밀어 줍니다.

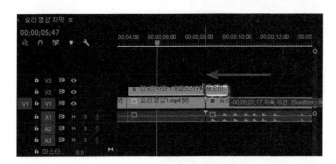

05 이제 처음부터 영상을 재생해 보면 영상이 멈출 때 화면이 어두워지고 자막과 아이콘이 나오는 것을 확인할 수 있습니다.

04-6

반응형 자막
상자 만들기

준비 파일 4일차/2. 원본 영상/요리 영상2.mp4   완성 파일 4일차/5. 완성본/요리 영상 자막.mp4
글꼴 S-Core Dream, Gmarket Sans

자막 길이에 따라 자동으로
조절되는 자막 상자

오늘
배울
기능

하나,
자막과 도형 연결하기

둘,
레이어 개념 이해하기

셋,
[고정 대상] 응용하기

· [반응형 디자인 → 고정 대상]   · [사각형 도구 ■]

04-3 자막에 도형 활용하기에서 도형을 활용해 자막을 꾸며 봤는데요. 이번에는 도형의 선만 활용해서 자막을 감싸는 상자를 만들어 볼게요. 더불어 자막의 길이에 맞춰 도형의 크기도 자동 조정되는 기능까지 살펴보겠습니다.

하면 된다!⟩

자막 삽입하기

영상 보기

01 이전 프로젝트에 이어서 [요리 영상2] 클립 위에 자막을 넣고 자막을 감싸는 상자를 만들어 보겠습니다. 인디케이터를 [요리 영상2] 클립이 시작하는 지점으로 옮깁니다.

02 [문자 도구 **T**]를 선택하고 재생 화면 아래쪽을 클릭해 텍스트 상자를 만든 뒤 '2'를 입력합니다. 그 아래 2개의 텍스트 상자를 더 만들고 각각 '야채 썰기'와 '세로로 길게 썰어 줍니다'를 입력하세요.

❷ 재생 화면 클릭해 텍스트 상자 생성 + 자막 입력

2 야채 썰기
세로로 길게 썰어 줍니다

03

다시 [선택 도구 ▶]로 바꿔 자막의 크기와 위치를 설정해 주세요. '2'를 가장 크게, '야채 썰기'는 조금 작게, '세로로 길게 썰어 줍니다'를 가장 작게 합니다.

04

자막의 가독성을 높이기 위해 자막 3개를 모두 선택하고 글꼴은 [Gmarket Sans]로 지정합니다.

05

자막에 색과 배경을 입혀 보겠습니다. 기본 그래픽 패널에서 '세로로 길게 썰어 줍니다'를 선택하고 [모양]에서 [칠]은 검은색(000000), [배경]은 흰색(FFFFFF)으로 지정합니다. 배경의 [불투명도] 값은 '100%', [크기] 값은 '10'을 입력해 주세요.

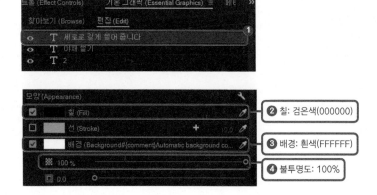

하면 된다!〉

자막 상자 만들기

01 [펜 도구 🖊]를 길게 눌러 [사각형 도구 ▣]를 선택한 다음 프로그램 패널에서 자막 전체를 덮을 크기의 사각형을 만들어 주세요.

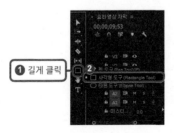

① 길게 클릭

02 사각형 위로 자막이 올라오도록 [기본 그래픽 → 편집 → 모양(Shape)01]을 꾹 눌러 맨 아래로 끌어내립니다.

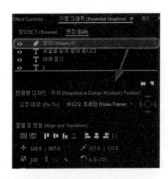

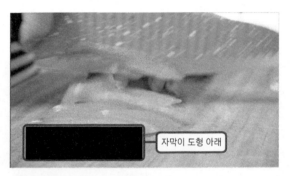

자막이 도형 아래

도형이 자막 아래

03 사각형을 자막 상자로 만들어 볼게요. [모양(Shape)01]을 선택하고 [칠]은 체크 해제, [선]은 흰색(FFFFFF), 두께는 '9'를 입력하세요.

04 프로그램 패널에서 자막에 맞게 상자 크기를 변경해 주세요.

하면 된다!

반응형 자막
상자 만들기

01 자막의 길이가 바뀌면 상자의 길이도 바뀌는 반응형 자막 상자를 만들어 보겠습니다. 기본 그래픽 패널에서 [모양(Shape)01]을 선택하고 [반응형 디자인 → 위치 → 고정 대상]에서 '세로로 길게 썰어 줍니다'를 선택합니다.

02 [고정 대상] 오른쪽에서 고정할 방향을 지정할 수 있어요. 가운데 사각형을 눌러 사방으로 고정합니다.

03 '세로로 길게 썰어 줍니다'를 '세로로 길게 썰어 도마에 정리합니다'로 수정해 보겠습니다. 글자에 맞춰 상자 크기가 늘어나는 것을 볼 수 있습니다.

쪽지 시험 [고정 대상] 응용하기

한 줄 자막이 화면 가운데에 오고 자막 길이에 맞게 크기가 조정되는 자막 상자를 만들어 보세요.

• 기본 그래픽 패널에서 [텍스트 가운데 맞춤 ▤]과 [가로 가운데 ▣]를 활용하세요.
• 사각형의 [칠]을 해제하고 [선] 색상은 흰색(FFFFFF)으로, 두께는 '5'로 맞춰 주세요.

04-7

스르륵 나타나는
배경·자막 만들기

준비 파일 4일차/2. 원본 영상/요리 영상3.mp4　완성 파일 4일차/5. 완성본/요리 영상 자막.mp4
글꼴 S-Core Dream, Cafe24 Shiningstar, Cafe24 Oneprettynigh

애프터 이펙트 없이도 자연스럽게
모션을 넣을 수 있어요!

플레이팅 Tip

접시 가장자리에
야채를 둥글게 배치하고
접시 가운데는
소스를 위해 비워 둡니다!

오늘 배울 기능	하나, 도형을 배경으로 활용하기	둘, 키프레임 그래프 조정하기	셋, 애니메이션 속도 조정하기
	·[사각형 도구 ▣]	·[매개 변수 재설정 ♺]	·[정렬 및 변형 → 가로로 정렬 ▥]

종종 영상에 긴 설명을 자막으로 띄워야 할 때가 있습니다. 인터뷰 영상에서 전문가의 길고 긴 이력이나 요리 영상에서 요리 시 주의할 점 등이 그렇죠. 이렇게 긴 자막을 모두 기본 자막처럼 화면 아래에 쓰기도 적당하지 않고 빈 곳에 넣자니 눈에 띄지 않고 무척 곤란하죠. 이럴 때 아예 화면 일부를 가리고 자막을 띄우는 방법이 있어요. 바탕을 크게 깔고 그 위에 자막을 얹으면 바탕의 크기만큼 자막이 들어갈 공간을 확보하는 셈이죠. 앞서 만든 프로젝트에 이어서 이번에는 오른쪽에서 자연스럽게 밀려나오는 자막을 만들어 볼게요.

하면 된다!♪

자막 배경 깔기

영상 보기

01 먼저 자막을 얹을 배경을 만들어 볼게요. [요리 영상3] 클립의 시작점으로 인디케이터를 옮깁니다.

02 [사각형 도구 ■]를 선택하고 프로그램 패널에서 영상의 오른쪽 1/3 정도를 덮을 만큼 큰 직사각형을 만듭니다.

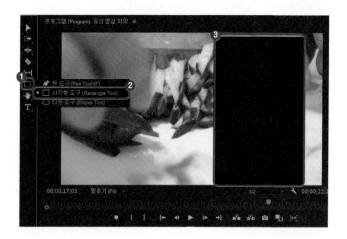

03 [선택 도구 ▶]로 바꾸고 프로그램 패널에서 사각형의 꼭짓점을 조정해 영상의 1/3이 완전히 가려지도록 크기와 위치를 조절해 주세요.

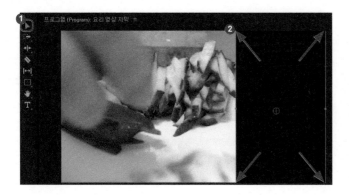

04 사각형을 클릭하고 기본 그래픽 패널의 [모양 → 칠]을 베이지색(FFF6E4)으로 바꿉니다.

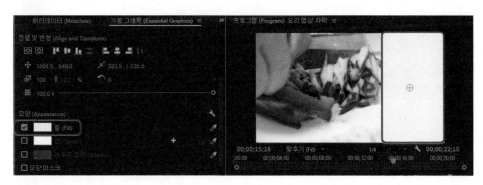

05 사각형 위에 텍스트 상자를 만든 다음 '플레이팅 Tip'을 입력하세요. 자막의 [칠]은 검은색(000000)으로 [배경]은 흰색(FFFFFF)으로 지정합니다.

06 '플레이팅'과 'Tip'의 글꼴을 다르게 설정하겠습니다. '플레이팅'은 [S-Core Dream], 'Tip'은 [Cafe24 Shiningstar]로 바꿔 주세요.

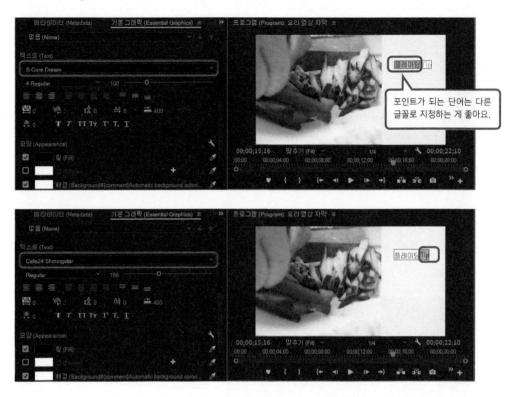

07 텍스트 상자를 하나 더 만들고 '접시 가장자리에 야채를 둥글게 배치하고 접시 가운데는 소스를 위해 비워 둡니다!'를 입력하세요. 글꼴은 [Cafe24 Oneprettynight]로 하고 [텍스트 가운데 맞춤 ▤]으로 정렬하는 것도 잊지 마세요.

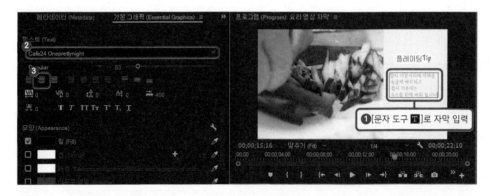

08 자막이 배경의 중앙에 오도록 맞추겠습니다. 기본 그래픽 패널에서 (Ctrl)을 누른 채 자막과 [모양(Shape) 01]을 모두 선택한 다음 [가로로 정렬 ■]을 누르면 배경 가운데로 자막이 이동합니다.

하면 된다!〉

슬라이드
애니메이션 넣기

01 자막과 배경이 화면 오른쪽에서 밀려 나오듯이 등장하도록 애니메이션을 추가해 볼게요. 인디케이터를 [요리 영상3] 자막 클립이 시작하는 지점으로 옮기고 자막 클립을 선택합니다.

02 효과 컨트롤 패널에서 [위치] 왼쪽의 ⭕를 눌러 키프레임을 만들어 주세요. 그런 다음 [위치] 값을 오른쪽으로 드래그해서 자막과 도형을 화면 밖으로 밀어냅니다. 재생 화면에 보이지 않을 때까지 쭉 밀어내세요.

03 Spacebar 를 눌러 영상을 1초 정도 재생했다가 멈춥니다. 다시 자막 클립을 선택하고 효과 컨트롤 패널에서 [위치] 오른쪽의 [매개 변수 재설정 🔄]을 눌러 처음 위치로 되돌립니다.

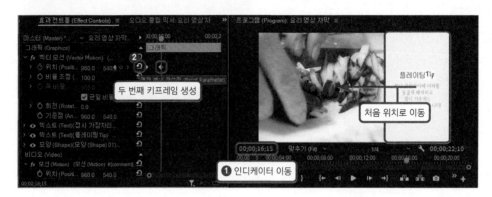

하면 된다!▷

애니메이션
부드럽게 만들기

01 애니메이션이 끝날 때쯤 자막과 배경이 슬라이드하는 속도를 조금 늦춰서 움직임을 자연스럽게 만들게요. Ctrl 을 누른 채 효과 컨트롤 패널 오른쪽 타임라인의 키프레임 2개를 모두 선택합니다.

02 [위치] 왼쪽의 ▶를 누르면 ▼로 바뀌면서 키프레임 아래에 그래프가 나타납니다. 이 그래프에서 키프레임을 옮겨 움직임을 더 섬세하게 조정할 수 있어요.

03 두 번째 키프레임 아래 원을 왼쪽 아래로 비스듬하게 끌어와 그래프 모양을 뾰족하게 만들어 주세요.

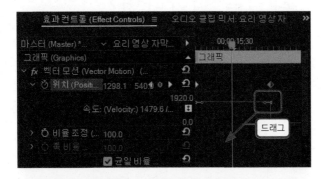

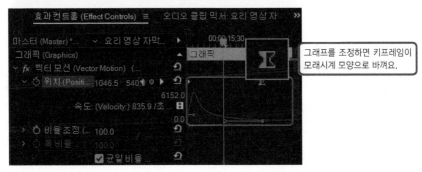

그래프를 조정하면 키프레임이 모래시계 모양으로 바껴요.

04 영상을 재생해 보면 움직임에 가속도가 붙어 자막의 움직임이 더 부드러워진 걸 볼 수 있어요.

더 다양한 자막 스타일을 원한다면?
'레거시 제목'

지금까지 사용했던 문자 도구와 기본 그래픽 패널만 이용해도 기본 자막 스타일을 만들 수 있지만, 사실 이 기능만으로는 만들 수 없는 자막 스타일이 있습니다. 그러데이션과 입체감(외부 선– 심도)입니다. 예능 자막에서 자주 보이는 자막 스타일이죠. 이 기능은 [레거시 제목]을 활용해서 만들 수 있어요.

[레거시 제목] 창은 [파일 → 새로 만들기 → 레거시 제목]을 눌러 새 제목을 입력하면 볼 수 있습니다. [글꼴, 크기, 정렬, 칠] 등 기본 그래픽 패널의 기능은 물론이고 [변형, 속성] 같이 더 다양한 기능을 가지고 있어요.

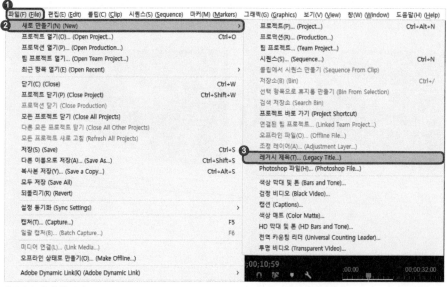

[레거시 제목] 창 열기

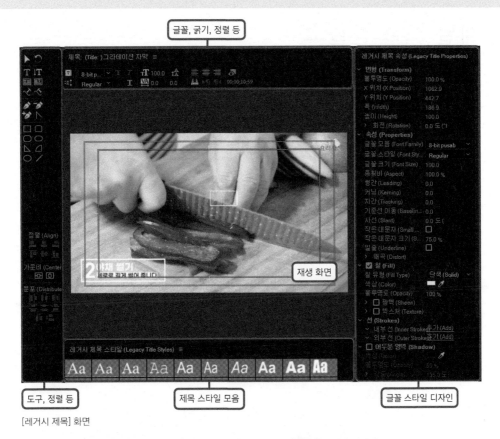

글꼴, 굵기, 정렬 등

재생 화면

도구, 정렬 등

제목 스타일 모음

글꼴 스타일 디자인

[레거시 제목] 화면

[레거시 제목]의 그러데이션 기능을 활용한 포인트 자막

그러데이션 외에도 [레거시 제목]을 활용하면 더 세밀하게 자막 스타일을 디자인할 수
있어요. 깔끔한 포인트 자막도 좋지만, 좀 더 생동감 있는 포인트 자막을 만들고 싶을
땐 [레거시 제목]을 활용해 보세요.

채널 로고 만들고
추출하기

준비 파일 4일차/2. 원본 영상/요리 영상1.mp4, 요리 영상2.mp4, 요리 영상3.mp4, 4일차/3. 그래픽/cleaver-knife.png
완성 파일 4일차/5. 완성본/요리 영상 자막.mp4   글꼴 THEBalsamtint

포토샵 없이 로고도
간단하게!

오늘 배울 기능	하나,	둘,	셋,
	프리미어 프로에서 로고 만들기	패널 비율 조절하기	png로 로고 추출하기
	·[재생 화면 비율]	·[프레임 내보내기 📷]	·[기본 그래픽 → 새 레이어 ⬛]

유튜브든 TV 프로그램이든 영상에서 빼놓을 수 없는 중요한 요소가 있습니다. 바로 채널 로고죠. 채널 로고는 보통 영상의 오른쪽 위나 왼쪽 위에 들어가는 이미지로, 글자로만 구성할 수도 있고 간단한 이미지를 덧붙여 구성할 수도 있죠.

주로 포토샵, 일러스트레이터 같은 이미지 편집 프로그램을 이용해야 해서 로고 만드는 게 어렵게 느껴질 수 있는데요. 프리미어 프로에서도 간단하게 로고를 만들 수 있답니다. 이전 프로젝트에 이어 이번엔 로고를 만들고 영상에 넣고 이미지 파일로 추출까지 해보겠습니다.

하면 된다! ♪

로고 만들어 넣기

영상 보기

01 로고는 영상이 재생되는 동안 한 곳에 계속 고정되어 있을 테니 영상이 시작하는 00;00 프레임에서 로고를 만들겠습니다.

[문자 도구 **T**]로 재생 화면 오른쪽 위에 텍스트 상자를 만들어 로고에 들어갈 글자를 입력하세요. 저는 요리 영상에 걸맞게 '마더 요리사'라고 입력하겠습니다.

02 [선택 도구 ▶]로 바꿔 자막의 위치와 크기를 대략 잡아 줍니다.

🔘 이미지나 자막의 위치를 세세하게 조절하려면 [Ctrl]을 누른 채 ←, →를 눌러 보세요.

03 로고는 글꼴과 자간이 중요해요. 글꼴은 깔끔하고 귀여운 느낌을 주는 [THEBalsamtint]으로 설정할게요. 크기는 '53', 줄 간격은 '-9'로 변경합니다.

04 로고 글자에 포인트를 주기 위해 '마더'와 '요리사'의 색을 다르게 하겠습니다. 기본 그래픽 패널의 [칠]에서 '마더'는 흰색(FFFFFF), '요리사'는 주황색(FF9000)으로 포인트를 줄게요.

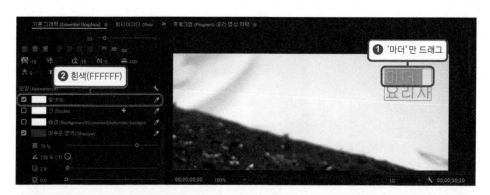

05 흰색 배경에서는 '마더'가 잘 보이지 않네요. 그림자를 넣어 가독성을 높이겠습니다. [어두운 영역]을 체크하고 [불투명도, 각도, 거리, 크기, 흐림 효과] 값을 입력해 주세요.

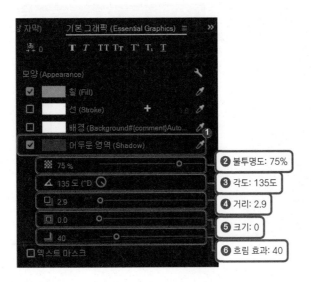

06 이제 로고에 이미지를 추가해 보겠습니다. 기본 그래픽의 [새 레이어  → 파일에서…]를 눌러 [cleaver-knife.png] 이미지 파일을 불러옵니다.

07 불러온 이미지를 로고 오른쪽에 배치합니다. 크기가 작아 프로그램 패널에서 직접 변경하는 게 어려울 때는 기본 그래픽 패널의 [위치, 회전, 비율] 값을 조절하세요.

08 마지막으로 영상이 재생되는 내내 보이도록 로고 클립을 잡고 끝까지 늘려 주세요.

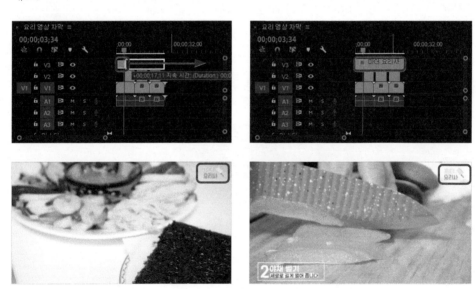

하면 된다! ♪
로고 이미지 추출하기

01 채널 로고는 채널의 정체성을 드러내는 역할을 하는 만큼 영상 외에도 섬네일, 채널 프로필 등 여러 곳에 쓰인답니다. 이번에는 영상에서 만든 로고를 다른 곳에서도 활용할 수 있도록 이미지 파일로 저장해 보겠습니다.

02 영상에서 로고만 보이도록 로고 클립을 영상 클립 이후까지 쭉 늘립니다. 인디케이터를 로고 클립만 있는 지점으로 옮기면 까만 화면에 로고만 뜨는 것을 확인할 수 있습니다.

03

프로그램 패널에서 [프레임 내보내기 📷]를 클릭해 [프레임 내보내기] 창을 엽니다. 이 창에서 추출할 이미지 파일 이름과 형식을 지정할 수 있어요. 이미지 파일 이름은 '로고', 파일 형식은 PNG, 파일 저장 위치를 지정한 후 [확인]을 누릅니다.

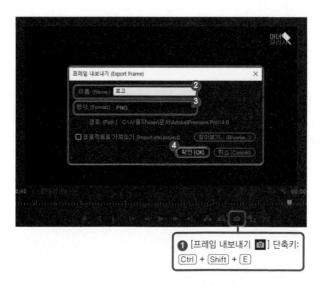

04

이렇게 추출한 PNG 파일은 다른 영상이나 섬네일, 프로필 이미지 등 다양하게 사용할 수 있어요.

5일차

시선을 잡는
인트로 영상 만들기

TV 프로그램, 유튜브 등 대부분 영상을 보면 프로그램이나 채널의 정체성을 드러내는 짧은 영상으로 시작됩니다. 이를 인트로 영상이라고 해요. 인트로 영상은 3초 정도 짧게 로고만 보여 주기도 하고 본 영상을 시작하기 전에 영상의 분위기나 내용을 짧게 압축해서 보여 주며 기대감을 심어 주기도 합니다. 이번 5일차에는 자주 사용하는 스타일의 인트로 영상을 만들어 볼게요.

로고가 날아와 박히는
인트로

준비 파일 5일차/3. 그래픽/youtube.png　완성 파일 5일차/5. 완성본/1. 로고 인트로.mp4
글꼴 Cafe24 Ohsquare air, Cafe24 Ohsquare, MapoBackpacking

커졌다가 작아졌다가 영화
오프닝 부럽지 않은 움직임
을 초간단하게!

오늘 배울 기능	하나, 색상 매트로 배경 만들기	둘, 로고 글자에 애니메이션 넣기	셋, 로고 이미지에 애니메이션 넣기
	·[새 색상 매트] 　[클립(Clip)]	·[애니메이션 켜기/끄기 🎥]	·[트랙 출력 켜기/끄기 ◉]

유튜브를 시작하기 전 준비해야 할 것 중 하나가 바로 채널명입니다. 이 채널명이 곧 로고가 되기도 하죠. 이번 프로젝트에서는 채널명이나 로고를 활용해 간단하면서도 활용도 높은 인트로 영상을 만들어 볼게요.

하면 된다! ♪

배경 만들기

영상 보기

01 새 프로젝트에서 시작하겠습니다. 먼저 프로젝트 패널 아래쪽에서 [새 항목 ▣ → 시퀀스]를 클릭합니다.

02 [새 시퀀스] 창이 뜨면 왼쪽 [시퀀스 사전 설정 → 사용 가능한 사전 설정]에서 가장 위에 있는 폴더 [ARRI → 1080p → ARRI 1080p 29.97]을 선택합니다. 시퀀스 이름은 '1. 로고 인트로'라고 변경하겠습니다.

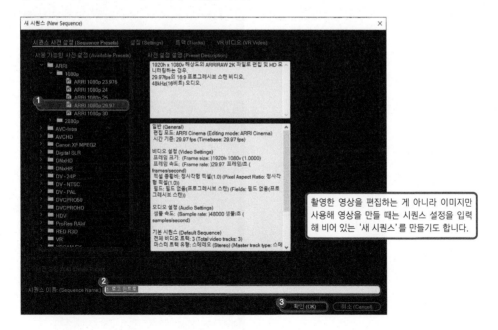

> 촬영한 영상을 편집하는 게 아니라 이미지만 사용해 영상을 만들 때는 시퀀스 설정을 입력해 비어 있는 '새 시퀀스'를 만들기도 합니다.

'ARRI 1080p 29.97'이 뭐예요?

'ARRI 1080p 29.97'은 프레임 크기와 프레임 속도를 뜻해요. 즉, 프레임 크기 1920x1080과 프레임 속도 29.97fps인 거죠. 1080p와 29.97은 가장 흔히 쓰는 프레임 크기와 속도로, 내가 만들 영상에 맞게 설정해 주어야 합니다. 프레임 크기와 속도가 뭔지 어렴풋하다면 '01-1 이건 알고 시작하자, 영상 제작의 기초'를 참고하세요.

03 새 시퀀스를 만들었지만 아무것도 없어 프로그램 패널이 검은색입니다. 색이 있는 배경을 깔게요. 프로젝트 패널 아래 [새 항목 🔳 → 색상 매트]를 선택합니다.

04 [새 색상 매트] 창이 뜨면 [폭, 높이, 시간 기준] 등 설정은 그대로 두고 [확인]을 눌러 [색상 피커]에서 색상을 지정합니다. 부드러운 느낌의 베이지색(FFF7EE)으로 할게요. 마지막으로 색상 매트의 이름을 입력하고 [확인]을 누릅니다.

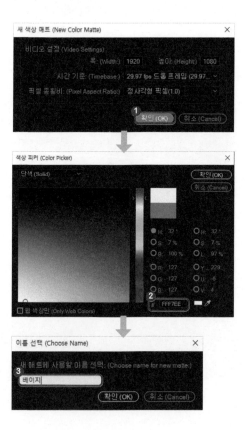

05 프로젝트 패널에 [베이지]가 생성된 것을 볼 수 있습니다. 색상 매트 [베이지]를 타임라인으로 끌어와 클립을 만들어 주세요.

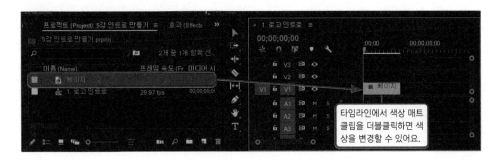

하면 된다!〉

로고 만들기

01 이제 이미지와 텍스트를 활용해 로고를 만들게 요. [문자 도구 **T**]로 텍스트 상자 3개를 만든 다음 각각 '7', '일에 끝내는', '영상편집'을 입력하세요.

02 [선택 도구 **▶**]로 바꿔 텍스트 상자를 클릭한 다음 크기와 위치를 잡아 주세요.

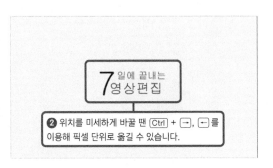

03 텍스트 상자마다 다른 글꼴을 설정해 밋밋하지 않게 꾸며 볼게요. 기본 그래 픽 패널에서 변경할 글자를 선택하고 [편집 → 텍스트]에서 글꼴을 설정합니다. '영 상편집'은 [Cafe24 Ohsquare], '일에 끝내는'은 [Cafe24 Ohsquare air], '7'은 [Mapobackpacking]로 하겠습니다.

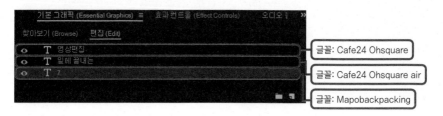

04 글자만 있으니 좀 허전해 보이네요. 이미지를 추가해 보겠습니다. [기본 그래픽 → 새 레이어 □ → 파일에서...]를 클릭하고 [youtube.png] 파일을 불러옵니다.

05 불러온 이미지를 프로그램 패널에서 더블클릭해 '영상편집'과 높이가 비슷하 도록 크기를 조정하고 로고 오른쪽으로 위치를 옮깁니다.

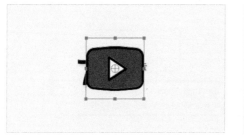

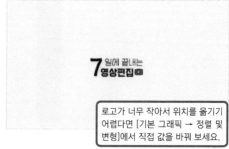

로고가 너무 작아서 위치를 옮기기 어렵다면 [기본 그래픽 → 정렬 및 변형]에서 직접 값을 바꿔 보세요.

하면 된다!▸

로고 글자에
애니메이션 넣기

01 인트로 영상을 재생하면 로고가 가까이에서 크게 보였다가 멀어지면서 전체가 보이는 애니메이션을 넣어 인트로 영상을 완성해 보겠습니다.

타임라인에서 로고 클립을 선택하고 인디케이터를 클립 맨 앞으로 옮겨 주세요.

02 효과 컨트롤 패널에서 [비율 조정] 왼쪽의 ◉를 눌러 타임라인 시작점에 키프레임을 만듭니다.

03 [비율 조정] 값을 '778'까지 높여 글자가 화면을 가릴 정도로 키워 주세요.

04

→를 4번 눌러 00;04 프레임으로 이동한 다음 다시 [비율 조정] 값을 '72'로 줄입니다. 오른쪽 타임라인에 키프레임이 하나 더 만들어진 것을 확인할 수 있어요.

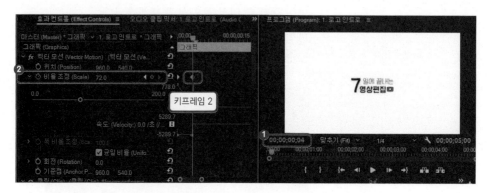

05

03;00 프레임으로 이동해 다시 한번 [비율 조정] 값을 '69'로 줄여 주세요. 총 3개의 키프레임이 생겼어요.

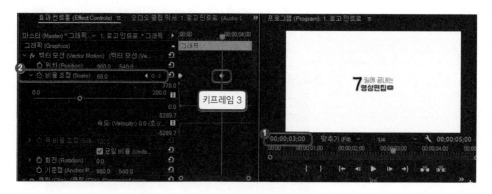

06

애니메이션이 끝나면 영상도 끝나도록 타임라인 패널에서 배경 색상 매트 클립과 로고 클립의 길이를 3초로 줄여 주세요.

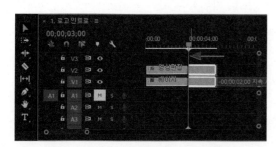

07 영상을 재생해 보면 로고가 빠르게 쾅 날아와 박힌 후 천천히 작아지는 것처럼 보입니다.

하면 된다!♪

로고 이미지에
애니메이션 넣기

01 00;22 프레임에서 유튜브 로고 이미지가 버튼을 클릭한 것처럼 살짝 작아졌다가 원래 크기로 돌아오는 애니메이션을 넣어 볼게요.

02 프로그램 패널에서 유튜브 로고 이미지를 클릭하고 효과 컨트롤 패널에서 휠을 내리면 [클립(Clip)]이 선택되어 있을 거예요. [클립(Clip)] 왼쪽의 ▶를 누르면 유튜브 로고의 크기나 움직임을 조절하는 세부 항목을 볼 수 있습니다. 먼저 [비율 조정] 왼쪽의 ◉를 누릅니다.

03

$\rightarrow$를 3번 눌러 3프레임 뒤로 이동한 다음 [비율 조정] 값을 다시 3 정도 줄여 주세요. 저는 '20'에서 '17'로 낮추겠습니다.

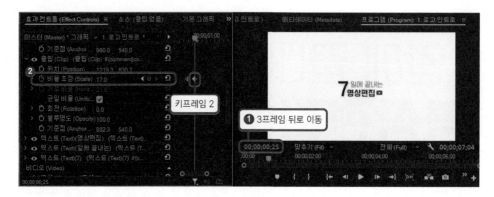

04

다시 3프레임 뒤로 이동해 [비율 조정] 값을 '20'으로 변경합니다.

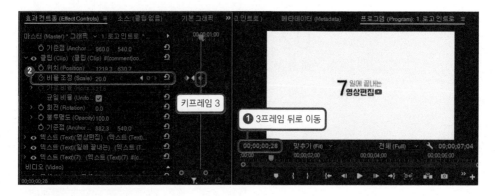

05

마지막으로 애니메이션에 맞는 효과음을 넣을게요. Ctrl + I 로 [효과음-슈웅.mp3], [효과음-클릭.mp3]를 불러오세요. [효과음-슈웅.mp3]는 00;00 프레임, A1 트랙으로, [효과음-클릭.mp3]는 유튜브 로고 크기가 작아졌다 커지는 00;26 프레임, A2 트랙에 넣습니다.

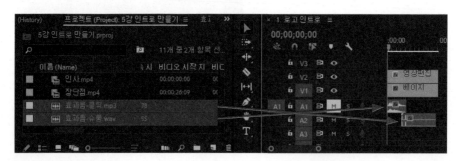

06 영상을 처음부터 재생해 보면 '슈웅' 소리와 함께 로고가 크게 나타났다가 작아지고 유튜브 로고 이미지가 클릭되면서 '딸칵' 소리가 들릴 거예요.

하면 된다!♪
로고 이미지 추출하기

01 04-9 로고 만들고 추출하기에서도 로고를 만들고 PNG 파일로 추출까지 해봤는데요. 이번엔 트랙을 이용해 다른 방법으로 로고 이미지를 추출해 볼게요. 배경 없이 로고만 저장하려면 V1 트랙의 [트랙 출력 켜기/끄기 ◉]를 눌러 배경 클립을 숨겨 주세요. 아이콘이 ◎ 이렇게 바뀐다면 꺼진 상태입니다. 배경 트랙을 숨기면 프로그램 패널의 배경색이 사라지고 검은색(투명)이 됩니다.

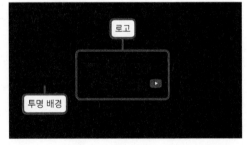

02 프로그램 패널 아래에 있는 [프레임 내보내기 📷]를 클릭합니다.

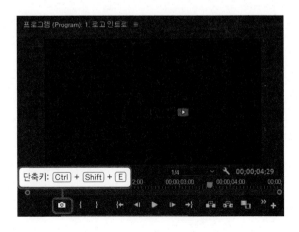

03 파일 이름은 '로고', 파일 형식은 PNG, [찾아보기]에서 저장 위치까지 지정하고 설정한 후 [확인]을 누릅니다.

04 로고 이미지가 PNG 파일로 추출된 것을 확인할 수 있습니다.

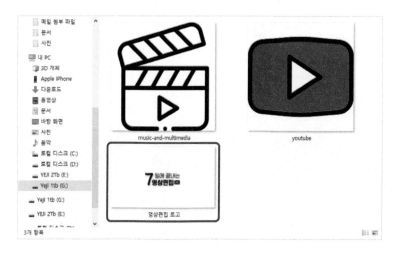

색상 매트
활용 팁

앞서 로고의 배경으로 만들어 본 색상 매트는 다양한 상황에 활용할 수 있어요.

하나_ 인트로·인서트 영상의 배경지로 활용하기

색상 매트를 깔고 그 위에 이미지나 자막을 추가해서 화면 전환이나 특정 장면을 강조하는 용도로 활용할 수 있어요.

둘_ 세로 영상의 배경지로 활용하기

스마트폰으로 촬영하다 보면, 가로 비율로 영상을 찍다가 실수로 또는 의도해서 세로로 찍는 경우가 있는데요. 화면 비율이 다른 두 영상을 같이 편집하면 세로로 찍은 영상은 양옆에 여백이 남겠죠. 이때 검은색 기본 배경 대신 색상 매트를 영상 아래 깔아서 배경으로 쓸 수 있어요.

기본 배경(검은색)   색상 매트 배경(하늘색)

셋_ 필터처럼 활용하기

흰색 색상 매트를 영상 위에 얹고 불투명도를 줄여 보세요. 배경은 흐려지고 그 위에 얹은 글자는 더 또렷하게 보이는 효과를 낼 수 있어요.

어떤 폰이든 실패 없는
스마트폰 촬영 팁

05-2

하이라이트만 빠르게
보여 주는 인트로

준비 파일 5일차/2. 원본 영상/요리 영상1.mp4, 요리 영상2.mp4, 요리 영상3.mp4, 요리 영상4.mp4, 요리 영상5.mp4
완성 파일 5일차/5. 완성본/2. 요약 인트로.mp4   글꼴 Gmarket Sans

핵심 장면만 뽑아 포인트까지 콕콕!

오늘 배울 기능	하나, 핵심 장면 컷 편집하기	둘, 배경 음악에 맞춰 2차 컷 편집하기	셋, 도형으로 자막 포인트 넣기
	·[잔물결 편집 도구 ⬌]	·[타원 도구 ◯]	·[애니메이션 비율 전환 ▣]

하면 된다!〉

핵심 장면 컷 편집하기

영상 보기

01 이전 프로젝트에 이어 진행하겠습니다. 새 시퀀스를 만들기 전에 이전 프로젝트에서 사용한 소스 파일과 시퀀스를 정리할게요. 05-1 로고가 날아와 박히는 인트로에서 사용한 소스 파일과 시퀀스를 모두 선택해 프로젝트 패널 아래 [새 저장소 ▣]로 끌어 주세요. 저장소 이름은 '1. 로고 인트로'로 하겠습니다.

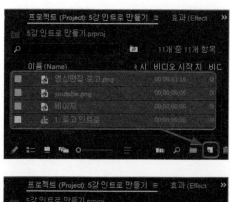

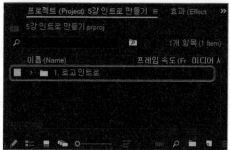

02 Ctrl + I 로 [요리 영상1.mp4~요리 영상5.mp4]까지 5개 파일을 불러옵니다. 프로젝트 패널에서 파일 5개를 모두 선택한 다음 아래 [새 항목 ▣]으로 끌어와 새 시퀀스를 만듭니다. 시퀀스 이름은 '2. 요약 인트로'로 바꿀게요.

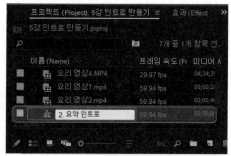

03
전체 영상의 분위기와 느낌을 빠르게 전달하기 위해서 각 클립의 핵심 장면만 짧게 자르겠습니다. [요리 영상2] → [요리 영상1] → [요리 영상3] → [요리 영상4] → [요리 영상5] 순서대로 클립을 정렬해 주세요.

💧 클립끼리 겹치지 않도록 Ctrl 을 누른 채 옮겨 주세요.

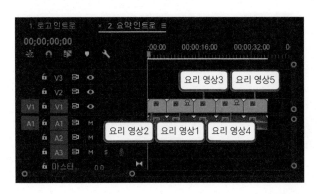

04
이제 영상 전체를 재생해 보면서 각 클립에서 보여 주고 싶은 부분을 1초 정도로 짧게 자릅니다. 저는 [요리 영상2]에서 파프리카를 써는 부분, [요리 영상1]에서 재료를 올리는 부분 등 1초씩만 남겨 1초짜리 클립 7개를 만들었어요.

💧 하이라이트로 어떤 영상을 얼마만큼 보여 줄지는 자유롭게 정하세요.

클립 1

클립 3

클립 2

클립 4

클립 5

클립 6

클립 7

하면 된다! ▶

배경 음악에 맞춰
컷 편집하기

01 하이라이트 요약 영상에 이제 어울리는 배경 음악을 넣어 볼게요. [Ctrl] + [I]로 [Bitters_at the salon(intro).mp3]를 불러온 다음 타임라인의 A2 트랙으로 끌어옵니다.

02 배경 음악의 박자에 맞춰 영상이 바뀌도록 [잔물결 편집 도구 ◄►]를 선택해 클립의 끝을 늘이거나 줄여서 2차 컷 편집 작업을 해주세요.

💧 [선택 도구 ▶] + [Ctrl]을 누르고 있는 동안 [잔물결 편집 도구 ◄►]로 변합니다.

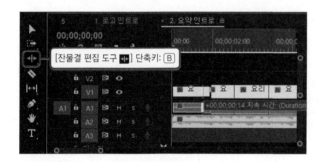

03 배경 음악에 맞춰 2차 컷 편집을 끝냈으면 마지막으로 배경 음악에 맞춰 영상이 끝나도록 마지막 영상 클립을 길게 늘려 마무리합니다.

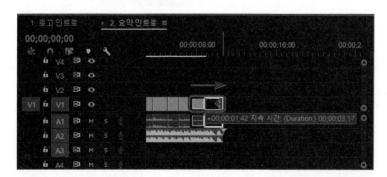

하면 된다!⟩

컷마다 자막 넣기

$\underset{}{01}$ 앞서 잘라 둔 하이라이트 컷마다 짧은 자막을 넣어서 각 장면의 포인트를 짚도록 연출해 볼게요. [문자 도구 ]를 선택하고 프로그램 패널에서 자막을 띄울 곳을 클릭해 텍스트 상자를 만들어 '썰고'를 입력하세요.

$\underset{}{02}$ 기본 그래픽 패널에서 [정렬 및 변형 → 애니메이션 비율 전환] 값을 '184'로 합니다.

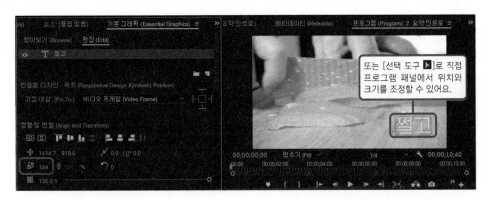

$\underset{}{03}$ 글꼴은 깔끔한 고딕체인 [Gmarket Sans TTF], 크기는 '100'으로 바꿉니다.

04 컷마다 텍스트 상자를 만들지 않고 자막 클립 하나를 컷에 맞게 자르겠습니다. 앞서 만든 자막 클립을 영상 끝까지 늘린 다음 [자르기 도구 ◈]로 첫 번째 영상 클립에 맞춰 잘라 주세요.

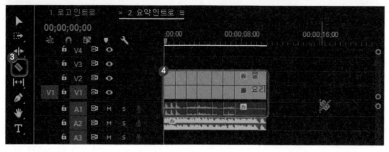

05 잘라 낸 자막 클립마다 자막 내용과 위치, 크기, 글꼴 등을 조절해 주세요.

하면 된다!〉

도형으로 자막에
포인트 넣기

01 단어 위에 도형을 이용해 포인트를 찍어 주겠습니다. [펜 도구 🖊]를 길게 눌러 [타원 도구 ◯]를 선택합니다.

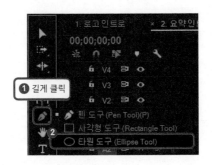

02 아무 클립도 선택하지 않은 상태에서 '썰' 글자 위에 작은 원을 하나 만들어 주세요. Shift 를 누르면 찌그러지지 않은 정원을 그릴 수 있어요.

🖋 **예PD의 꿀팁** | 동그란 원을 만드려면?

찌그러지지 않은 정원을 만드려면 [타원 도구 ◯]를 선택하고 마우스를 드래그하면서 Shift 를 누르세요. 원 외에 정사각형도 마찬가지예요. 단, Shift 를 먼저 누르면 도형이 만들어지지 않아요. 도형을 먼저 만들고 Shift 를 눌러야 합니다.

03 기본 그래픽 패널에서 방금 만든 도형 [모양(shape)01]을 선택하고 [모양 →
칠 → 색상 피커]에서 색상을 지정합니다. 자막 색에 맞게 흰색(FFFFFF)을 사용할게요.

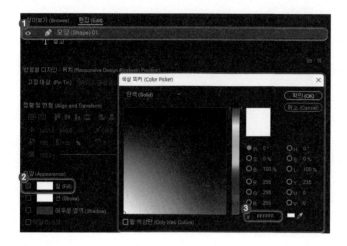

04 타임라인 패널에 [그래픽]이라는 클립이 생성되었어요. 이 클립의 길이를 첫 번
째 클립에 맞춰 줍니다.

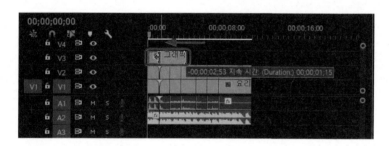

05 '썰고'의 '고' 위에도 포인트 도형을 넣을게요. [자르기 도구 ⬧]를 선택해 [그래
픽] 클립을 절반으로 자르고 잘라 낸 두 번째 클   ⬤ 세밀하게 작업할 땐 ➕를 눌러 타임라인을 확
립 위로 인디케이터를 옮기세요.   대해 보세요.

06 기본 그래픽 패널에서 [모양(shpae)01]을 클릭하고 Ctrl + C, Ctrl + V를 눌러 도형 항목을 복사합니다. '고' 위에 도형이 오도록 복사한 [모양(Shape)01]을 선택하고 [정렬 및 변형 → 위치] 값을 조절해 주세요.

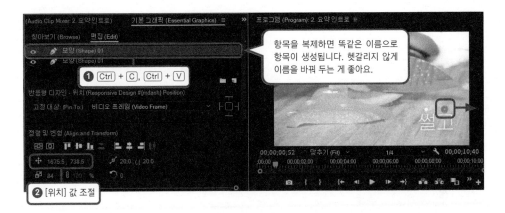

항목을 복제하면 똑같은 이름으로 항목이 생성됩니다. 헷갈리지 않게 이름을 바꿔 두는 게 좋아요.

❶ Ctrl + C, Ctrl + V

❷ [위치] 값 조절

07 같은 방법으로 다른 클립에도 포인트 도형을 추가하고 위치, 크기를 잡아 주세요.

원 외에도 사각형을 활용한 박스, 선을 활용한 밑줄 등 도형을 응용해 다양한 포인트를 넣을 수 있어요.

05-3

물체가 지나가면
글자가 나타나는 인트로

준비 파일 5일차/2. 원본 영상/기차 영상.mp4　　완성 파일 5일차/5. 완성본/3. 마스크 인트로.mp4　　글꼴 SangSangShinb7

브이로그, 여행 감성에 딱!

오늘 배울 기능	하나, 마스크로 글자 숨기기	둘, 글자가 서서히 나타나는 움직임 넣기	셋, 마스크 반전 활용하기
	•[4지점 다각형 마스크 만들기 ▣]	•[마스크 패스]	•[반전됨]

하면 된다!〉

타이밍 맞춰 자막 넣기

영상 보기

01 Ctrl + I 로 [기차 영상.mp4]를 불러옵니다.
불러온 영상을 [새 항목 🔄]으로 끌어와 새 시퀀스를
만듭니다. 시퀀스 이름은 '3. 마스크 인트로'라고 하겠
습니다.

💧 새 시퀀스를 만들기 전엔 항상 이전 프로젝트의 모든 소스 파일을 정리해 두
는 게 좋아요.

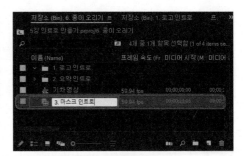

02 기차가 거의 지나가고 자막을 넣을 정도로 공간이 생기는 03;57 프레임으로
인디케이터를 옮깁니다.

03 [문자 도구 **T**]를 선택해 기차가 지나간 자리에 텍스트 상자를 만들고 '기차가
보이는 집'을 입력합니다.

04 [선택 도구 **▶**]로 바꾸고 기본 그래픽 패널의 [텍스트]에서 글꼴은 [SangSang
Shinb7]로, 크기는 '168'로 지정합니다. 자막 위치는 기찻길 위, 가운데 회색 기둥 왼
쪽에 자막 오른쪽 끝이 오도록 맞춰 주세요.

05 자막 클립을 양쪽으로 끌어 영상 클립 길이에 맞게 늘려 줍니다.

하면 된다!⟩

마스크로 자막 숨기기

01 기차가 지나가면 자막이 드러나도록 글자를 기차 뒤에 숨길게요. 자막의 오른쪽 끝과 기차의 끝이 일치하는 02;35 프레임으로 이동합니다.

02 자막 클립을 선택하고 효과 컨트롤 패널의 [비디오 → 불투명도] 아래 [4지점 다각형 마스크 만들기 ◼]를 클릭하면 프로그램 패널에서 자막이 사라지고 파란색 사각형이 생길 거예요. 이 사각형이 여러분이 앞으로 자주 활용할 마스크(mask)입니다. 🖱 [타원 마스크 만들기 ◯]를 선택하면 마스크가 타원형이 되고 [자유로운 그리기 베지어 ✒]를 선택하면 펜 도구처럼 원하는 대로 마스크 모양을 그릴 수 있어요.

03 사각형 마스크를 자막 쪽으로 옮기면 사라졌던 자막이 사각형 안에서만 보이는 걸 확인할 수 있어요.

마스크를 활용하면 지정한 영역만 보이게 할 수 있어요. 영상, 이미지, 자막을 원하는 모양으로 잘라 낼 때 자주 사용합니다.

04 사각형 마스크의 오른쪽 끝을 기차 오른쪽 끝에 맞추고 사각형 왼쪽 모서리를
드래그해 숨겨 둔 자막이 다 보이도록 길게 늘려 주세요.

05 이제 마스크 영역을 반전시키겠습니다. 효과
컨트롤에서 [불투명도 → 마스크(mask)(1) → 반전됨]
에 체크하면 자막이 사라지는 걸 볼 수 있는데요. 마스
크 영역이 반전되어 사각형 안의 글자는 보이지 않고
밖의 글자만 보이기 때문이죠.

사각형 마스크를 옮기면
자막이 다시 보여요.

하면 된다! ▷

자막이 나타나는
애니메이션 넣기

01 기차가 지나갈 때 마스크도 동시에 움직여서
숨겨 둔 자막이 드러나도록 해볼게요. 효과 컨트롤 패
널에서 [불투명도 → 마스크(mask)(1) → 마스크 패스]
왼쪽의 🕐를 클릭해 키프레임을 찍어 주세요.

02 기차가 다 지나가고 글자가 완전히 드러나는 03;27 프레임으로 인디케이터를 옮깁니다. 이때 마스크를 왼쪽으로 옮기고 기차 오른쪽 끝과 자막 왼쪽 끝을 맞춥니다.

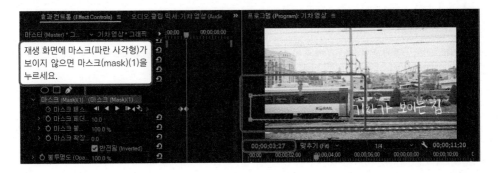

03 이제 처음부터 영상을 재생하면 기차가 지나가면서 뒤에 숨어 있던 글자가 나타나는 것을 볼 수 있어요.

📌 **예PD의 꿀팁** | 마스크 응용하기

마스크를 활용하면 기차, 사람, 장애물 등을 이용해서 여러 효과를 낼 수 있어요. 단, 기차처럼 일정한 속도로 움직이는 사물이 아니라면 키프레임을 세밀하게 찍어서 움직임을 조절해야 자연스럽게 효과가 나타납니다.

05-4

레트로 감성 충만,
타이핑 효과 인트로

준비 파일 5일차/2. 원본 영상/해질녘 영상.mp4, 5일차/4. 음악, 효과음/효과음/효과음-키보드.mp3
완성 파일 5일차/5. 완성본/4. 타이핑 인트로.mp4   글꼴 GyeonggiTitle

오늘
배울
기능

하나,

[문자 도구 T]와 키프레임
응용해 효과 만들기

· [문자 도구 T]

둘,

효과음으로 영상
분위기 더하기

· [소스 텍스트]

하면 된다!⟩

타이핑 효과 넣기

영상 보기

01 자음과 모음이 하나씩 등장하면서 오래된 타자기로 글을 쓰는 듯한 타이핑 효과를 넣어 보겠습니다. Ctrl + I 로 [해질녘 영상.mp4]를 불러옵니다. 불러온 영상을 아래 [새 항목 🔲]으로 끌어와 새 시퀀스를 만듭니다. 새 시퀀스 이름은 '4. 타이핑 인트로'라고 하겠습니다.

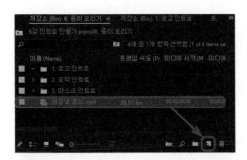

02 [문자 도구 T]를 선택하고 재생 화면에 텍스트 상자를 만든 다음 '한가한 주말 브이로그'를 입력합니다.

03

[선택 도구 ▶]로 자막을 화면 왼쪽 아래로 옮깁니다. 효과 컨트롤 패널에서 [텍스트] 항목 왼쪽 화살표를 눌러 세부 설정을 열고 글꼴을 [GyeonggiTitle Light]로 바꿔 주세요.

04

영상이 시작하자마자 한 글자씩 타이핑되도록 할게요. 00;00 프레임으로 인디케이터를 옮기고 효과 컨트롤 패널에서 [텍스트 → 소스 텍스트] 왼쪽의 ⏱ 를 눌러 키프레임을 만들어 두세요.

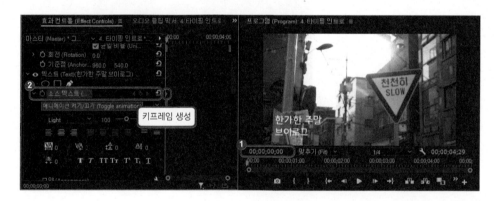

05

프로그램 패널에서 자막을 더블클릭해 글자를 모두 지운 다음 'ㅎ'만 입력하세요.

06 효과 컨트롤 패널을 클릭하고 →를 2번 눌러 2프레임 앞으로 이동한 다음 다시 프로그램 패널에서 자막을 더블클릭하세요. 이번엔 'ㅎ'를 지우고 '하'를 입력하세요.

💧 입력한 글자가 보이지 않을 땐 [선택 도구 ▶]로 바꾸고 다음 작업을 하면 글자가 보입니다.

07 다시 효과 컨트롤 패널을 클릭하고 →를 2번 눌러 2프레임 앞으로 이동한 다음 프로그램 패널에서 자막을 더블클릭하세요. 이번엔 '하'를 지우고 '한'을 입력하세요. 이 과정을 반복하면서 '한가한 주말 브이로그'라는 문장을 완성합니다. 총 21개의 키프레임이 찍혀야 해요.

08 영상을 처음부터 재생하면 타자기로 타이핑하는 것처럼 자음·모음이 하나씩
등장하는 것을 볼 수 있어요.

09 자막 클립을 영상 클립 길이에 맞게 정리해 주세요.

10 마지막으로 타이핑 효과에 맞춰 타자기 효과음이 나오면 좋겠네요. Ctrl +
I 로 [효과음-키보드.mp3] 파일을 불러와 A2 트랙으로 옮깁니다.

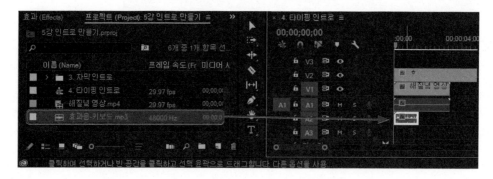

'롤'로 5분 만에 만드는
엔딩 크레딧

마스크와 도형, 키프레임 등 다양한 기능을 이용해 인트로 영상을 몇 가지 만들어 보았는데요. 이밖에 간단하게 인트로 또는 인서트 영상을 만들 수 있는 기능으로 [롤]이 있습니다. 롤을 이용하면 자막을 위아래 또는 양옆으로 흘러가도록 만들 수 있어요.

사용법은 간단합니다. 타임라인 패널에서 자막 클립을 선택하고 [기본 그래픽 → 반응형 디자인 → 롤]에 체크한 다음 원하는 대로 값을 조정하면 됩니다.

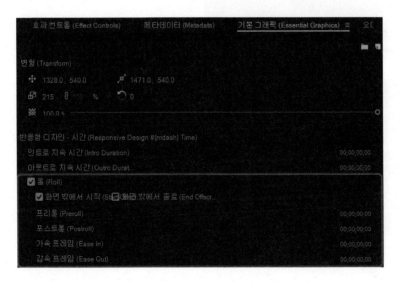

롤을 이용한 짧은 영상의 예로 엔딩 크레딧이 있죠. 이렇게 짧은 영상에 강한 인상을 남겨야 할 때 다양한 기능을 활용해 영상에 생동감을 주고 재미 요소를 더해 보세요.

💧 자막이 움직이는 속도는 클립 길이에 따라 달라집니다. 클립을 길게 하면 속도가 느려지고 짧게 하면 빨라집니다.

꿀렁꿀렁 움직이는
자막 인트로

준비 파일 5일차/2. 원본 영상/홈카페 영상.mp4   완성 파일 5일차/5. 완성본/5. 모션 효과 인트로.mp4
글꼴 Cafe24 Oneprettynight

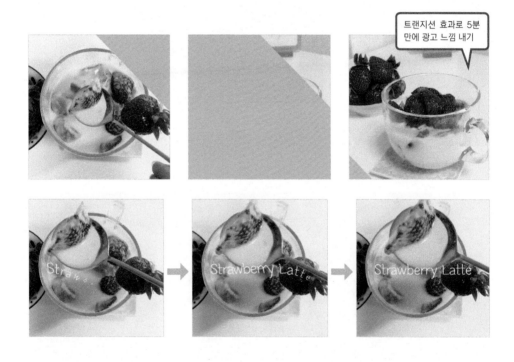

트랜지션 효과로 5분 만에 광고 느낌 내기

오늘 배울 기능	하나, Premiere Composer 패널 살펴보기	둘, Premiere Composer로 전환 효과 넣기	셋, Premiere Composer로 자막에 애니메이션 넣기
	· [Text Preset → Position & Rotate & Scale character…]	· [Transition → Diagonl Stripes 1-color]	

앞서 키프레임을 이용해 애니메이션 효과를 사용해 봤는데요. 이번엔 지금까지 만든 효과 중 가장 역동적으로 움직이는 자막을 만들어 보겠습니다. 바로 2일차 영상 편집 준비하기에서 받아 뒀던 플러그인, Premiere Composer를 활용해서요.

💧 Premiere Composer 플러그인 설치는 '02-3 써먹고 싶은 트랜지션 준비하기'를 참고하세요.

하면 된다!⟩

Premiere Composer 패널 열기

영상 보기

01 먼저 Premiere Composer 패널을 열겠습니다. 프리미어 프로 위쪽 메뉴에서 [창 → 확장명 → Premiere Composer]를 선택합니다.

02 패널이 뜨면 패널 위쪽을 끌어 원하는 위치로 옮겨 주세요. 저는 오른쪽에 길게 배치할게요.

Premiere Composer 패널 구성 살펴보기

Premiere Composer 패널은 폴더처럼 구성되어 있어요. [Browse]에서 최상위 폴더인 [Starter Pack] 왼쪽의 ▶를 누르면 아래 [Text Boxes, Text Presets, Transitions, Sounds]라는 4개의 하위 폴더가 있어요.

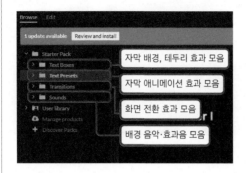

각각 자막 박스, 자막 프리셋, 화면 전환 효과, 효과음이 들어 있어요. 폴더로 들어 가면 각 효과를 미리 볼 수 있고 사용할 효과를 타임라인으로 끌어오면 손쉽게 적용할 수 있어요.

창이 좁아서 폴더 이름이 잘 보이지 않으면 Premiere Composer 패널 아래 보기 설정에서 [Tree View]를 선택하면 더 크게 볼 수 있습니다.

하면 된다!↓
화면 전환 효과 활용하기

01
Ctrl + I 로 [홈카페 영상.mp4] 파일을 불러온 다음 [새 항목 🔳]으로 끌어 새 시퀀스를 만들고 이름을 변경하세요. 시퀀스 이름은 '5. 모션 효과 인트로'로 하겠습니다.

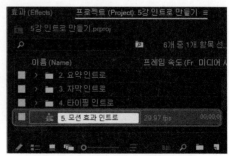

02 컷이 넘어 가는 02;06 ~ 02;07 프레임 사이에 화면 전환 효과를 사용해 자연스럽게 전환이 이루어지도록 할게요.

03 Premiere Composer 패널에서 [Browse → Starter Pack → Transitions → Diagonl Stripes 1-color]를 보면 4가지 전환 효과가 있습니다. 이 중에서 [Bottom-Left] 효과를 타임라인의 V2 트랙의 클립으로 끌어옵니다. 효과가 02;07 프레임에 있는 인디케이터와 일치하게 놔주세요. 전환 효과음을 포함해 A2 트랙까지 클립이 생성됩니다.

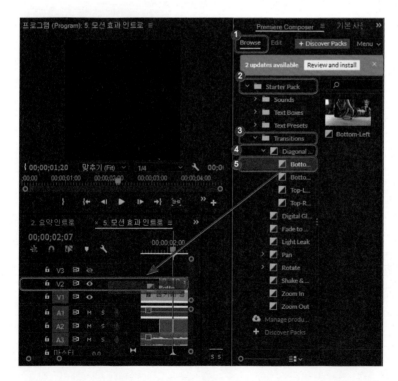

04 영상을 재생하면 효과 클립이 삽입된 부분에서 파란색 배경이 대각선 방향으로 화면을 지나가는 것을 볼 수 있어요.

05 배경색을 영상과 어울리는 색으로 바꾸겠습니다. V2 클립을 선택하면 Premiere Composer 패널에서 색상을 변경할 수 있게 창이 바뀝니다. 여기서 [Color 1] 오른쪽 박스를 클릭해 [색상 피커] 창을 열고 분홍색(FFC3DE)으로 색상을 지정해 주세요.

06 이제 처음부터 영상을 재생해 보세요. 분홍색 배경이 지나가면 자연스럽게 다음 컷이 나오면서 화면 전환이 됩니다.

01 이번에도 Premiere Composer의 효과를 이용해 자막이 물결치듯이 나타났다가 사라지는 애니메이션을 넣어 볼게요. Premiere Composer 패널에서 [Text Preset → Position & Rotate & Scale character...] 효과를 V2 트랙의 화면 전환 효과 바로 뒤로 끌어오세요.

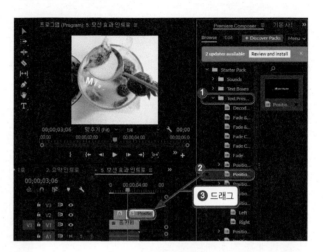

02 추가한 효과 클립을 선택하면 Premiere Composer 패널에 자막 수정, 글꼴, 크기 등을 설정할 수 있는 항목이 뜹니다. [Text]에 'Strawberry Latte'를 입력하세요.

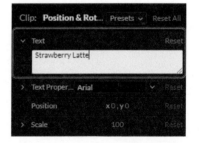

03 바로 아래 [Text Property]에서 글꼴을 변경할 수 있어요. 글꼴은 [Cafe24 Oneprettynight]로 하겠습니다.

04 마지막으로 영상이 끝나면 자막도 사라지도록 영상 길이에 맞게 자막 클립 길이를 줄입니다.

● Premiere Composer에는 이밖에도 다양한 화면 전환, 자막 애니메이션 효과가 있으니 이것저것 적용해 보고 사용하세요.

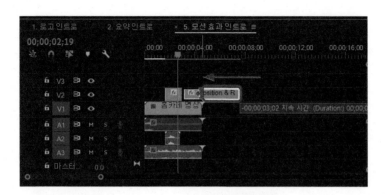

움직이는 종이 인형 인트로

준비 파일 5일차/2. 원본 영상/종이 오리기.mp4 완성 파일 5일차/5. 완성본/6. 종이 오리기 완성.mp4
글꼴 Gmarket Sans, SangSangFlowerRoad

어디에 활용해도 어울리는
아기자기한 종이 효과

오늘 배울 기능	하나,	둘,	셋,
	영상에서 이미지 추출하기	마스크로 이미지 오려 내기	색상 매트를 활용해 오려 낸 이미지 효과 넣기
	•[프레임 내보내기]	•[자유로운 그리기 베지어]	•[클립 속도/지속 시간] •[색상 매트]

하면 된다!♪

마스크로 이미지
오려 내기

01 이번 프로젝트에서는 영상에서 캡처한 2장의 이미지를 오려 내 종이 인형처럼 꾸며 볼 건데요. 움직임까지 넣어서 인트로 영상에 활용해 보겠습니다. Ctrl + I 로 [종이 오리기.mp4] 파일을 불러온 다음 [새 항목 🔳]으로 끌어와 새 시퀀스를 만듭니다. 시퀀스 이름을 '6. 종이 오리기'로 바꿔 주세요.

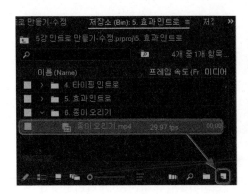 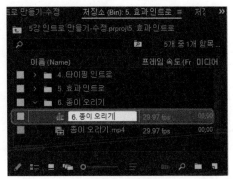

02 00;00 프레임에서 재생을 멈추고 [프레임 내보내기 📷]를 누릅니다. [프레임 내보내기] 창이 뜨면 파일 이름은 '오리기1'로 하고 형식은 JPEG로 합니다. 맨 아래 [프로젝트로 가져오기]에 체크하고 [확인]을 눌러 주세요.

03 마찬가지로 01;12 프레임에서 한 번 더 프레임을 내보내고 프로젝트로 가져옵니다. 파일 이름은 '오리기2', 형식은 JPEG로 내보내 주세요.

04 프로젝트 패널을 보면 [오리기1.jpg]와 [오리기2.jpg] 파일이 생성되었어요. 이제 영상 클립은 Delete 로 지우고 이미지 2장을 타임라인으로 끌어오세요.

05 이미지 파일에서 사람만 종이처럼 오려내겠습니다. 먼저 [오리기2] 클립을 선택하고 효과 컨트롤 패널에서 [불투명도 → 자유로운 그리기 베지어 ✏]를 선택합니다.

06 꼼꼼하게 오려 내도록 재생 화면을 크게 키울게요. 프로그램 패널을 선택하고 ⌁를 눌러 전체 화면으로 바꿔 주세요.

07 잘라 낼 대상의 테두리를 따라 클릭하면 파란색 점과 점이 직선으로 연결됩니다. 마무리로 첫 점과 마지막 점을 이으면 선택한 영역만큼 이미지를 잘라 낼 수 있습니다.

배경이 지워지지 않아요!

마지막 점과 첫 점을 이었는데도 배경이 사라지지 않는다면 마스크가 1개 이상 생성돼 있을 거예요. 실수로 [펜 도구 🖊] 상태로 프로그램 패널을 클릭하면 마스크가 1개 더 생기면서 이미 선택한 마스크도 적용되지 않는 문제가 생기죠. 이럴 땐 효과 컨트롤 패 널에서 마스크가 여러 개 있진 않은지 확인해 보세요. 여러 개라면 불필요한 마스크는 (Delete)를 눌러 지워 주세요.

불필요한 마스크는 (Delete)로 지워 주세요.

마스크(Mask(2))를 지우면 배경이 사라져요.

08 잘라 낸 이미지 테두리가 희미하게 번 진 것처럼 보이네요. 효과 컨트롤 패널에서 [마 스크(Mask)(1) → 마스크 페더] 값을 '10'에서 '0'으로 줄여 테두리를 선명하게 만듭니다.

마스크 페더 값이 높아 테두리가 흐릿할 때

마스크 페더 값이 높아 테두리가 선명할 때

09 [오리기1] 클립도 똑같이 [자유로운 그리기 베지어 ]를 사용해서 오려 냅니다.

하면 된다!

오려 낸 이미지에
테두리 넣기

01 오려 낸 이미지 테두리에 색을 넣어 종이를 오린 것 같은 효과를 내겠습니다. [프로젝트 → 새 항목 → 색상 매트]를 클릭합니다. [새 색상 매트] 창이 열리면 설정 그대로 [확인]을 누릅니다.

02 [색상 피커]에서 색상 매트 색은 흰색(FFFFFF)으로 설정하고 이름은 '흰색'으로 하겠습니다.

03 V1 트랙의 이미지 클립을 V2 트랙으로 옮기고 프로젝트 패널의 [흰색] 색상 매트를 V1 트랙으로 끌어옵니다.

04 [Alt]를 누른 채 [흰색] 매트를 오른쪽으로 옮겨 복사해 주세요.

05 오려 낸 이미지 마스크를 [흰색] 색상 매트에 붙여 넣겠습니다. [오리기2] 클립을 선택하고 효과 컨트롤 패널에서 [마스크(Mask)(1)] 항목을 클릭한 다음 Ctrl + C를 누르세요. 마스크만 복사됩니다.

06 [오리기2] 클립 아래 V1 트랙의 [흰색] 색상 매트 클립을 선택하고 효과 컨트롤 패널에서 [불투명도] 항목을 클릭한 다음 Ctrl + V로 복사한 [마스크(Mask)(1)]을 붙여 넣습니다.

07 [마스크 확장] 값을 '12'로 높이면 매트가 이미지 바깥으로 드러나면서 테두리처럼 보입니다.

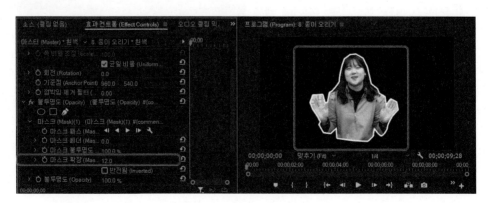

08 [오리기1]도 같은 방법으로 마스크를 복사해 [흰색] 색상 매트의 [불투명도] 항목에 붙여 넣고 테두리를 만들어 완성하세요.

하면 된다!〉

이미지에 모션 넣기

01 오려 낸 이미지 2개가 번갈아 등장하면서 움직이는 듯한 효과를 넣어 보겠습니다. V1, V2 트랙의 클립 4개를 모두 선택하고 Ctrl + R을 눌러 [클립 속도/지속 시간] 창을 엽니다.

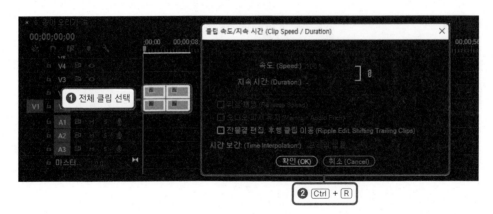

02 지속 시간은 15프레임으로 수정하고 [잔물결 편집, 후행 클립 이동]에 체크한 다음 [확인]을 눌러 주세요.

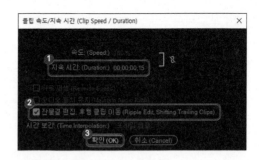

03

타임라인을 보면 4개의 클립이 각각 15프레임으로 짧아졌어요. 클립 4개를 모두 선택하고 Ctrl + C를 눌러 복사합니다.

04

↓를 2번 눌러 클립 맨 뒤로 인디케이터를 옮긴 다음 Ctrl + V로 복사한 4개의 클립을 붙여넣습니다.

💧 ↓ 클립 단위로 뒤로 이동, ↑ 클립 단위로 앞으로 이동

05

Ctrl + V를 5번 더 누르면 4개의 클립이 5번 붙여넣기 됩니다. 트랙마다 14개, 총 28개의 클립이 생성됩니다.

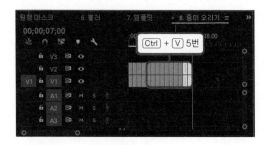

06

이 클립들을 하나로 묶겠습니다. `Ctrl` + `A`로 전체 클립을 선택하고 마우스 오른쪽을 클릭해 [중첩]을 눌러 주세요.

💧 [중첩]을 사용하면 여러 클립을 하나의 시퀀스 안에 넣을 수 있어요. 한 번에 여러 클립에 효과를 넣는 등 여러 클립을 좀 더 편하기 관리하기 위해 사용합니다.

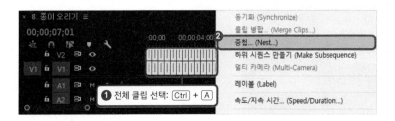

① 전체 클립 선택: `Ctrl` + `A`

07

중첩할 시퀀스 이름은 '종이 오리기 모션'으로 입력하고 [확인]을 클릭하면 타임라인의 모든 클립이 하나의 시퀀스로 묶인 것을 볼 수 있어요.

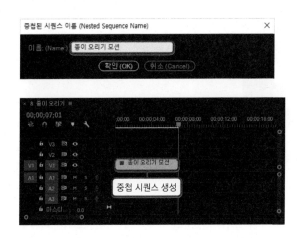

08

이제 밑에 배경 매트를 깔거나 자막을 더하는 등 자유롭게 꾸며 완성해 주세요.

예PD의 꿀팁 | **마스크 패스 살펴보기**

다채로운 영상 효과를 내는 데 빼놓을 수 없는 기능을 꼽자면 단연 '마스크'입니다. 마스크는 영상의 특정 부분에 효과를 적용하는 기능으로, 영상의 일부를 오려 낼 수도 있고 확대할 수도 있고 숨겼다가 드러나게 하는 등 다양하게 활용할 수 있죠. 마스크는 [효과 컨트롤 → 불투명도] 항목에서 만들 수 있어요.

❶ **타원 마스크 만들기**: 원형 마스크를 만들 수 있습니다.

❷ **4각형 다지점 마스크 만들기**: 4면 다각형 모양 마스크를 만들 수 있습니다.

❸ **자유로운 그리기 베지어**: 펜 도구처럼 점을 이어 원하는 모양으로 마스크를 만들 수 있습니다.

❹ **마스크 패스**: 일명 '마스크 추적' 기능, 마스크를 씌울 대상의 움직임을 자동으로 추적합니다.

❺ **마스크 페더**: 마스크 윤곽선의 선명도로, 최대 100에서 값이 클수록 윤곽선이 뚜렷해지고 값이 작을수록 윤곽선이 부드러워집니다.

❻ **마스크 불투명도**: 마스크의 불투명도로, 최대 100에서 값이 클수록 불투명해지고 값이 작을수록 마스크 아래에 깔린 영상 또는 이미지가 드러납니다.

❼ **마스크 확장**: 마스크 영역을 지정합니다. 값이 양수면 마스크 바깥쪽으로 영역이 확장되고 음수면 마스크 안쪽으로 영역이 축소됩니다.

프리미어 프로 능력자 인증 시험

·문제를 풀다가 막히면 힌트를 참고하세요. · 결과물은 자유롭게 변형해도 됩니다.

문제_ 마스크를 이용해 다음 이미지에서 인물을 곡선으로 오려 내세요.　난이도 ★★★

준비 파일 5일차/능력자 인증 시험/마스크 곡선 오려 내기.jpg

완성 파일 5일차/능력자 인증 시험/마스크 곡선 오려 내기 완성.prproj

 1. 처음부터 정교하게 선을 그리기 어렵다면 직
선만 사용해 대략 형태를 잡고 2차로 곡선을
만들어 디테일하게 테두리를 따 보세요.

2. [자유로운 그리기 베지어 　]로 마스크를 그
리고 Alt 를 누른 채 마스크의 꼭짓점을 당기
면 직선이 곡선으로 변합니다. 직선과 곡선
을 적절히 이용해 보세요.

3. **화면 확대 방법 ①** 프로그램 패널 클릭 + [~]
화면 확대 방법 ② 프로그램 패널 아래 [맞추
기]로 비율 조정

곡선: Alt + 드래그

278　프리미어 프로 활용 편

6일차

꼭 쓰는 프리미어 프로 효과 모음

지금까지 살펴본 컷 편집 효과, 화면 전환 효과, 자막 효과 외에도 프리미어 프로에는 정말 다양한 영상 효과가 있답니다. 이번 프로젝트에선 영상 편집을 하다 보면 꼭 한 번은 찾게 되는 필수 효과들을 총정리해 봤어요.

흔들린 영상
보정하기

준비 파일 6일차/2. 원본 영상/흔들리는 영상1.mp4, 흔들리는 영상2.mp4
완성 파일 6일차/5. 완성본/1. 흔들림 보정 완성.mp4

수전증이 있어도, 짐벌이 없어도 OK
잔 흔들림을 깔끔하게 잡는 효과를
활용해 봐요.

오늘 배울 기능	하나, 비디오 효과 적용하기	둘, [비틀기 안정기] 효과 활용하기	셋, [매끄러움] 값 조절하기
	·[효과] 패널	·[비틀기 안정기]	·[안정화]

1일차에서 '영상을 찍을 때는 최대한 흔들리지 않도록 주의해야 한다'라는 촬영 팁을 소개했는데요. 아무리 조심해서 찍어도 걷거나 움직일 때는 어쩔 수 없이 잔 흔들림이 들어가는 경우가 많아요. 이럴 때 편집으로 흔들림을 어느 정도 보정할 수 있답니다. 흔들림이 들어간 영상을 보정해 보고 보정 시 주의점도 살펴볼게요!

하면 된다!〉

비틀기 안정기 효과 넣기

영상 보기

01 새 프로젝트에서 시작하겠습니다. Ctrl + I 로 [흔들리는 영상1.mp4]와 [흔들리는 영상2.mp4]를 불러온 다음 타임라인으로 끌어와 새 시퀀스를 만듭니다. 시퀀스 이름은 '1. 흔들림 보정'으로 변경합니다.

02 불러온 영상을 재생해 보면 화면이 위아래로 약간 흔들리는 걸 느낄 수 있어요. [비틀기 안정기] 효과를 사용해 흔들림을 보정해 보겠습니다. 프로젝트 패널에서 [효과] 패널을 열고 검색창에 '비틀기'를 검색하면 [비디오 효과 → 왜곡 → 비틀기 안정기] 효과를 찾을 수 있어요.

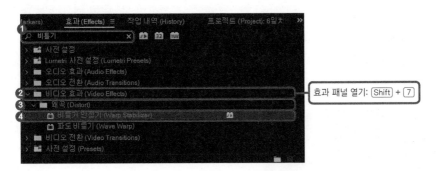

효과 패널 열기: Shift + 7

03 모든 클립에 효과를 적용하기 위해 타임라인의 클립을 모두 선택하고 [비틀기 안정기] 효과를 끌어오세요.

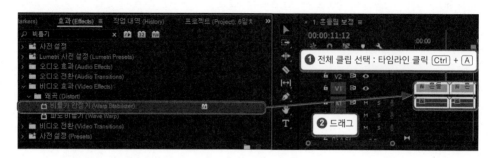

04 재생 화면에 '백그라운드에서 분석 중'이라는 안내가 뜬 다음 '안정화 중' 과정을 거칩니다. 다시 영상을 재생해 보면 영상이 훨씬 부드럽게 바뀐 걸 확인할 수 있어요.

05 효과를 적용한 클립을 선택하고 효과 컨트롤 패널의 [비틀기 안정기] 항목에서 효과의 정도를 조절할 수 있습니다. [매끄러움] 값을 '25%'로 줄이면 '50%'일 때보다 조금 더 흔들리는 걸 볼 수 있어요. '100%'로 하면 흔들림은 거의 느껴지지 않지만 영상이 확대되어 보이고 움직임이 부자연스러워질 수 있어요.

💧 흔들림이 크거나 화면이 아예 회전하는 경우에는 [비틀기 안정기] 효과가 오히려 영상을 더 왜곡시키기도 한답니다. 효과를 넣었는데 더 어색하게 느껴진다면 [매끄러움] 값을 낮추거나 효과를 쓰지 않는 게 좋아요.

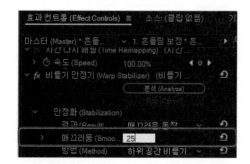

06-2

멀티 카메라로 촬영한
영상 편집하기

준비 파일 6일차/2. 원본 영상/인사(카메라1).mp4, 인사(카메라2).mp4
완성 파일 6일차/5. 완성본/2. 멀티 카메라 완성.mp4

> 카메라 여러 대를 한 번에!
> 방송사 프로그램 부럽지
> 않은 인터뷰 영상도 가능!

오늘 배울 기능	하나, 여러 영상 동기화하기	둘, 시퀀스 중첩하기	셋, 멀티 트랙 컷 편집하기
	·[동기화]	·[중첩]	·[멀티 카메라 보기 ▦]

영상을 보면 같은 시점에 출연자의 각도만 바뀌는 것을 자주 볼 수 있는데요. 카메라를 1대 이상 사용한다는 뜻이죠. 이렇게 촬영한 영상 여러 개를 편집할 때는 영상 전환이 어색해지지 않도록 시점을 맞추는 게 중요한데요. 이를 가리켜 싱크(sync)를 맞춘다고 합니다. 이번에는 바로 이 싱크를 오디오로 맞추고 컷을 바꿔 가며 여러 영상을 동시에 그리고 빠르게 편집하는 방법을 알아보겠습니다.

하면 된다! ⟩

오디오로
영상 싱크 맞추기

영상 보기

01
Ctrl + I 로 [인사(카메라1).mp4]와 [인사(카메라2).mp4]를 불러온 다음 [새 항목 🔳]으로 끌어와 새 시퀀스를 만듭니다. 시퀀스 이름은 '멀티 카메라'로 바꿔주세요.

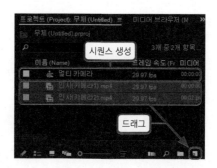

02
[인사(카메라2)] 클립을 V2, A2 트랙으로 옮기고 [인사(카메라1)] 클립을 감싸듯이 위아래로 겹쳐 주세요.

03

두 영상의 싱크를 맞추기 위해 오디오를 기준으로 자동 동기화를 하겠습니다. 클립 2개를 모두 선택하고 마우스 오른쪽을 눌러 [동기화]를 클릭합니다.

04

[클립 동기화] 창이 뜨면 [오디오] 항목을 선택하고 [확인]을 클릭합니다.

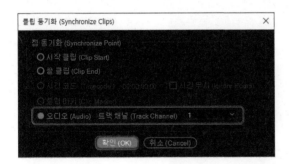

05

오디오를 기준으로 자동으로 싱크가 맞춰지면서 클립의 위치가 조금씩 바뀝니다. 삐져나간 불필요한 부분을 정리해 주세요.

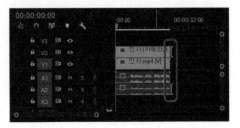

하면 된다! ♪

멀티 트랙 편집하기

01 싱크를 맞췄으니 동시에 영상 2개를 편집해 보겠습니다. 시퀀스를 중첩하고 멀티 카메라 컷 편집을 해볼 거예요. 전체 클립을 선택하고 마우스 오른쪽을 클릭해 [중첩]을 선택합니다.

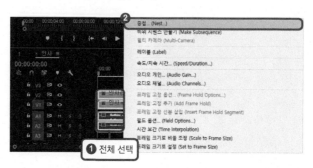

02 [중첩 시퀀스 이름] 창이 뜨면 바로 [확인]을 누르세요. 비디오 클립 2개가 하나가 되면서 초록색으로 바뀌면 중첩이 된 거예요.

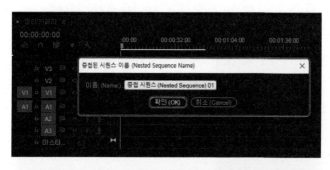

03 중첩 시퀀스를 마우스 오른쪽으로 클릭하고 [멀티 카메라 → 사용]을 선택합니다.

04 프로그램 패널 오른쪽 아래에서 [단추 편집기 ➕]를 클릭하고 [멀티 카메라 보기 ▦]를 아래로 끌어온 다음 [확인]을 눌러 주세요.

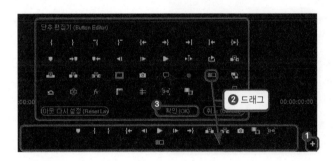

05 ▦을 클릭하면 재생 화면이 2군데로 나뉘는 걸 볼 수 있어요. 왼쪽에는 편집 중인 영상 전체를 동시에 볼 수 있고 오른쪽에는 현재 선택한 영상이 뜹니다.

06 이제 영상을 처음부터 재생하면서 컷 편집을 시작해 볼게요. 첫 번째 카메라를 쓰려면 ①, 두 번째 카메라를 쓰려면 ②를 누르세요. 카메라를 전환하면 오른쪽 화면 도 전환됩니다. 오른쪽 화면이 컷 편집하고 난 영 상이 됩니다. 즉, 카메라를 전환할 때마다 자동으 로 컷 편집이 되는 거죠.

💧 같은 방법으로 2대 이상 카메라도 동시에 편집 할 수 있어요.

07 마지막으로 2개나 있는 오디오도 정리할게요. A1 트랙의 인사(카메라1)은 무선 마이크로 깨끗하게 녹음된 반면 A2 트랙의 인사(카메라2)는 내장 마이크로 녹음되어 소리가 울려요. A2 트랙의 M를 눌러서 인사(카 메라2)의 오디오를 끕니다.

💧 A1 트랙과 A2 트랙의 M를 번갈아가면서 눌러 보면 두 오디오의 차이를 확인할 수 있어요.

| **[멀티 카메라] 기능 없이 멀티 카메라 편집하기**

[멀티 카메라] 기능을 사용하지 않고도 카메라 여러 대로 촬영한 영상을 편집하는 다른
방법이 있어요. 멀티 카메라 재생이 너무 느릴 때 이 방법을 쓰기도 하죠.

싱크를 맞추는 과정은 동일합니다. 클립을 쌓고 [동기화]를 이용해 오디오를 기준으로
싱크를 맞춥니다. 그런 다음 전체 클립을 선택하고 마우스 오른쪽을 클릭해 [연결 해
제]를 눌러 오디오와 비디오를 분리합니다.

이 상태에서 영상을 재생하다가 화면을 전환하고 싶을 때 여러 겹 쌓인 클립을 한번에
잘라냅니다. V1 트랙에 있는 화면을 보여 주고 싶을 땐 V2 트랙의 클립을 마우스 오른
쪽 클릭해 [사용]을 눌러 클립 사용을 해제합니다. 또는 Shift + E 를 눌러 보세요.

[사용]을 해제하면 해당 클립 색이 진하게 변하면서 재생되지 않아요.

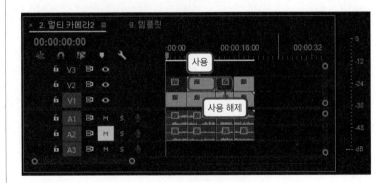

반대로 V2 트랙의 클립을 보여 주고 싶을 땐 V1 트랙을 가리고 있으니 그대로 두면 됩
니다.

06-3

빨리 감기·슬로 모션으로
속도 조절하기

준비 파일 6일차/2. 원본 영상/속도 조절1.mp4　완성 파일 6일차/5. 완성본/3. 속도 조절 완성.mp4

빨리 감기 · 슬로 모션으로
밋밋한 영상에 리듬감을
줄 수 있어요!

오늘 배울 기능	하나,	둘,	셋,
	[속도/지속 시간] 창으로 속도 조절하기	[속도 조정 도구 ▦]로 속도 조절하기	개별 트랙 편집하기
	・[속도/지속 시간]	・[속도 조정 도구 ▦]	

영상을 보면 특정 장면을 강조하기 위해 재생 속도가 느려지거나 긴 과정을 빨리 보여주기 위해 빨리 감기하는 장면들을 본 적이 있을 거예요. 또는 배경 음악에 맞춰 영상이 느려지거나 하고 빨라지면서 리듬감을 주기도 하죠. 이번 프로젝트에서는 바로 이 영상의 속도를 조절하는 방법을 살펴볼게요.

💧 슬로 모션 효과를 넣을 영상은 60p로 촬영해야 영상이 부드럽게 재생됩니다.

하면 된다!〉

클립 속도/지속 시간 조정하기

영상 보기

01

Ctrl + I 로 [속도 조절1.mp4]와 [속도 조절2.mp4]를 불러옵니다. 먼저 [속도 조절1.mp4]를 [새 항목 🔳]으로 끌어와 새 시퀀스를 만들고 시퀀스 이름은 '2. 속도 조절'로 바꿔 주세요.

02

출연자가 걷다가 뒤를 돌아보기 전까지 재생 속도를 높여 볼게요. [자르기 도구 ◀]를 선택하고 03;03 프레임으로 인디케이터를 옮긴 후 클립을 잘라 주세요.

💧 인디케이터 기준 클립 자르기 : Ctrl + K
💧 [자르기 도구 ◀]: C

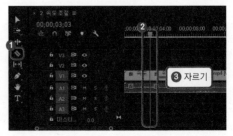

03 고개를 완전히 돌린 03;47 프레임에서 한 번 더 자릅니다.

04 첫 번째 클립에 마우스 오른쪽을 클릭하고 [속도/지속 시간]을 선택하세요.

💧 [속도/지속 시간] 창: Ctrl + R

05 [클립 속도/지속 시간 → 속도] 값으로 '400%'를 입력하면 영상이 4배속이 됩니다. 첫 번째 클립이 4배속이 되면서 길이도 1/4로 짧아졌어요.

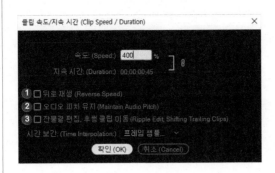

❶ [뒤로 재생]: 영상이 거꾸로 재생됩니다.
❷ [오디오 피치 유지]: 속도를 바꿔도 오디오 높낮이를 유지합니다.
❸ [잔물결 편집, 후행 클립 이동]: 속도가 바뀌면서 클립이 짧아지거나 늘어날 때 공백
없이 자동으로 조정합니다.

06 이제 출연자가 돌아보는 순간에는 반대로 슬로 모션 효과를 주겠습니다. 이번
엔 [클립 속도/지속 시간]이 아닌 다른 방법으로 속도를 바꿔 볼게요. [잔물결 편집 도구
⬌]를 꾹 눌러 [속도 조정 도구 ⬛]를 선택합니다.

07 줄어든 첫 번째 클립은 그대로 두고 두 번째 클립의 앞 부분에 커서를 두면 모양
이 바뀝니다. 이때 클립을 당겨 천천히 늘려 주세요. 클립이 늘어난 만큼 영상 속도도 느
려집니다. 원래 길이에서 2배 정도 늘려 2배 느리게 조절하겠습니다.

08 클립 사이 공백을 선택하고 Delete 로 지웁니다.

09 이제 처음부터 영상을 재생해 보면 출연자가 걷는 동안 재생 속도가 빨라졌다가 돌아보는 순간 천천히 재생되는 걸 확인할 수 있어요.

4배속

0.5배속

예PD의 꿀팁 | **[비틀기 안정기] 효과와 속도 조절**

'06-1 흔들린 영상 보정하기'에서 사용했던 [비틀기 안정기] 효과를 적용한 클립은 속도를 조절할 수 없어요. 또 영상의 프레임 설정(프레임 크기·속도)과 시퀀스의 프레임 설정이 다른 경우에도 [비틀기 안정기] 효과를 사용할 수 없어요.

이럴 때는 효과를 적용한 클립을 [중첩]해서 시퀀스 안으로 넣으면 중첩한 클립의 속도를 바꿀 수 있습니다.

01 영상의 재생 속도가 바뀌면 오디오의 높낮이도
바뀐답니다. 높낮이가 바뀌면 소리가 불편하게 들리니
영상의 소리를 끄고 배경 음악을 넣을게요. [Alt]를 누
른 채 드래그해서 A1 트랙 클립을 전체 선택합니다.

💧 [Alt]를 누르고 오디오 또는 비디오 클립을 선택하면 하나의 트랙 클립만 선택
할 수 있습니다.

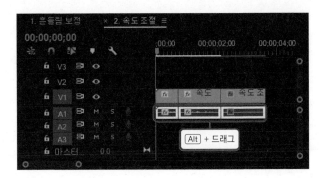

02 오디오 클립에 마우스 오른쪽을 클릭하고 [사용]을 눌러 해제해 주세요.

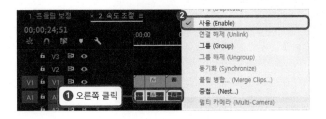

03 오디오 클립 색이 어둡게 바뀌면서 음소거가 됩니다.

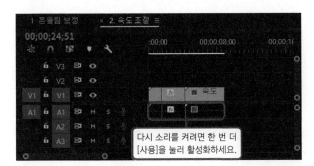

04 배경 음악을 불러오겠습니다. Ctrl + I 로 [Earth Bound - Slynk.mp3]를 불러온 다음 타임라인으로 끌어오세요.

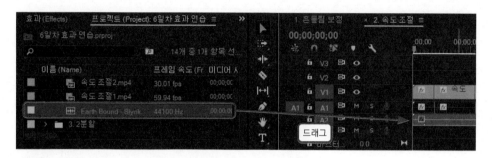

05 전체 음악을 들어 보면서 영상에 어울리는 부분만 잘라 사용할게요. 저는 01;38 프레임부터 음악이 시작하게 할 거예요. 배경 음악 클립을 자르고 앞부분은 지워서 뒷부분만 남깁니다.

🌢 클립을 한눈에 보려면 ─ 를 눌러 타임라인을 축소하세요.

06 잘라 낸 클립 뒷부분을 맨 앞으로 당기고 영상이 끝날 때 음악도 끝나도록 영상 클립 길이에 맞춰 배경 음악 클립의 뒷부분을 밀어 잘라 주세요.

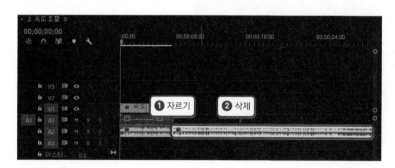

활용도 200% 프리미어 프로의 '비디오 효과'

1. **색상 키(Color Key)**: 영상의 특정 색상을 지울 수 있습니다. 배경색을 지울 때 자주
   사용합니다.

2. **가로로 뒤집기(Horizontal Flip)**: 화면이 가로로 좌우 반전됩니다. 인물의 좌우를
   바꿀 때 사용합니다.

3. **시간 포스터화**: 영상의 프레임 수를 조절할 수 있습니다. 30fps로 찍은 영상의 프레
   임 수를 줄여 애니메이션이나 스톱모션 같은 느낌을 줄 수 있어요.

이 외에도 [비디오 효과]에는 색상 교정, 변형 등 영상을 꾸밀 수 있는 다양한 효과가
있으니 하나씩 적용해 보면서 자세히 살펴보세요.

프리미어 프로 능력자 인증 시험

· 문제를 풀다가 막히면 힌트를 참고하세요. · 결과물은 자유롭게 변형해도 됩니다.

문제_ 다음 영상을 2컷으로 나누고 속도를 변경해 보세요. 난이도 ★★☆

준비 파일 6일차/능력자 인증 시험/속도 조절2.mp4, 6일차/4. 음악, 효과음/노래/Earth Bound - Slynk.mp3

완성 파일 6일차/능력자 인증 시험/속도 조절 완성.mp4

 1. 카메라가 움직임을 멈추는 순간을 기준으로 컷을 나눠 보세요.

2. 카메라가 인물에게 다가가는 앞부분은 빠르게, 카메라가 멈추는 뒷부분은 원래 속도 혹은 더 느리게 조정하세요.

3. [속도/지속 시간] 창과 [속도 조정 도구]를 활용하세요.

06-4

2분할
화면 만들기

준비 파일 6일차/2. 원본 영상/식단1.mp4, 식단2.mp4   완성 파일 6일차/5. 완성본/4. 2분할 완성.mp4
글꼴 S-Core Dream

비교 영상에 딱!
손쉽게 2분할에 분할 모션까지

오늘 배울 기능	하나,	둘,	셋,
	화면 2분할하기	분할 모션 넣기	가속 프레임 사용하기
	·[자르기]	·[위/아래]	·[가속 프레임]

운동 전후를 비교하거나 같은 장소의 낮과 밤을 비교하는 등 2개 이상의 영상을 동시에 보여 줄 때 가장 많이 쓰는 효과가 바로 화면 2분할입니다. 이번 프로젝트에서는 식단 비교 영상을 통해 2분할 연습을 해볼게요.

하면 된다!♪

[자르기] 효과를 이용한 2분할

영상 보기

01 Ctrl + I 로 [식단1.mp4, 식단2.mp4]를 불러온 다음 [새 항목 📑]으로 끌어와 새 시퀀스를 만듭니다. 시퀀스 이름은 '3. 2분할'로 입력해 주세요.

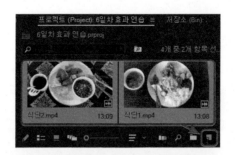

02 멀티 트랙을 편집할 때와 마찬가지로 2개 이상의 영상을 동시에 보여 주려면 클립 2개를 위아래로 겹쳐야 해요. [식단2]는 V1, A1 트랙으로, [식단1]은 V2, A2 트랙으로 겹쳐 주세요.

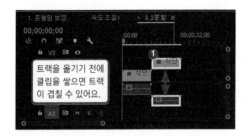

03 재생 화면에는 [식단1]만 보이지만 그 아래에 [식단2]가 깔려 있어요.

04 [식단1] 화면을 반 잘라서 나머지 절반은 아래에 있는 [식단2]가 보이게 할게 요. 효과 패널에서 '자르기'를 검색해 [비디오 효과 → 변형 → 자르기(Crop)] 효과를 [식단1] 클립으로 끌어옵니다.

05 효과를 적용한 [식단1] 클립을 선택 하고 [효과 컨트롤 → 자르기]를 보면 [왼쪽, 위, 오른쪽, 아래] 등 방향을 나타내는 항목을 볼 수 있는데요. 여러 방향으로 원하는 만큼 영상을 잘라낼 수 있어요. [위] 값에 '50%'를 입력하세요.

06 [식단1]의 위쪽 절반이 잘리고 아래에 있던 [식단 2] 아래쪽이 드러나면서 두 영상이 겹쳐 보입니다.

하면 된다!♪

분할 모션 넣기

01 이번엔 [식단1]이 전체 화면으로 재생되다가 점점 분할되면서 [식단2]가 드러나 두 영상이 위아래에 반씩 보이도록 해볼게요. 시작하기 전 효과 컨트롤 패널의 [자르기] 효과 값을 '0'으로 만들고 시작하세요.

02 인디케이터를 00;00 프레임에 두고 효과 컨트롤 패널에서 [자르기 → 위] 왼쪽의 ⏱를 누릅니다. 00;00 프레임에 키프레임이 생성됩니다.

03 인디케이터를 00;20 프레임으로 옮기고 [위] 값을 '50%'로 바꿉니다. 00;20 프레임에 키프레임이 하나 더 생성되는 걸 볼 수 있어요.

04 이제 영상을 재생해 보면 00;00~00;20 프레임 사이에서 화면이 점점 분할되는 걸 볼 수 있어요. 움직임이 더 자연스럽도록 가속도를 주겠습니다. 효과 컨트롤 패널의 타임라인에 찍어 둔 키프레임 2개를 모두 선택합니다.

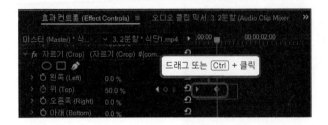

05 키프레임에서 마우스 오른쪽을 클릭해 [가속 프레임]을 선택합니다. 키프레임 모양이 바뀌면 가속이 적용된 거예요.

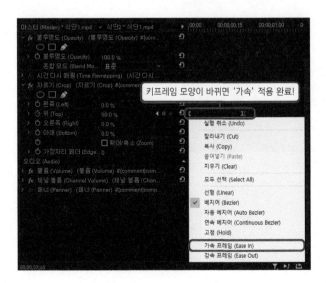

06 움직임에 가속도가 붙으면서 분할이 한층 더 자연스러워집니다.

4분할
화면 만들기

준비 파일 6일차/2. 원본 영상/바다1.mp4, 바다2.mp4, 바다3.mp4, 바다4.mp4
완성 파일 6일차/5. 완성본/5. 4분할 완성

CCTV 연출, 다중 인터뷰,
인트로 등 다양하게 응용
할 수 있어요!

오늘 배울 기능	하나, 영상 비율 조절하기	둘, 설정값 복사·붙여넣기	셋, 트랙 확대·축소하기

· [프로그램 모니터에서 스냅 ⊙⊕]

이전 프로젝트에서 한 화면에 영상 2개를 동시에 보여 주는 2분할 화면을 만들어 봤는데요. 그렇다면 한 화면에 영상 4개를 동시에 보여 주려면 어떻게 해야 할까요? 2분할은 화면을 반으로 잘랐다면 4분할은 영상의 크기를 줄여서 영상 4개가 동시에 보이도록 해볼게요.

하면 된다!⟩

4분할 화면 만들기

영상 보기

01 Ctrl + I 로 [바다1.mp4~바다4.mp4]까지 영상 4개를 불러온 다음 [새 항목 🔳]으로 끌어와 새 시퀀스를 만듭니다. 시퀀스 이름은 '4. 4분할'로 바꿔 주세요.

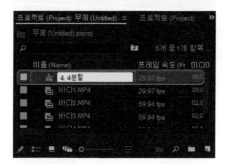

02 4개의 영상 클립을 세로로 쭉 쌓아 주세요. 클립을 쌓기 전 트랙을 옮기면 클립끼리 겹칠 수 있으니 반드시 트랙을 옮긴 후 클립을 쌓아 주세요.

트랙이 모자라요!

여러 영상을 편집하면서 클립을 쌓다 보면 트랙이 모자랄 때가 있습니다. 이럴 땐 간단하게 트랙을 추가하는 2가지 방법이 있습니다. 첫 번째는 비어 있는 곳으로 클립을 끌어오는 거예요.

두 번째 방법은 추가하려는 트랙이 비디오 트랙이라면 V 트랙, 오디오 트랙이라면 A 트랙 위에서 마우스 오른쪽을 클릭해 [트랙 하나 추가] 또는 [여러 트랙 추가]를 선택하는 거예요.

 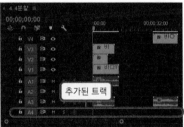

03 4개의 영상이 동시에 시작하고 동시에 끝나도록 재생 길이를 맞추겠습니다. [선택 도구 ▶]를 선택하고 가장 짧은 클립에 맞춰 나머지 클립의 오른쪽 끝을 잡고 드래그해 길이를 맞춰 주세요.

04 이제 한 화면에 영상 4개가 모두 나오도록 각 영상의 크기를 줄일게요. V4 트랙에 있는 클립을 선택하고 효과 컨트롤의 [비율 조정] 값을 '100'에서 '50'으로 바꿉니다. 맨 위에 있는 영상 크기가 반으로 줄어든 것을 볼 수 있습니다.

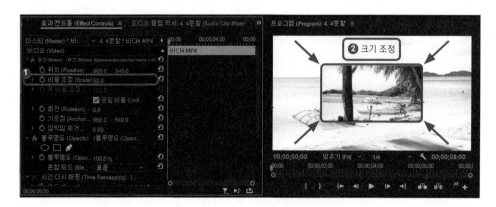

05 나머지 클립 3개의 크기도 50%로 줄이겠습니다. 일일이 [비율 조정] 값을 바꿔도 되지만 조정해 둔 값을 복사해 다른 클립에 한번에 붙여 넣을 수도 있어요. 먼저 크기를 조정한 영상 클립을 선택합니다. 효과 컨트롤 패널의 [모션]을 클릭하고 Ctrl + C로 설정을 복사합니다.

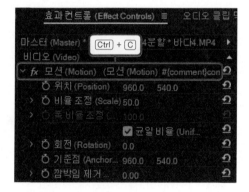

06 나머지 클립 3개를 모두 선택하고 Ctrl + V를 눌러 복사한 값을 붙여 넣습니다. 프로그램 패널을 보면 영상 4개가 모두 50% 크기로 줄어든 채 겹쳐진 것을 볼 수 있어요.

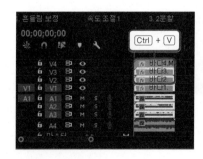

07

이제 영상 4개가 재생 화면에 모두 보이도록 위치를 옮기겠습니다. 프로그램 패널에서 영상을 더블클릭하고 하나씩 옮겨 줍니다. 영상이 화면 모서리와 가까워지면 빨간색 안내선이 뜨면서 영상 가장자리로 정확히 이동됩니다.

💧 빨간색 안내선이 뜨지 않는다면 프로그램 패널 아래 [프로그램 모니터에서 스냅 🔳]을 눌러 활성화해 주세요.

💧 [프로그램 모니터에서 스냅 🔳]은 '03-7 영상의 필수 요소, 자막 넣기'를 참고하세요.

08

마지막으로 오디오 트랙 중 가장 선명하고 깔끔한 트랙 하나만 남겨 두고 나머지는 음소거할게요. Alt 를 누른 채 사용하지 않을 오디오 트랙을 선택하고 마우스 오른쪽을 클릭해 [사용]을 해제해 주세요.

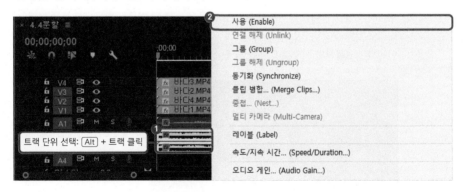

| 타임라인 한눈에 보기

타임라인이 복잡해져서 한눈에 보기가 어렵다면 오른쪽 또는 아래쪽 스크롤 바의 동그란 부분을 드래그해 타임라인 너비와 길이를 조절할 수 있어요.

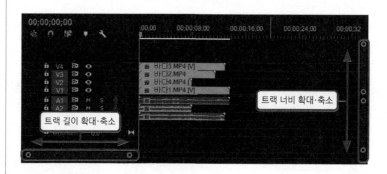

또는 키를 사용해 트랙 높이를 조절할 수도 있습니다. Ctrl + +를 누르면 비디오 트랙 높이가 넓어지고 Ctrl + -를 누르면 반대로 높이가 좁아집니다. 비디오 트랙과 오디오 트랙을 동시에 확대하거나 축소하려면 Shift + +/Shift + -를 누르세요.

위아래에 쌓인 트랙이 보이지 않을 때는 Ctrl을 누른 채 마우스 휠을 스크롤해 보세요. 비디오 트랙과 오디오 트랙의 위아래로 이동할 수 있어요. Ctrl을 누르지 않고 타임라인에서 스크롤하면 좌우로 이동할 수 있습니다.

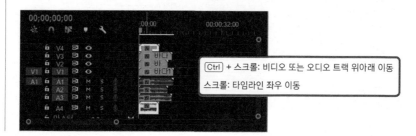

영상 속의 영상,
이중 화면 만들기

준비 파일 6일차/2. 원본 영상/원형 마스크1.mp4, 원형 마스크2.mp4   완성 파일 6일차/5. 완성본/6. 원형 마스크 완성.mp4

리뷰, 리액션 영상에서 많이
보던 '이거' 만들 거예요.

오늘 배울 기능	하나, [타원 마스크 만들기 ◉] 활용하기	둘, 이중 화면 구성하기	셋, 마스크 크기 조정하기
	• [타원 마스크 만들기 ◉]	• [비율 조정]	• [위치]

TV 프로그램이나 유튜브 영상을 보면 메인 영상이 크게 나오고 화면 한 켠에 출연자의 얼굴이 나와 실시간 반응을 볼 수 있도록 배치하는 경우가 있어요. 2분할, 4분할과는 또 다른 방법으로 2개 이상의 영상을 보여 주는 방식이죠. 이번 프로젝트에서는 마스크를 활용해 영상을 원형으로 자른 다음 다른 영상 위에 얹어 동시에 2개의 영상을 재생해 볼게요.

하면 된다!〉

마스크로 원형
영상 만들기

영상 보기

01 Ctrl + I 로 [원형 마스크1.mp4]와 [원형 마스크2.mp4]를 불러온 다음 [새 항목 📭]으로 끌어와 새 시퀀스를 만듭니다. 시퀀스 이름은 '5. 원형 마스크'로 바꿔 주세요.

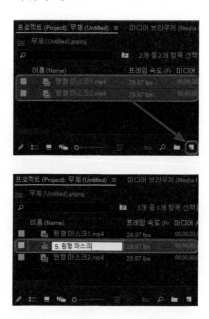

02 [원형 마스크1] 클립이 V2, A2 트랙에 오고 [원형 마스크2] 클립이 V1, A1 트랙에 오도록 쌓아 주세요.

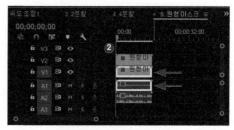

03 V2 트랙의 클립을 선택하고 효과 컨트롤 패널의 [불투명도 → 타원 마스크 만들기 ]를 클릭하면 프로그램 패널에서 [원형 마스크1]이 원 모양으로 잘리는 걸 볼 수 있어요.

04 원형 마스크를 얼굴이 보이는 위치로 옮기고 테두리의 점을 드래그해 정원에 가깝게 만들어 볼게요.

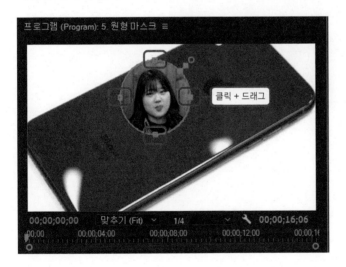

05 리뷰하는 제품이 잘 보이도록 잘라 낸 영상의 크기도 줄이고 위치도 옮겨야겠죠? 효과 컨트롤 패널에서 [위치] 값을 조정해 원형 마스크를 화면 오른쪽 아래로 옮기고 [비율 조정] 값은 '80'으로 줄여 주세요.

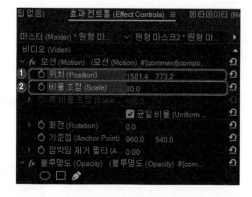

06 이제 영상을 재생해 보면 마스크로 자른 영상과 제품 소개 영상이 동시에 재생되는 것을 볼 수 있습니다.

부분 흐림 효과 넣기

준비 파일 6일차/2. 원본 영상/블러 연습1.mp4   완성 파일 6일차/5. 완성본/7. 블러 완성.mp4

오늘 배울 기능	하나, 가우시안 흐림 효과 적용하기	둘, 마스크와 가우시안 흐림 효과 활용하기	셋, 추적 기능 사용하기
	• [가우시안 흐림]	• [타원 마스크 만들기 ⬤]	• [선택한 마스크 앞으로 추적 ▶]

촬영을 하다 보면 출연자가 아닌 행인 얼굴이 선명하게 찍히거나 전화번호, 주소 같은 개인 정보가 노출되는 경우가 있어요. 그럴 땐 원하는 부분만 흐리게 블러(Blur) 효과를 사용해서 희미하게 가릴 수 있어요. 이번 프로젝트에서는 영상 일부를 블러 처리하고 또 카메라나 대상이 이동하더라도 블러가 따라다니도록 해볼게요.

하면 된다!〉

블러 효과 넣기

영상 보기

01 Ctrl + I 로 [블러 연습1.mp4]를 불러온 다음 [새 항목 🔳]으로 끌어와 새 시퀀스를 만듭니다. 시퀀스 이름은 '6. 블러'로 바꿔 주세요.

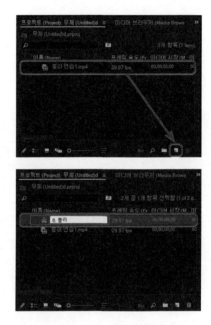

02 [프로젝트 → 효과]에서 '가우시안 흐림'을 검색해 [비디오 효과 → 흐림/선명 → 가우시안 흐림]을 클립으로 끌어옵니다.

$\underline{03}$ 효과 컨트롤 패널에서 [가우시안 흐림 → 흐림] 값을 '33'으로 높여 주세요. 값이 높아질수록 화면 전체가 더 흐려집니다.

$\underline{04}$ 블러 효과가 화면 전체가 아닌 사람 얼굴에만 적용되도록 마스크를 활용해 볼게요. [가우시안 흐림] 항목 아래 [타원 마스크 만들기 ◉]를 누르면 프로그램 패널에 블러 효과가 적용된 원형 마스크가 생성됩니다.

05 프로그램 패널에서 마스크를 움직여 가릴 부분 위로 옮겨 주세요. 상하좌우 꼭
짓점을 끌어 크기도 맞춰 주세요.

여기를 당겨 마스크 테두리의 흐림
정도를 조절할 수 있습니다.

하면 된다!

이동하는 블러
만들기

01 영상을 처음부터 재생하면 블러 효과를 넣은
마스크는 그 자리에 있고 출연자가 움직이면서 블러 영
역 밖으로 빠져나갑니다. 마스크가 대상을 따라다니도
록 모션을 넣어 볼게요. 원형 마스크로 얼굴을 잘 가려
둔 00;00 프레임으로 인디케이터를 옮깁니다.

02 효과 컨트롤 패널에서 [가우시안 흐림 → 마스크
(Mask)(1)- 마스크 패스] 왼쪽의 🔲를 누릅니다. 오른
쪽 타임라인에 키프레임이 하나 찍힌 걸 볼 수 있어요.

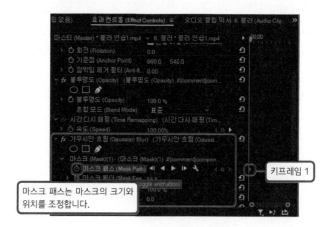

키프레임 1

마스크 패스는 마스크의 크기와
위치를 조정합니다.

03

01;00 프레임으로 인디케이터를 옮깁니다. 마스크가 다시 얼굴을 가리도록 위치를 옮겨주세요.

💧 마스크의 파란 테두리가 보이지 않으면 위치를 옮기거나 크기를 바꿀 수 없는 상태예요. 이럴 땐 효과 컨트롤 패널에서 [마스크(Mask)(1)]을 클릭하세요.

04

다시 02;00 프레임으로 인디케이터를 옮기고 마스크도 얼굴 위로 옮깁니다.

05 같은 방법으로 사람이 마스크를 벗어날 때마다 마스크의 위치를 옮겨 움직임을 만듭니다. 마스크를 옮길 때마다 효과 컨트롤 패널의 타임라인에 키프레임이 찍히는 걸 볼 수 있어요.

06 이제 영상을 처음부터 재생하면 사람이 움직이는 대로 마스크가 따라다니는 걸 볼 수 있어요.

자동으로 이동하는 블러, 추적 기능

영상에 블러 효과가 필요한 시간이 짧다면 움직이는 블러를 금세 만들 수 있지만 오랫동안 블러 처리가 필요하거나 세세한 움직임이 필요할 땐 일일이 키프레임을 찍는 게 힘들 수 있어요. 이럴 때 [선택한 마스크 앞으로 추적 ▶] 기능을 활용하면 마스크가 자동으로 지정한 대상을 따라다니게 할 수 있답니다.

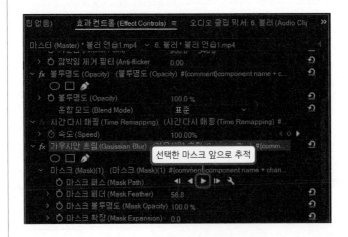

추적 기능을 실행하면 자동으로 키프레임이 생성됩니다. 단, 이 기능은 프로그램이 자동으로 인식하고 마스크를 옮기는 것이므로 일일이 키프레임을 찍는 것만큼 정확하진 않아요. 마스크 경로를 대략 만들어 두고 세세하게 조정할 때 유용하게 사용할 수 있어요.

특정 장면 확대·강조하기

준비 파일 6일차/2. 원본 영상/고양이 영상.mp4   완성 파일 6일차/5. 완성본/8. 특정 장면 확대.mp4   글꼴 Jalnan

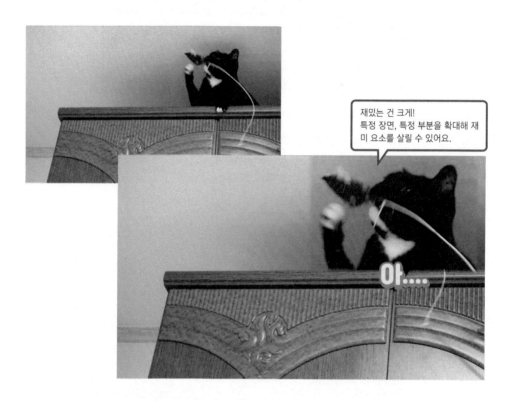

재밌는 건 크게!
특정 장면, 특정 부분을 확대해 재미 요소를 살릴 수 있어요.

오늘 배울 기능	하나, 일시 정지 효과 넣기	둘, 마스크를 이용해 특정 부분 확대하기
	·[프레임 고정 선분 삽입]	·[4지점 다각형 마스크 만들기 ■]

촬영한 영상이 처음부터 끝까지 재밌진 않더라도 분명 재미있는 순간이 있을 거예요. 그런 순간을 잡았다면 확실하게 강조해 주는 게 좋아요. 이때 주로 쓰는 방법이 바로 확대·정지입니다. 영상의 특정 장면, 특정 부분을 확대하고 자막을 넣어 재미를 더해 볼게요.

하면 된다!⟩

일시 정지로
특정 장면 강조하기

영상 보기

01
[Ctrl] + [I]로 [고양이 영상.mp4]를 불러온 [새 항목 ▣]으로 끌어와 새 시퀀스를 만듭니다. 시퀀스 이름은 '7. 고양이 예능 자막'으로 바꿔 주세요.

02
고양이가 장난감에 얼굴을 맞는 17;01 프레임으로 인디케이터를 옮깁니다. 여기서부터 2초 정도 화면을 정지할게요.

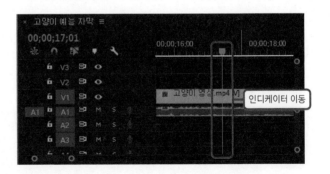

03 클립을 오른쪽 마우스로 클릭하고 [프레임 고정 선분 삽입]을 눌러 주세요.

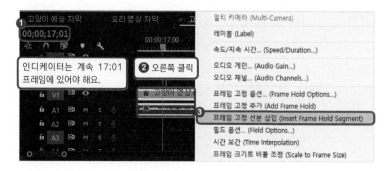

04 17;01 프레임을 기준으로 클립이 잘리고 그 사이에 2초 길이의 이미지 클립이 삽입되었어요. 영상을 재생해 보면 2초 동안 영상이 멈췄다가 이어서 재생되는 것처럼 보입니다.

05 2초가 길거나 짧게 느껴진다면 [잔물결 편집 도구 ⬌]로 바꾸고 이미지 클립을 줄이거나 늘려서 길이를 조절하세요.

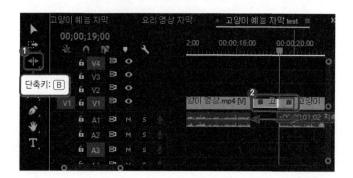

하면 된다!⟩

마스크로
특정 장면 강조하기

01 앞서 2초 정도 일시정지한 프레임에서 고양이 얼굴을 확대해 볼게요. [Alt]를 누른 채 두 번째 클립을 V2 트랙으로 끌어오세요. 똑같은 클립 2개가 위아래로 쌓입니다.

02 위아래로 쌓은 2개의 클립 중 V2 트랙의 클립을 선택하고 효과 컨트롤 패널의 [비디오 → 불투명도 → 4지점 다각형 마스크 만들기 ■]를 클릭하면 [마스크 (Mask)(1)]이 생성됩니다.

03 프로그램 패널의 파란색 사각형 마스크를 마우스로 끌어 강조하고 싶은 부분으로 옮깁니다. 꼭짓점을 끌어 크기도 조정해 주세요.

04 V1, V2 트랙이 겹쳐 있어서 사각형만 움직이는 것 같지만 V1 트랙을 지우거나 감춰 보면 사각형으로 잘린 V2 트랙의 마스크 영상을 볼 수 있습니다.

💧 트랙 지우기: 트랙 선택 + Delete
💧 클립 [사용] 끄기: Shift + E

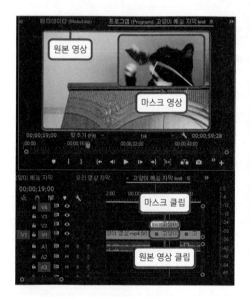
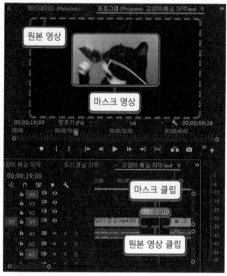

05 이제 선택한 부분을 확대할 거예요. 타임라인에서 마스크 클립을 선택하고 효과 컨트롤 패널에서 [비율 조정] 값을 '178'로 높이겠습니다. 프로그램 패널을 보면 마스크 영상이 확대된 걸 볼 수 있어요.

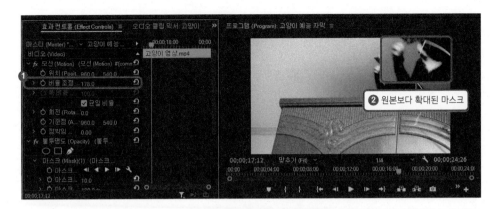

06 사각형으로 잘라 낸 영상을 원래 위치로 옮겨 확대된 효과를 낼게요. 효과 컨트롤 패널에서 [모션]을 클릭하고 프로그램 패널에서 직접 위치를 옮겨 주세요. 원래 위치에 둬야 확대된 게 눈에 띄고 효과적이에요.

07 영상을 재생해 보면 마스크를 씌운 부분이 확대된 걸 볼 수 있습니다. 적절한 자막을 넣어 재미 요소를 더해주는 것도 좋겠죠? 다양하게 응용해서 활용해 보세요.

06-9

영상의 느낌을 바꾸는 템플릿

준비 파일 6일차/2. 원본 영상/영화처럼.mp4, 6일차/3. 그래픽   완성 파일 6일차/5. 완성본/9. 템플릿 완성.mp4

클릭 한 번으로 영상에 감성을 더하는
무료 템플릿 15종 활용법 총정리!

오늘 배울 기능	하나,	둘,	셋,
	영상에 템플릿 입히기	템플릿 응용·수정하기	템플릿으로 손쉽게 원하는 효과 내기
	·[그래픽] 영역	·[모션 그래픽 템플릿 설치 📷]	·[불투명도 → 사각형 마스크 ■]

템플릿 15종 살펴보기

마치 카메라를 통해 화면을 보고 있는 것 같은 '촬영 중 화면'이나 가로로 길고 위아래가 비어 있는 '영화관 화면', 옛날 영상 같은 '레트로 화면' 효과는 어떻게 낼 수 있을까요? 이번 프로젝트에서는 이런 효과들을 쉽게 낼 수 있는 템플릿을 사용해 보겠습니다. 템플릿이란 프리미어 프로에서 자막 스타일, 이미지 파일, 도형 등으로 원하는 효과를 미리 디자인해 두고 파일 형태로 저장한 것을 뜻해요.

제가 여러분을 위해 브이로그, 여행 영상 등에 활용할 수 있는 15개의 영상 효과와 자막 템플릿을 만들어 두었는데요. 우선 어떤 템플릿이 있는지 완성된 모습을 보고 직접 활용해 보겠습니다.

🌰 예시 이미지와 같으려면 같은 글꼴이 설치되어 있어야 합니다. '2-2 무료 글꼴·음원 준비하기'를 참고해 글꼴을 설치하고 사용해 보세요.

1. 폴라로이드 사진

폴라로이드 필름으로 출력한 사진 느낌의 템플릿이에요. 사진 프레임 안에 영상이나 이미지를 넣어 활용할 수 있습니다.

2. 아이폰 동영상 촬영 중

아이폰 동영상 촬영 화면을 구현한 템플릿입니다. 지금 재생되는 영상을 촬영 중인 것처럼 표현할 수 있어요.

3. 인스타그램 프레임

영상이나 이미지 위에 얹으면 가운데만 선명하고 나머지 프레임은 불투명하게 보이는 템플릿입니다. 아이디와 장소를 직접 입력해서 활용하세요.

4. 꾸물거리는 프레임

펜 선이 꾸물거리는 것 같은 테두리로 아기자기한 느낌을 주는 템플릿입니다. 테두리 색은 기본 그래픽 패널에서 취향에 따라 바꿔 활용해 보세요.

5. 밑줄 별표

손으로 그린 듯한 밑줄과 별표를 표현한 포인트 자막 템플릿입니다. 손글씨 느낌의 글꼴과 활용해 보세요!

6. 크레파스 말풍선

크레파스로 그린 것처럼 아기자기한 말풍선이 꾸물거리는 템플릿이에요. 사람을 소개하거나 제목을 넣을 때 활용하면 포인트가 되겠죠?

7. 깔끔한 타이틀 템플릿

여행이나 브이로그 영상에서 깔끔하게 타이틀을 표현하고 싶을 때 활용할 만한 자막 템플릿입니다. 위치와 색을 원하는 대로 바꿔서 활용해 보세요.

8. 아이폰 메시지

아이폰의 문자 형식인 '아이메시지'를 표현한 자막 템플릿이에요. 원하는 위치로 옮겨서 사용해 보세요. 메시지가 나타날 때 아이폰 메시지 효과음을 같이 사용하면 더 좋겠죠?

9. 귀여운 포인트 자막

귀엽게 활용할 수 있는 예능 자막 템플릿이에요. 글자나 테두리 색은 취향대로 바꿔서 쓸 수 있어요. 두껍고 둥글둥글한 글꼴과 함께라면 더욱 잘 어울릴 거예요.

10. 손그림 화살표와 손글씨 자막

화살표로 대상을 가리키면서 설명할 때 쓰기 좋은 포인트 자막이에요. 대상의 위치에 따라 화살표 방향을 바꾸거나 밑줄 색을 바꿀 수도 있어요.

11. 위치 알림 자막

장소가 바뀔 때 위치를 알려 주는 깔끔한 자막입니다. 핀 아이콘으로 심심함은 덜어내고 포인트는 더했어요.

12. 찢어진 종이 포인트 자막 바

찢어진 종이에 간단한 설명 자막을 쓸 수 있는 템플릿이에요. 뷰티 영상이나 브이로그 등 다양한 상황에 활용할 수 있어요.

13. 찢어진 종이 자막 바

찢어진 종이에 글자를 얹은 템플릿으로, 기본 자막의 자막 바로 활용할 수 있어요.

14. 페인트칠 자막 바

페인트칠한 듯한 배경에 자막을 얹을 수 있는 템플릿이에요. 기본 자막의 자막 바로 사용해 보세요. 자막이 길어져도 흰색 배경이 자동으로 길어져요. 만약 자막 길이만큼 충분히 늘어나지 않는다면 배경을 선택하고 직접 길이를 늘릴 수 있어요.

15. 꾸물꾸물 움직이는 자막

자막이 꾸물꾸물 움직이는 템플릿이에요. 글꼴은 원하는 대로 바꿔서 활용할 수 있습니다.

하면 된다!♪

템플릿 써먹기
— 폴라로이드

영상 보기

01 이제 템플릿을 써먹어 봐야겠죠? 프리미어 프로에서 몇 가지 템플릿을 불러와 실제 영상에 활용해 보겠습니다. 앞서 살펴본 템플릿 중 폴라로이드 템플릿을 불러와 감성적 느낌을 더해 볼게요. 템플릿 활용 전 프리미어 프로 상단에서 영역을 [그래픽]으로 바꾸거나 기본 그래픽 패널에서 시작하겠습니다.

02 템플릿을 얹을 영상을 불러오겠습니다. Ctrl + I 로 [영화처럼.mp4] 파일을 불러온 다음 [새 항목 🔲]으로 끌어와 새 시퀀스를 만듭니다. 시퀀스 이름은 '8. 템플릿'으로 바꿔 주세요.

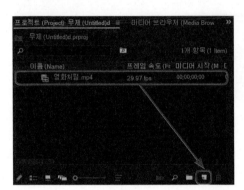

03 이제 템플릿을 불러올게요. 기본 그래픽 패널 오른쪽 아래 [모션 그래픽 템플릿 설치 🔲]를 눌러 [폴라로이드.mogrt]를 불러오세요.

💧 여러 효과를 동시에 불러올 수 없어요. 한 번에 하나씩 불러와야 합니다.

04

기본 그래픽 패널의 [찾아보기 → 내 템플릿]에서 불러온 템플릿을 찾아 타임라인으로 끌어오세요. 이미지 클립이 추가되는 걸 볼 수 있어요.

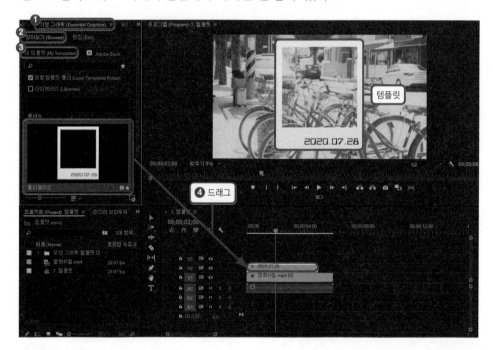

05

글자를 바꾸려면 프로그램 패널에서 텍스트 상자를 더블클릭하거나 기본 그래픽 패널에서 자막 항목을 클릭하고 프로그램 패널에서 텍스트 상자를 활성화해 수정하면 됩니다.

06 배경 없이 폴라로이드만 남겨 두고 싶다면 타임라인에서 [영화처럼] 클립을 선택하고 효과 컨트롤 패널에서 [불투명도 → 사각형 마스크 ■]를 선택합니다. 프로그램 패널에 생성된 사각형 마스크의 모서리를 조절해 폴라로이드 틀 안에 넣어 주세요.

하면 된다!⁀

템플릿 써먹기
— 레터 박스

01 단 2개의 이미지만으로 삽시간에 옛날 TV, 영화 느낌 물씬 나게끔 화면 비율을 바꿔 볼게요. 이전 프로젝트에서 불러온 템플릿 클립 [폴라로이드.mogrt]는 지우고 시작하겠습니다. Ctrl + I 로 [FHD 2.39. png]와 [FHD 4-3.png]를 불러옵니다.

💧 마스크로 영상을 잘라 냈다면 효과 컨트롤 패널에서 마스크 항목을 지우세요.

02 옛날 TV 느낌을 원한다면 프로젝트 패널에서 [FHD 4-3.png]를 타임라인으로 끌어오세요.

[FHD 4-3] 이미지를 활용한 4:3 비율(옛날 영상 비율)

03 영화 느낌을 원한다면 [FHD 2.39.png]를 타임라인으로 끌어오세요.

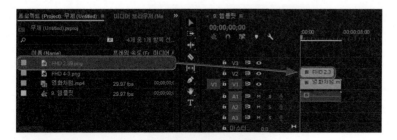

[FHD 2.39] 이미지를 활용한 2.39:1 비율(영화 비율)

04 불러온 템플릿이 영상에 적용되길 원하는 만큼 클립 길이를 조절해 주세요.

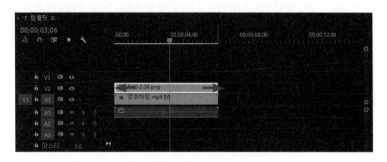

🖋 예PD의 꿀팁 │ **레터 박스 색을 바꾸고 싶어요!**

레터 박스가 꼭 검은색일 필요는 없죠. 다른 분위기를 내고 싶다면 레터 박스의 색상을
바꿀 수도 있어요. 레터 박스 색은 효과 패널의 [색조(Tint)] 효과로 바꿀 수 있어요.

[색조(Tint)] 효과를 레터 박스 클립에 끌어 오면 효과 컨트롤 패널에 [색조] 항목이 추
가됩니다. [검정으로 매핑]의 색상 박스를 클릭하고 원하는 색으로 변경하세요.

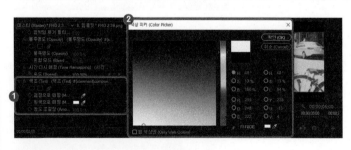

하면 된다! ﹥

템플릿 써먹기
— 옛날 필름 효과

01 이번엔 화면에 노이즈가 낀 것 같은 템플릿을 이용해 옛날 필름 영상 효과를 내보겠습니다. 이전 프로젝트에서 불러온 템플릿 [FHD 2.39.png]와 [FHD 4-3.png]는 지우고 시작하겠습니다.

[Ctrl] + [I]로 [오래된 필름.mp4]와 [FHD 레트로.png]를 불러옵니다. [오래된 필름.mp4]을 타임라인으로 끌어와 V2 트랙에 놓으면 지직거리는 이미지가 화면 전체를 덮는 걸 볼 수 있어요.

02 영상이 재생되는 동안 효과가 적용되도록 [오래된 필름] 클립과 영상 클립의 길이를 맞춰주세요.

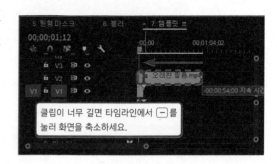

> 클립이 너무 길면 타임라인에서 [－]를 눌러 화면을 축소하세요.

03

[오래된 필름] 클립을 선택하고 효과 컨트롤 패널에서 [불투명도 → 혼합 모드]를 [표준]에서 [색상 닷지]로 바꿔 주세요.

💧 [혼합 모드]를 이용하면 여러 트랙이 자연스럽게 겹치는 효과를 낼 수 있어요.

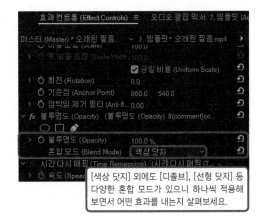

[색상 닷지] 외에도 [디졸브], [선형 닷지] 등 다양한 혼합 모드가 있으니 하나씩 적용해 보면서 어떤 효과를 내는지 살펴보세요.

04

효과 클립과 영상 클립이 혼합되면서 자연스럽게 영상에 노이즈 효과가 나타나는 걸 볼 수 있어요.

05

마지막으로 여기에 [FHD 레트로.png] 템플릿을 얹어 더 레트로한 느낌을 살리는 것도 좋아요.

7일차

편집의 마무리, 색 보정·섬네일

컷 편집을 하고, 자막도 입히고, 원하는 효과도 넣었다면 이제 마무리를 할 단계입니다. 바로 색 보정과 섬네일 제작이죠. 색 보정으로 영상의 느낌을 한층 살리고 영상 업로드에 필요한 섬네일까지 프리미어 프로로 끝내 볼게요!

색 보정 기초,
야외 풍경

준비 파일 7일차/2. 원본 영상/야외.mp4   완성 파일 7일차/5. 완성본/1. 야외 색 보정.mp4

오늘 배울 기능	하나, 색 보정 그래프 이해하기	둘, [Lumetri 색상/범위] 패널 기능 활용하기	셋, 영상 밝기, 화이트 밸런스, 채도 조정하기
	• [퍼레이드(RGB) / 　벡터 스코프 YUV/파형 (RGB)]	• [Lumetri 색상] • [Lumetri 범위]	

직접 촬영한 영상을 보정하는 과정은 필수! 영상이 너무 밝거나 어둡거나 또는 색 균형
이 맞지 않게 찍힌 것은 교정해 줘야 해요. 그런 다음에 색감 조정이나 채도, 대비를 뚜
렷하게 하는 등 원하는 느낌을 입히는 작업을 할 수 있답니다. 따라서 이번 프로젝트에
서는 색 보정의 첫 단계인 밝기와 색상 균형을 교정하는 법을 알아볼게요.

하면 된다!

Lumetri 색상/범위
패널 활용하기

영상 보기

01 새 프로젝트에서 시작하겠습니다. Ctrl + I
로 [야외.mp4]를 불러온 다음 하단 [새 항목 ▣]으로 끌
어와 새 시퀀스를 만듭니다. 시퀀스 이름은 '1. 야외 색
보정'으로 바꿔주세요.

02 색 보정을 위해 작업
영역을 바꿔 보겠습니다. 프
리미어 프로 위쪽 작업 영역
에서 [색상]을 선택하세요. 창
의 크기가 조금씩 바뀌고 오
른쪽에 Lumetri 색상 패널이
뜹니다.

📌 **예PD의 꿀팁** | Lumetri 색상 패널 뜯어 보기

Lumetri 색상 패널에서는 [기본 교정, 크리에이티브, 곡선, 색상 및 휠 일치, HSL 보조, 비네팅] 등 여러 방법으로 색상을 보정할 수 있어요. 각 항목을 클릭하면 세부 조정 항목을 볼 수 있어요.

❶ **기본 교정**: 화이트 밸런스, 밝기, 대비, 채도 등 색 보정에 필요한 기본 속성들은 여기서 한번에 조절할 수 있습니다.

❷ **크리에이티브**: 필터를 적용한 모습을 미리 볼 수 있습니다. 추가로 필터의 강도나 채도, 선명도를 조절할 수도 있어요.

❸ **곡선**: RGB 곡선 그래프를 움직여 색상별로 혹은 전체 빛의 밝기와 대비를 섬세하게 조절할 수 있어요.

❹ **색상 휠 및 일치**: 멀티 카메라로 촬영한 영상들의 색상을 맞출 수 있습니다. 미드톤, 어두운 영역, 밝은 영역의 밝기를 조절하는 기능도 있어요.

❺ **HSL 보조**: 주로 1차 색상 교정 후에 사용합니다. 전체 이미지가 아닌 피부색이나 하늘색 등 특정 색상을 정밀하게 조절할 수 있습니다.

❻ **비네팅**: 화면 가장자리를 어둡게 혹은 밝게 할 수 있습니다.

03 색 보정 작업을 하기 전에 영상이 밝은지 어두운지 화이트 밸런스는 맞는지 등을 수치로 확인해 보겠습니다. 효과 컨트롤 패널 오른쪽의 ⏩를 눌러 Lumetri 범위 패널로 바꿔주세요.

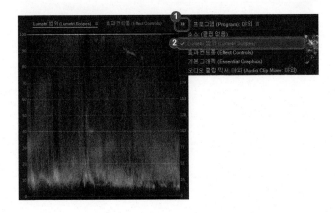

04 Lumetri 범위 그래프를 마우스 오른쪽으로 클릭해 [퍼레이드(RGB), 벡터 스코프 YUV, 파형(RGB)]을 순서대로 선택합니다. 그래프가 총 3개 뜨는데, 위에서 왼쪽부터 기본 그래프였던 [파형(RGB)], 오른쪽이 [벡터 스코프 YUV] 그리고 아래쪽이 [퍼레이드(RGB)]입니다.

하면 된다!}

밝기 조정하기

01 영상을 보면 너무 밝아서 하얗게 날아갔거나 너무 어두워서 디테일이 뭉개진 부분이 있습니다. 즉, 노출 값이 높았던 것 같네요. 빛의 양을 나타내는 [파형(RGB)] 그래프를 보면 0~100까지 희미한 하얀색이 꽉 차 있습니다.

02 Lumetri 색상 패널에서 [기본 교정 → 톤 → 노출] 값을 '-1'로 낮추고 [파형(RGB)] 그래프를 보면 최댓값이 '80' 가까이 내려온 걸 확인할 수 있어요.

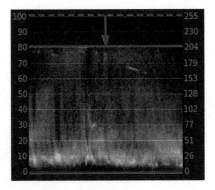

03 이번엔 어둡게 나온 부분을 밝게 해볼게요. [기본 교정 → 검정] 값을 '30'으로 높입니다. 마찬가지로 [파형(RGB)] 그래프의 최솟값이 높아진 걸 볼 수 있어요.

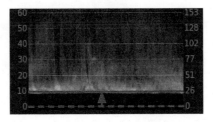

04 아직 담벼락이나 나무 그늘 쪽이 어두워 보이네요. Lumetri 색상 패널에서 [어두운 영역]의 값을 '55'로 높여 그늘진 부분의 밝기를 조절해 주세요. 영상 전체가 칙칙하게 느껴진다면 [밝은 영역] 값을 '40' 정도로 높여 밝은 부분을 화사하게 해 주세요.

밝기 보정 전

밝기 보정 후

하면 된다!

채도 조정하기

01 밝기 조정을 했더니 영상이 뿌옇고 흐릿한 느낌이 나네요. 채도를 높여 색상을 또렷하게 하겠습니다. Lumetri 색상 패널에서 [크리에이티브 → 생동감]의 값을 '50'으로 높입니다.

[생동감]은 [채도]보다 색상을 자연스럽게 살려 줍니다.

02 [채도] 값도 '105'로 높일게요. 채도를 높일 때는 [벡터 스코프 YUV] 그래프에서 흰색이 육각형을 벗어나지 않는 선에서 조절해야 합니다.

흰색이 육각형 바깥쪽으로 뻗을수록 채도가 높다는 뜻입니다.

03 마지막으로 Lumetri 색상 패널의 [색상 휠 및 일치]에서 원 왼쪽의 슬라이드 바를 옮겨서 밝기 값을 조절하겠습니다. Lumetri 범위 패널의 그래프를 보면서 값을 조절해 주세요. 먼저 [밝은 영역]은 값을 높여서 최댓값을 '80' 정도로 하고 [미드톤]은 2/3까지 높여 전체적으로 톤을 밝게 합니다. [어두운 영역]은 Lumetri 범위가 '20'에서 '10' 가까이 내려가도록 낮출게요.

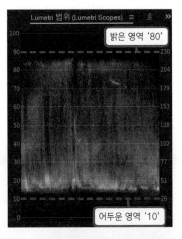

채도 조정 전

채도 조정 후

색 보정 연습,
실내 인물

준비 파일 7일차/2. 원본 영상/역광 인물.mp4   완성 파일 7일차/5. 완성본 2. 실내 색 보정.mp4

오늘 배울 기능	하나, 파형, 퍼레이드 그래프로 노출 값 파악하기 ·[기본 교정 → 톤]	둘, [곡선] 그래프 조정하기 ·[자유로운 그리기 베지 ✏]	셋, 일부만 밝기 조정하기 ·[컬러/회색] ·[HSL 보조 → 키, 교정]

실내에서 촬영한 영상은 야외에서 촬영한 영상과는 또 다릅니다. 특히 실내에서 촬영한 인물을 색 보정할 때는 피부색이 어색해지지 않도록 주의해야 하는데요. 어떻게 보정을 해야 하는지 직접 해 보면서 살펴볼게요.

하면 된다!〉

밝기 조정하기

영상 보기

01
[Ctrl] + [I]로 [역광 인물.mp4]를 불러온 다음 [새 항목 🖿]으로 끌어와 새 시퀀스를 만듭니다. 시퀀스 이름은 '2. 실내 색 보정'으로 바꿉니다.

02
영상을 재생해 보면 인물이 빛을 등지고 있어 얼굴은 어둡고 빛이 들어오는 쪽은 과하게 밝은 것을 볼 수 있어요. Lumetri 범위 패널의 그래프를 보면 밝기가 '100'을 웃돌고 있는데요. 노출이 과해 지나치게 밝다는 뜻입니다.

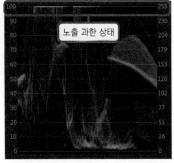

03
밝기 조정부터 시작할게요. Lumetri 색상 패널의 [기본 교정 → 톤]에서 [노출]
값은 '-1'로 낮추고 [어두운 영역]은 '60', [검정]은 '15'로 높여 주세요.

04
최대·최저 밝기를 맞췄으니 중간 밝기도 맞출게요. Lumetri 색상 패널의 [색상
휠 및 일치]에서 [미드톤] 값을 높여 주세요.

05 영상에서 어두운 부분이 뿌옇게 보인다면 [어두운 영역]은 살짝 낮추고 [밝은 영역]은 좀 더 높여주세요.

💧 [어두운 영역]의 밝기를 낮추면 어두운 부분이 더 또렷해 지고 [밝은 영역]의 밝기를 높이면 밝은 영역이 더 밝아져 전 체적으로 영상의 대비가 강해집니다.

06 색을 선명하게 살리도록 [크리에 이티브 → 생동감] 값을 '40'까지 높여 주 세요.

07 이제 과하던 빛은 줄어 들고 인물의 피부색도 어색하지 않은 것을 확인할 수 있어요.

밝기 조정 전

밝기 조정 후

📌 예PD의 꿀팁 | 자연스러운 피부 톤을 만드는 채도 팁

[벡터 스코프 YUV] 그래프를 제대로 파악하면 자연스러운 채도를 만들 수 있습니다. 특히 그림에서 점선으로 표시한 부분은 일명 스킨톤 라인(skintone line)으로, 흰색이 이 라인을 최대한 벗어나지 않아야 피부색이 자연스럽습니다.

하면 된다!♪
화이트 밸런스 조정하기

01 화이트 밸런스는 말 그대로 '흰색의 균형'을 뜻해요. 흰색이 노랗거나 파랗게 보이지 않고 깨끗한 흰색으로 보이도록 영상의 톤을 맞춰 주죠. 화이트 밸런스가 맞지 않으면 모니터에 따라서 특정 색감이 불편할 정도로 도드라져 보일 수 있어요.

원본 영상 [역광 인물.mp4]를 재생해 보면 실내 창을 통해 자연광이 환하게 들어오고 있어 살짝 붉게 보이는데요. 화이트 밸런스가 맞는지 영상의 흰색만 오려 내 그래프에서 확인해 보겠습니다.

02 방의 흰 벽 중에서도 가장 밝은 부분, 즉 정확하게 흰색으로 보여야 할 부분을 선택할게요. 효과 컨트롤 패널에서 [자유로운 그리기 베지어 🖋]를 선택하고 창문 아래 빛이 환하게 들어오는 벽 부분에 사각형을 그려 주세요.

03 첫 점과 마지막 점을 연결하면 흰색 벽만 남게 됩니다.

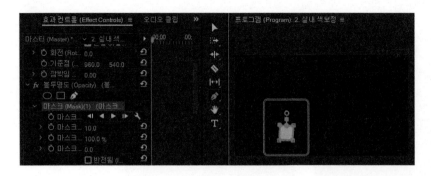

04 이제 Lumetri 범위에서 [파형(RGB)] 그래프나 [퍼레이드(RGB)] 그래프를 보면 파란색, 초록색보다 빨간색이 더 높게 올라간 것을 볼 수 있는데요. 빨간색을 살짝 낮춰서 흰색 균형을 잡아 볼게요.

퍼레이드(RGB) 그래프

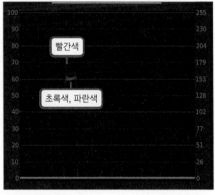

파형(RGB) 그래프

05 Lumetri 색상 패널의 [곡선]에서 3가지 색상의 빛을 각각 조정할 수 있어요. 그래프 위에서 색을 선택하고 그래프에 대각선으로 뻗은 선을 조절하면 됩니다. 우선 빨간색 곡선 그래프의 최댓값을 낮추기 위해 오른쪽 상단 점을 아래로 살짝 끌어 내리세요. 점을 내릴수록 [퍼레이드(RGB)] 그래프에서 빨간색이 뭉쳐 있는 부분의 값이 떨어집니다. '60'까지 오도록 조절합니다.

06 나머지 파란색, 초록색도 마찬가지로 그래프의 끝을 살짝만 잡아 끌어 값을 '60' 정도로 내립니다.

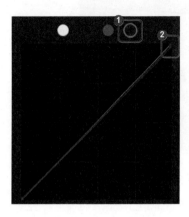 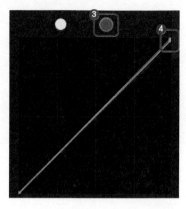

07 [퍼레이드(RGB)] 그래프의 3가지 색상 빛이 모두 '60'까지 내려간 것을 볼 수 있습니다.

08 이제 다시 효과 컨트롤 패널로 가서 [불투명도 → 마스크(Mask)(1)]을 선택하고 Delete를 눌러 지웁니다.

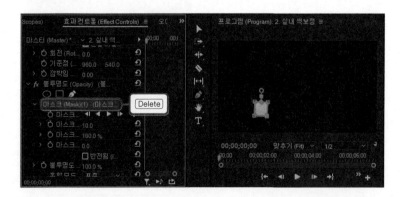

화이트 밸런스 조정 전

화이트 밸런스 조정 후

하면 된다!♭
피부색만 보정하기

01 노출이 과하던 배경 색 보정을 끝냈으니 이제 인물의 피부색을 좀 더 밝게 보정해 보겠습니다. Lumetri 색상 패널의 [HSL 보조 → 키]에서 ✐을 클릭합니다. 커서가 스포이드 모양으로 바뀌면 피부에서 가장 밝은 부분과 어두운 부분 사이를 클릭합니다.

02 [컬러/회색] 왼쪽의 체크 상자를 클릭하면 색이 반전되면서 선택된 색의 영역을 확인할 수 있습니다. H, S, L 각 항목 위아래 삼각형을 조절해 얼굴부터 목까지 피부만 선택합니다.

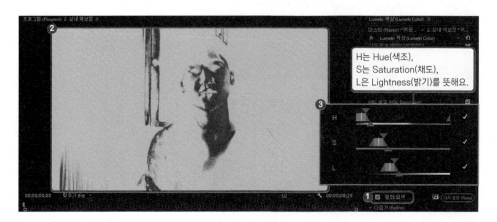

03 빛을 가장 많은 왼쪽 뺨까지 포함되도록 를 눌러 해당 부분을 클릭합니다.

04 [HSL 보조 → 다듬기 → 흐림 효과] 값을 '5'로 높여 피부와 배경의 경계선을 흐리게 합니다. [컬러/회색]의 체크를 해제하세요.

05 선택한 영역의 톤을 높이겠습니다. [HSL 보조 → 교정]에서 슬라이드를 위로 올려 주세요.

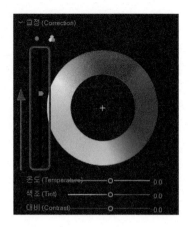

06 피부색이 배경과 잘 어우러지면서 어색하지 않게 한층 밝아진 것을 볼 수 있어요. 이렇게 색 보정을 하면 배경은 유지하면서 피부색만 보정할 수 있는데다 너무 어둡거나 밝아서 묻혀 있던 부분들도 살아난답니다.

피부색 보정 전

피부색 보정 후

색 보정 실전,
여러 클립 색 보정하기

준비 파일 7일차/2. 원본 영상/여행 1.mov, 여행2.mov, 여행3.mov, 여행4.mov
완성 파일 7일차/5. 완성본/3. 색 보정 전체 적용.mp4

오늘 배울 기능	하나, 조정 레이어 생성하기	둘, 조정 레이어로 여러 클립 색 보정하기	셋, 색 보정 설정 저장하기
	· [조정 레이어]	· [색조 채도 곡선]	· [사전 설정 저장] · [Preset]

지금까지는 한 번에 한 클립만 색 보정을 했는데요. 실제로는 한 시퀀스에 여러 클립이 있는 경우가 대부분이죠. 특히 여행 영상같이 컷이 자주 바뀌는 영상은 엄청나게 많은 클립을 사용하는데 이 클립 하나하나를 똑같이 색 보정하는 건 불가능에 가깝죠. 그렇다면 이번 프로젝트에서는 아주 간단하게 여러 클립을 한번에, 동일한 톤으로 색 보정하는 법을 알려드릴게요.

하면 된다!♪

조정 레이어 생성하기

영상 보기

01 Ctrl + I 로 [여행1.mp4 ~ 여행4.mp4]까지 총 4개의 영상을 불러온 다음 [새 항목 ▦]으로 끌어와 새 시퀀스를 만듭니다. 시퀀스 이름은 '3. 색 보정 실전'으로 바꿉니다.

02 여러 클립에 동일한 색 보정을 하기 위해 영상 위에 투명한 필름을 씌울 거예요. 필름 역할을 할 [조정 레이어]를 만들어 보겠습니다. 프로젝트 패널 아래 [새 항목 ▦ → 조정 레이어]를 눌러 [조정 레이어] 창이 뜨면 기본 값 그대로 [확인]을 누릅니다.

03 프로젝트 패널에 생성된 [조정 레이어]를 영상 클립과 겹치지 않게 V2 트랙으로 끌어옵니다.

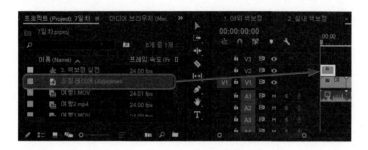

04 [조정 레이어] 클립의 길이를 영상 클립만큼 늘려 주세요.

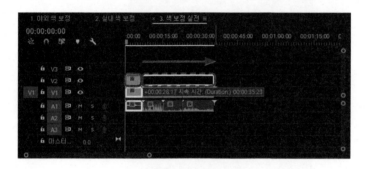

🖋 **예PD의 꿀팁** | 조정 레이어 사용하기 전 주의할 점

[조정 레이어]를 사용하면 여러 클립을 한번에 보정할 수 있지만, 반드시 그 전에 클립을 쭉 훑어보면서 유난히 밝거나 어둡거나 또는 색감이 튀는 클립이 있는지 확인합니다. 다른 영상과 유독 색상이 다른 클립이 있다면 Lumetri 범위 패널에서 따로 색 보정하는 과정이 필요합니다.

하면 된다!▷
조정 레이어 색 보정하기

01 조정 레이어는 쉽게 말하면 색 필름 같은 역할을 해요. 조정 레이어에 원하는 색 보정을 해 두면 그 아래 어떤 영상을 깔든 전체적으로 동일한 필터가 적용되기 때문이죠. 이제 타임라인에서 [조정 레이어]를 선택하고 Lumetri 색상 패널에서 색 보정을 해볼게요.

💧 조정 레이어 색 보정을 하기 전 반드시 조정 레이어 클립을 선택했는지 확인하세요. 영상 클립을 선택하고 보정하면 한번에 색 보정이 적용되지 않아요.

02 밝기부터 보정하겠습니다. Lumetri 범위를 보니 전체적으로 노출이 '100' 가까이 되니 줄이겠습니다. Lumetri 색상 패널에서 [톤 → 노출] 값을 '-0.4'로 낮춥니다. [밝은 영역]은 '-7'로 낮추고 [검정]은 '7'로 높여서 어두운 부분을 밝혀줍니다.

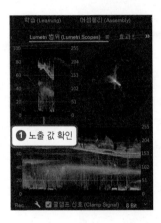 

03 다음으로 [크리에이티브] 항목에서 채도를 조절할게요. [생동감]은 '40', [채도]는 '105'로 높여 색감을 더 선명하게 합니다. [빛바랜 필름] 값을 높이면 대비가 낮아지고 뿌연 느낌이 나는데요. 뿌연 느낌을 살리고 싶다면 '18' 정도로 값을 높여 주세요.

💧 여행 영상, 특히 풍경 영상은 장소의 색감과 생동감을 살리기 위해 채도를 또렷하게 하는 경우가 많습니다.

04 마지막으로 하늘을 강조하기 위해 [곡선]에서 파란색 채도 값을 높일게요. [곡선 → 색조 채도 곡선] 오른쪽의 🖊를 클릭하고 재생 화면에서 하늘을 클릭합니다. [색조 및 채도] 그래프에 파란색 점이 찍히는 걸 볼 수 있어요.

05 [색조 및 채도] 그래프 가운데 파란 점을 끌어올리면 영상에서 파란색의 채도가 높아집니다.

🔵 채도를 지나치게 높이면 오히려 어색해 보일 수도 있으니 전체 영상을 재생해 보면서 수시로 확인해 주세요.

06 더 강하게 색감을 넣고 싶다면 [기본 교정 → 흰색 균형]을 조절해 보세요.

색 보정 전

색 보정 후

하면 된다!⟩

색 보정 설정
저장하기

01 딱 마음에 드는 색이 나왔거나 다른 영상에도 쓰고 싶다면 색 보정 설정 값을 저장해 두면 됩니다. 색 보정을 입힌 [조정 레이어] 클립을 선택하고 효과 컨트롤 패널의 [Lumetri 색상]에 마우스 오른쪽을 클릭해 [사전 설정 저장]을 누릅니다.

💧 값을 설정한 [Lumetri 색상] 항목을 Ctrl + C로 복사해 Ctrl + V로 클립에 붙여넣으면 똑같은 색 보정 효과를 적용할 수 있어요.

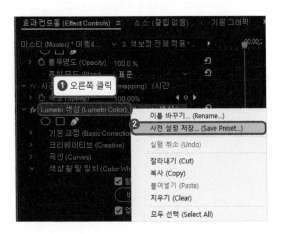

02 [사전 설정 저장] 창이 뜨면 이름을 입력하고 [확인]을 누릅니다.

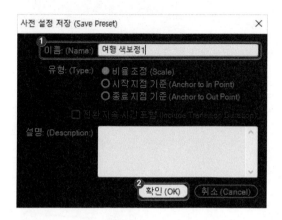

03 이렇게 저장해 둔 조정 레이어는 효과 패널의 [Presets] 폴더에서 불러올 수 있습니다. 다른 효과를 적용할 때와 마찬가지로 색 보정을 할 클립으로 끌어오면 간단하게 필터를 씌울 수 있죠.

📌 예PD의 꿀팁 | **필터를 다른 영상에 사용하기 전 주의할 점**

특정 영상을 편집하면서 만들어 둔 필터를 다른 영상에 적용하면 완전히 다른 느낌이 날 수 있어요. 따라서 필터를 사용한 영상과 비슷한 장소와 조건에서 촬영한 영상에 적용하는 것이 가장 좋습니다. 이렇게 때와 장소에 맞게 필터를 그때그때 만들어 두면 활용하기 더 편리하겠죠?

손쉽게 색 보정을 할 수 있는 플러그인 추천

화이트 밸런스, 밝기, 채도 등 기본적인 색 보정 개념을 알아 두는 것도 물론 좋지만 초보자가 곧장 원하는 색을 내는 것은 쉬운 일이 아닙니다. 숙련자라 해도 매번 다른 환경에서 촬영한 영상에 맞춰 색 보정을 하는 것은 무척 손이 많이 가죠. 그래서 화면 전환 효과처럼 색 보정에도 플러그인을 활용하는 방법이 있습니다. 플러그인을 덧입히는 것만으로 손쉽게 색 보정을 할 수 있죠. 그중에서도 가장 많이 사랑받는 유·무료 플러그인과 사이트를 소개할게요.

1. RED GIANT - MAGIC BULLET SUITE 14

RED GIANT(redgiant.com)의 MAGIC BULLET SUITE를 사용하면 영화 같은 느낌을 낼 수 있습니다. 색 보정 템플릿뿐만 아니라 영화 같은 색감, 피부색 보정 기능까지 있어 활용도 높은 플러그인입니다. 유료 정액제지만, 학생과 교사는 매월 3달러 이하로 저렴하게 이용할 수 있어요.

2. ROCKETSTOCK - 35 Free LUTs for Color Grading Videos

ROCKETSTOCK(rocketstock.com)에서 무료 색 보정 LUT 파일을 제공하고 있어요. 파일을 내려받아 [Lumetri 색상 패널]로 불러오면 간단하게 사용할 수 있습니다.

3. Motion Array - Color Premiere Pro Presets

2일차에서 트랜지션 효과를 제공하는 사이트로도 소개했던 Motion Array(motionarray.com)의 Color - Premiere Pro Presets 페이지입니다. 이곳에서 무료 색 보정 효과를 내려받을 수도 있고 더 다양한 효과를 유료로 구매할 수도 있어요.

프리미어 프로 능력자 인증 시험

·문제를 풀다가 막히면 힌트를 참고하세요. ·결과물은 자유롭게 변형해도 됩니다.

문제_ A 영상을 B 영상처럼 밝고 선명하게 보이도록 색 보정하세요. 난이도 ★★☆

준비 파일 7일차/능력자 인증 시험/실내 사물.mov

완성 파일 7일차/능력자 인증 시험/실내 사물 완성.prpropj

힌트 1. Lumetri 색상 & Lumetri 범위 패널을 활용하세요.

2. 파형(RGB), 퍼레이드(RGB), 벡터 스코프(YUV) 그래프를 잘 살펴보세요.

3. 밝기 → 화이트 밸런스 → 채도순으로 조정하세요.

4. 보정 값을 저장해 [효과]에 추가해 보세요.

클릭을 부르는
섬네일 만들기

준비 파일 7일차/2. 원본 영상/아이폰 인서트2.mp4, 인사.mp4　완성 파일 7일차/5. 완성본/섬네일 완성.jpg
글꼴 Gmarket Sans TTF, Recipekorea, Cafe24 Shiningstar

오늘
배울
기능

하나

영상에서 섬네일용
이미지 추출하기

• [프레임 내보내기 📷]

둘,

이미지 오려 내기

• [자유로운 그리기 베지어 ✒️]

셋,

테두리 & 자막
디자인하기

• [그래픽]

킷 편집, 자막, 전환 효과, 색 보정 등 영상 편집을 모두 마쳤으면 이제 마지막으로 할 일이 있습니다. 바로 섬네일 제작이죠. 섬네일이란 여러분이 영상을 보기 전에 클릭하는 미리보기 이미지를 가리킵니다. 즉, 영상의 핵심을 담은 한 장의 이미지죠. 섬네일을 제작할 때는 포토샵, 파워포인트, 일러스트레이터 등 다양한 그래픽 프로그램을 활용하는 방법도 있지만 이번 프로젝트에서는 프리미어 프로만으로 섬네일을 만들어 보겠습니다.

하면 된다! ⟩

영상에서 섬네일용
이미지 추출하기

영상 보기

01 먼저 영상에서 섬네일용 이미지를 추출해 볼게요. Ctrl + O 또는 프리미어 프로 상단 메뉴에서 [파일 → 프로젝트 열기]로 3일차에 편집했던 프로젝트 파일 [아이폰 리뷰.prproj]를 불러옵니다.

💧 3일차에 작업한 프로젝트가 없다면 Ctrl + I 를 눌러 [인사.mp4, 아이폰 인서트2.mp4]를 불러와 새로운 시퀀스를 만들어 주세요.

02 프로젝트를 열면 시퀀스에 영상, 자막, 이미지 클립이 겹겹이 편집되어 있는데요. 여기서 섬네일로 사용할 이미지만 추출할 테니 자막, 이미지 클립이 있는 V2, V3 트랙의 👁 를 눌러 트랙 출력을 꺼주세요.

자막, 이미지 트랙을 켰을 때

자막, 이미지 트랙을 껐을 때

03 섬네일로 캡처할 프레임을 찾아 인디케이터를 옮기고 프로그램 패널 아래 [프레임 내보내기 📷]를 누릅니다. 내보낼 이미지 이름은 '섬네일1', 파일 형식은 [JPEG]로 지정해 주세요. [프로젝트로 가져오기]에 체크 하고 [확인]을 누릅니다.

◉ 섬네일에 사용할 이미지 파일 형식은 JPEG 또는 PNG가 적합합니다.

04 배경으로 쓸 두 번째 이미지도 추출할게요. 제품이 잘 보이는 프레임을 찾아 인디케이터를 옮기고 다시 [프레임 내보내기 📷]를 누릅니다. 이미지 이름을 '섬네일2'로 바꾸고 파일 형식은 [JPEG], [프로젝트로 가져오기]에 체크한 다음 [확인]을 누르세요.

05 프로젝트 패널에 생성된 [섬네일1, 섬네일2]를 [새 항목 █]으로 끌어와 새로운 시퀀스를 만듭니다. 이렇게 섬네일을 만드는 데 필요한 이미지 준비가 끝났습니다.

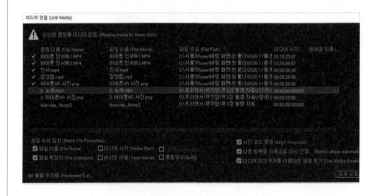

예PD의 꿀팁 | '미디어 연결' 경고창이 떴을 때 대처법

프로젝트에 사용한 음악이나 이미지, 영상 파일을 삭제하거나 다른 폴더 또는 드라이브로 옮기면 [미디어 연결] 경고창이 뜹니다.

만약 단순히 파일의 위치만 바뀌었다면 경고창에서 [찾기]를 누르고 해당 파일의 위치를 찾아주세요. 파일 이름이 똑같다면 자동으로 프리미어 프로에서 소스 파일을 찾아 원래대로 복구된답니다.

하지만 완전히 삭제해서 파일을 찾을 수가 없다면 오류를 해결할 수 없으니 [취소]를 눌러 경고창을 끄고 해당 클립을 프로젝트에서 완전히 지울 수밖에 없습니다.

[미디어 연결 오류] 창 외에 글꼴을 찾을 수 없을 땐 [글꼴 확인] 경고창이 뜹니다.

글꼴이 없을 때는 2가지 해결책이 있어요. 첫 번째는 글꼴을 다시 설치하는 겁니다. 우선 프로젝트를 저장하고 프리미어를 종료한 후 해당 글꼴을 설치하세요. 설치한 후 다시 프리미어를 켜면 문제없이 작업할 수 있어요. 두 번째는 글꼴을 교체하는 겁니다. 글꼴 없이 프로젝트를 실행하면 자동으로 글꼴이 대체되는데요. 대체된 글꼴을 다른 글꼴로 바꾸면 내용을 보는 데는 아무 문제가 없답니다.

하면 된다!〉
이미지 오려 내기

01 섬네일용으로 추출한 2개의 이미지에서 원하는 부분만 오려 내 하나의 이미지로 만들어 볼게요. [섬네일1] 클립을 선택하고 효과 컨트롤 패널에서 [불투명도 → 자유로운 그리기 베지어 ✏]를 클릭해 [마스크(Mask)(1)]를 만듭니다.

02 커서가 펜 모양으로 바뀌면 정수리부터 외곽을 따라 클릭합니다. 꼭짓점을 만들 때 마우스를 길게 누르면서 아래로 당기면 곡선을 만들 수 있어요. 이미 만든 직선을 곡선으로 바꾸고 싶을 땐 [Alt]를 누르고 점을 옮기면 됩니다. 섬세하게 마스크 선을 그려야 할 때는 프로그램 패널을 전체 화면으로 확대하는 게 좋아요.

03 윤곽을 따라 외곽선을 모두 그렸다면 마지막 점과 첫 점을 연결해 주세요. 사람만 남고 배경은 사라집니다.

04 효과 컨트롤 패널에서 [불투명도 → 마스크(Mask)(1)- 마스크 페더]의 값을 '2'로 줄여서 흐릿한 테두리를 선명하게 만들어 주세요.

페더 값이 '10'일 때   페더 값이 '2'일 때

05 [섬네일1] 클립을 [섬네일2] 클립 위로 옮겨 주세요. 오려 낸 사람 이미지와 제품 이미지가 겹칩니다.

06 이미지 위치와 크기를 조정하겠습니다. 먼저 [선택 도구 ▶]로 바꾸고 [섬네일 1] 클립을 선택합니다. 프로그램 패널에서 이미지를 더블클릭하면 위치와 크기를 조정할 수 있습니다. 배경에서 불필요한 부분(손)이 가려지도록 [섬네일1]의 크기를 키우고 오른쪽 아래로 위치를 옮길게요.

07 이제 제품 이미지가 크게 보이도록 [섬네일2]의 크기도 키우겠습니다. [섬네일2] 클립을 선택하고 효과 컨트롤 패널에서 [위치] 값은 '799, 714', [비율 조정] 값은 '136'으로 바꿉니다.

하면 된다! ⟩

섬네일 테두리 만들기

01 섬네일이 좀 더 돋보이도록 테두리를 넣어 볼 게요. [펜 도구 ✏️]를 길게 눌러 [사각형 도구 ▭]를 선택합니다.

02 프로그램 패널에 화면을 거의 가릴 만큼 큰 사각형을 만들어 주세요. 타임라인에 [그래픽] 클립이 생성됩니다.

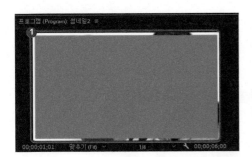

03 [그래픽] 클립을 선택하고 효과 컨트롤 패널의 [모양(Shape)01]에서 [칠]은 체크를 해제하고 [선]은 체크한 다음 선 두께 값을 '23'까지 높여 주세요.

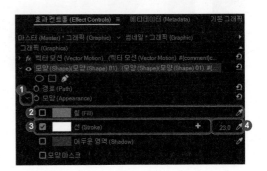

04

테두리 색은 소개하는 제품 색을 사용해 동일감을 주겠습니다. 효과 긴트롤 패널에서 [선] 체크 상자에 체크하고 색상 상자를 클릭해 [색상 피커] 창을 엽니다. [색상 피커] 창 오른쪽 아래 📌를 선택해 화면에서 추출할 색이 있는 부분을 클릭하세요.

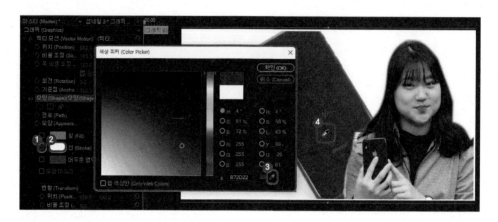

05

[선택 도구 ▶]로 바꾸고 테두리를 더블클릭한 다음 가장자리에 들어 맞도록 크기와 위치를 조정해 주세요.

🔵 선이 가장자리에서 조금만 떨어져도 틈이 생기니 가장자리에 꼭 맞는지 `~`을 눌러 전체화면으로 확인해보세요.

❷ 테두리 위치 조정

하면 된다!ᐟ

섬네일 타이틀 입력하기

01 이제 섬네일 이미지는 모두 준비되었습니다. 마지막으로 타이틀을 입력해 볼게요. 타이틀 외에 영상을 소개하는 짧은 글이나 홍보 카피 또는 클릭을 하고 싶게 만드는 글을 써도 좋아요.

02 프리미어 프로 위쪽 메뉴에서 작업 영역을 [그래픽]으로 바꿔 주세요.

03 [문자 도구 ■]로 재생 화면에 2개의 자막 박스를 만든 다음 각각 'iphone XR'과 '한 달 사용 후기'를 입력합니다.

04 '한 달 사용 후기' 자막 클립을 선택하고 기본 그래픽에서 글꼴은 [Gmarket Sans TTF]로 변경하고 크기는 '156'으로 키워주세요.

05 글자에 테두리를 넣어 가독성을 높일게요. [모양 → 선]에 체크하고 색상 상자를 더블클릭해 [색상 피커] 창을 여세요. [색상 피커] 창에서 ✏️를 눌러 테두리에 사용할 색을 추출합니다. 크기는 '25'로 정하겠습니다.

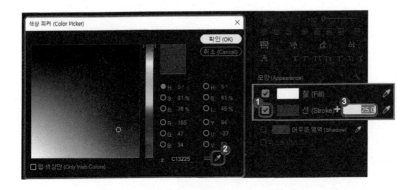

06 'iphone XR' 자막 클립을 선택하고 글꼴은 [Recipekorea], 크기는 '86'으로 줄일게요.

07 [모양 → 칠]은 검은색(000000), [배경]은 흰색(FFFFFF), 불투명도는 '75%', 크기는 '16'으로 조절합니다.

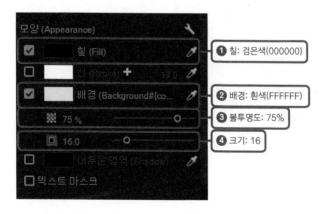

08 마지막으로 제품을 가리키는 손그림 화살표와 포인트 자막을 추가할게요. 먼저 [문자 도구]로 텍스트 상자를 만들고 '레드 컬러'를 입력합니다. 글꼴은 [Cafe24 Shiningstar]로 지정합니다.

09 '레드 컬러' 자막과 제품 사이에 화살표를 그려 볼게요. [펜 도구 ]를 선택해 화살표를 간단하게 그려 주세요.

10 기본 그래픽 패널의 [모양 → 선]에서 [색]은 검은색(000000), 두께는 '7'로 낮춰 화살표와 자막 색을 맞추고 화살표를 얇게 만들어 주세요.

11 마지막으로 프로그램 패널에서 [프레임 내보내기 📷]를 눌러 완성한 섬네일을 JPEG로 저장합니다.

촬영·영상
제작 기본 편

프리미어 프로
기본 편

프리미어 프로
활용 편

#포토샵 기초

#예능형 섬네일

포토샵
특강

Ps

#자막 바

#브이로그형 섬네일

포토샵 특강

포토샵으로 섬네일, 자막 바 쉽게 만들기

▶ 8일차 · 포토샵으로 섬네일, 자막 바 만들기

8일차

포토샵으로 섬네일,
자막 바 만들기

1일차부터 7일차까지 프리미어 프로로 영상을 편집하고 효과를 넣
는 법, 다양한 스타일로 자막을 넣고 섬네일을 만드는 법까지 배웠
죠. 이번에는 섬네일과 자막 바를 포토샵에서 만들어 보겠습니다. 포
토샵을 활용하면 더 쉽고 빠르게 그리고 더 많은 디자인 요소를 넣을
수 있죠.

하지만 기능 몇 가지를 쓰자고 포토샵을 처음부터 배울 필요는 없
어요. 섬네일, 자막을 만드는 데 필요한 기능만 사용해 스타일이 다
른 2가지 섬네일과 영상에 활용할 자막 바를 만들어 프리미어 프로
로 옮기는 것까지 함께 해볼 거예요. 이 과정에서 포토샵 필수 기능
을 자연스럽게 익힐 수 있을 테니 포토샵이 처음이더라도 걱정할 필
요가 없어요.

인물을 강조하는
예능형 섬네일

준비 파일 포토샵/2. 소스 이미지/섬네일 캡처1.jpg   완성 파일 포토샵/3. 완성/예능형 섬네일.jpg
글꼴 레시피코리아, Dovemayo

오늘
배울
기능

하나,	둘,	셋,
인물 오려 내기	자막에 효과 넣기	끝이 둥근 테두리 넣기
·[개체 선택 도구]	·[레이어 스타일]	·[모서리가 둥근 직사각형 도구 ▣]

인터뷰, 리뷰, 웹 드라마 등 인물이 중심인 영상은 섬네일에서도 인물을 강조하는 게 좋아요. 포토샵 첫 프로젝트로 예능처럼 쾌활한 느낌의 섬네일을 만들어 볼게요. 섬네일을 만들려면 먼저 소스 파일, 즉 이미지가 필요하겠죠? 섬네일에 사용할 이미지는 프리미어 프로에서 캡처해 따로 저장해 둔 다음 포토샵에서 불러오면 됩니다.

💧 프리미어 프로에서 이미지를 캡처하고 내보내는 방법은 '07-4 클릭을 부르는 섬네일 만들기'를 참고하세요.

포토샵 빠르게 훑어보기

섬네일 작업으로 들어가기 전에 포토샵은 어떻게 구성되어 있는지 가볍게 살펴볼게요. 포토샵에서 가장 많이 쓰는 탭은 다음 6가지입니다.

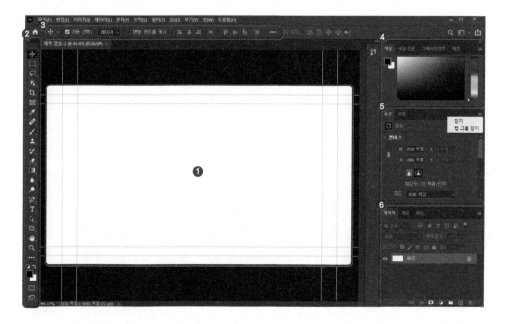

❶ **캔버스**: 이미지를 작업하는 공간입니다.

❷ **도구**: 책상 위의 연필꽂이처럼 이미지를 자르고 칠하고 그릴 수 있는 다양한 도구가 모여 있습니다.

❸ **옵션**: 각 도구의 세부 옵션을 선택합니다.

❹ **색상**: 글자, 도형, 브러시 등에 색을 입힐 수 있습니다.

❺ **속성**: 글꼴이나 크기 또는 자간, 도형의 획, 칠, 크기를 조정합니다.

❻ **레이어**: 포토샵에서 가장 중요하고 또 자주 사용하는 창 중 하나로, 프리미어 프로의 트랙처럼 사용한 이미지, 텍스트, 도형 등이 하나의 레이어가 되어 겹겹이 쌓입니다.

이 중 사용하지 않는 창은 오른쪽 상단에서 ☰를 눌러 닫고 필요한 창은 상단 메뉴에서 [창]을 눌러 불러오세요.

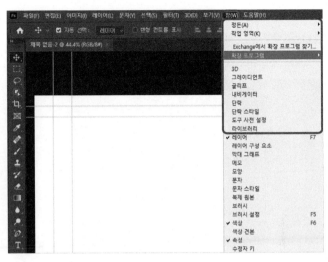

하면 된다!⟩

인물 오려 내기

영상 보기

01 섬네일에 사용할 인물 중심 이미지는 준비됐나요? 그렇다면 포토샵으로 섬네일 만들기의 첫 단계로, 이미지 파일을 불러오고 인물만 따로 오려 내 볼게요. 포토샵 첫 화면에서 [새로 만들기]를 클릭해 주세요.

02

[새로 만들기 문서] 창 상단에서 [영화 및 비디오]를 선택합니다. 그다음 [빈 문서 사전 설정]에서 'HDV/HDTV 720p'를 누르면 오른쪽 [사전 설정 세부 정보]에 '폭 1280, 높이 720, 해상도 72'가 설정돼요. 제목은 '섬네일1'로 입력하고 [만들기]를 누릅니다.

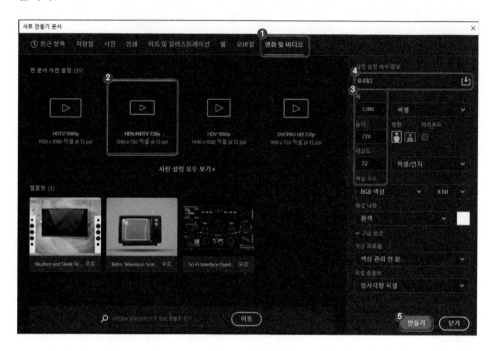

03

사전 설정에서 지정한 크기대로 캔버스가 만들어졌어요. 포토샵 상단 메뉴에서 [파일 → 포함 가져오기]를 눌러 [섬네일 캡처 1.jpg]를 불러옵니다.

🌢 또는 섬네일용 이미지 파일을 포토샵으로 끌어오세요.

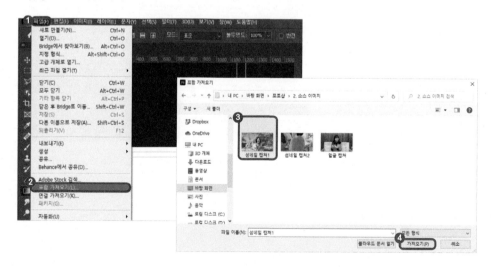

04 Enter 를 눌러 불러온 이미지를 고정합니다.

💧 Ctrl + +, - 를 사용해서 화면 비율을 조절할 수 있어요.

05 이미지에서 인물만 오려 낼게요. 왼쪽 도구 상자에서 [개체 선택 도구 🔲]를 선택하고 인물 주변을 드래그하세요. 간편하게 인물만 선택 영역으로 설정해 오려 낼 수 있어요.

💧 [개체 선택 도구 🔲]는 선택 범위에 있는 인물 또는 물체를 자동으로 선택해 줍니다. 개체가 정확하게 선택되면 바로 사용해도 좋지만, 배경이 같이 선택되면 직접 다듬는 걸 추천해요.

06 선택 영역을 다듬을게요. 포토샵 상단에서 [선택 및 마스크]를 클릭하면 선택한 영역만 볼 수 있습니다.

선택 영역

07 선택이 안 된 부분을 클릭+드래그해서 선택 영역을 확장해 주세요. 반대로 인물 외 배경이 선택된 부분은 Alt + 클릭 + 드래그해 선택 영역을 해제하세요.

💧 잘못 지우거나 잘못 선택했을 때는 Ctrl + Z 로 실행 취소하세요.

❶ 선택 영역 확장: 클릭 + 드래그

❷ 선택 영역 해제: Alt + 클릭 + 드래그

<u>08</u> 테두리가 매끄럽게 정돈되도록 [속성 → 매끄럽게] 값을 '50~60' 정도로 높입니다. 테두리가 흐리다면 [대비] 값을 높이고 [확인]을 눌러 선택 영역 지정을 마무리합니다.

<u>09</u> 오려 낸 인물을 새로운 레이어로 만들게요. [Ctrl] + [C], [Ctrl] + [V]를 눌러 선택 영역을 복제합니다. [레이어] 창을 보면 [레이어1]이 생겼어요. 인물만 별개의 레이어로 만들어진 거죠.

10 두 이미지가 겹쳐서 차이가 없이 보이지만 [레이어] 창에서 [섬네일 캡처1(원본 이미지)] 왼쪽의 👁를 클릭해 레이어를 숨기면 인물만 오려 낸 [레이어 1]을 확인할 수 있어요.

하면 된다!⟩

[레이어 스타일]로 인물에 테두리 넣기

01 오려 낸 인물에 테두리를 넣어 어떤 배경에서든 인물이 눈에 띄도록 할게요. [레이어] 창에서 [레이어1]을 마우스 오른쪽으로 클릭해 [혼합 옵션]을 선택합니다.

02 레이어에 여러 가지 스타일을 추가할 수 있는 [레이어 스타일] 창이 열립니다. [레이어 스타일] 창이 뜨면 왼쪽에서 [획]을 클릭합니다. 오른쪽 세부 설정에서 [크기]는 '6', [위치]는 '바깥쪽', [혼합 모드]는 기본 설정인 '디졸브', [색상]은 흰색(FFFFFF)으로 지정합니다.

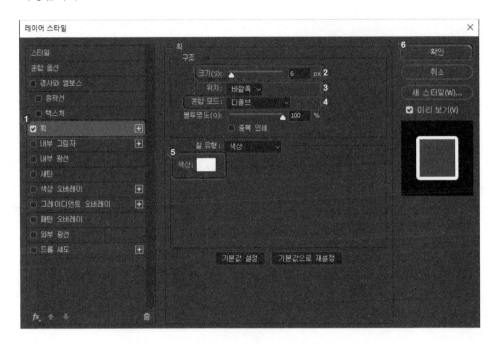

03 레이어 스타일에서 획을 설정하고 나면 인물 바깥쪽, 즉 오려 낸 레이어 테두리에 흰색 선이 들어간 것을 볼 수 있습니다.

04 섬네일은 작게 보이기 때문에 강조하고 싶은 이미지는 크게 확대해야 해요. 오려 낸 이미지 크기를 키울게요. [레이어] 창에서 [Ctrl]을 누른 채 [레이어1]과 [섬네일 캡처1]을 클릭해 레이어 2개를 동시에 선택하고 [Ctrl] + [T]를 누릅니다. 캔버스에 이미지 크기를 조절할 수 있도록 꼭짓점이 생기는 걸 볼 수 있어요.

05 꼭짓점을 클릭하고 바깥으로 끌어 이미지를 확대하세요. 그런 다음 화면 오른쪽에 인물의 얼굴이 오도록 위치도 옮겨 줍니다.

01 이제 섬네일에 글자를 넣고 [레이어 스타일]을 활용해 효과를 넣어 눈에 띄도록 디자인해 보겠습니다. 왼쪽 도구 상자에서 [문자 도구 **T**]를 선택하고 이미지 왼쪽 아래를 클릭해 텍스트 상자를 만든 다음 '근교 먹방 여행'을 입력해 주세요.

처음 글자를 입력할 때 너무 작다면 여기에서 글꼴 크기를 먼저 키워 주세요.

02 글자를 드래그한 후 상단에서 글꼴과 글자 크기를 조정합니다. 글꼴은 [레시피코리아], 크기는 '150'으로 지정합니다.

03

$\underline{03}$ [Ctrl]을 누른 재 마우스로 텍스트 상자를 끌어 위치를 조정합니다. 아래쪽 파란 선에 텍스트 상자 아래쪽이 오도록 맞춰 주세요.

🔵 텍스트 상자가 움직이지 않는다면 [레이어] 창에서 [근교 먹방 여행] 레이어가 선택뇌었는지 확인하세요.

1 Ctrl + 드래그로 위치 조정

2 파란선에 맞춰 위치 정렬

$\underline{04}$ [레이어 스타일]을 지정해 글자에 효과를 넣겠습니다. [레이어] 창에서 [근교 먹방 여행] 레이어를 마우스 오른쪽으로 누르고 [혼합 옵션]을 선택합니다.

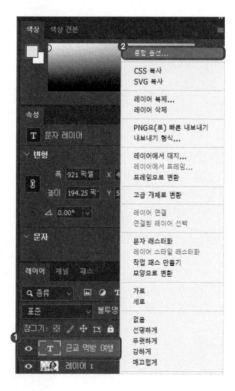

05 [레이어 스타일] 창이 뜨면 왼쪽에서 [획]을 클릭합니다. 오른쪽 세부 설정에서 [크기]는 '6', [위치]는 '바깥쪽', [혼합 모드]는 기본 설정인 '디졸브', [색상]은 초록색 (0a471a)으로 지정합니다.

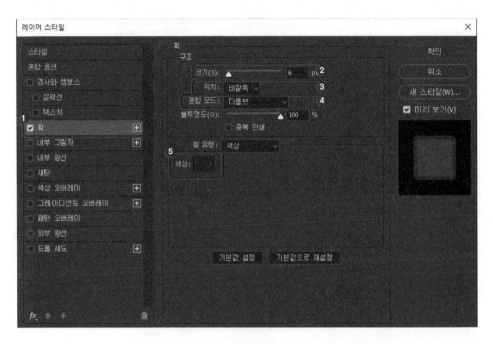

06 왼쪽 스타일 목록에서 [드롭 섀도]를 클릭합니다. 오른쪽 세부 설정에서 [혼합 모드]는 '표준', [색]은 초록색(0a471a), [거리]는 '15', [스프레드]는 '1'로 지정합니다.

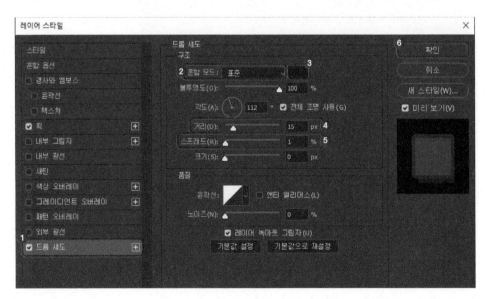

07 캔버스를 보면 글자에 두꺼운 그림자가 생긴 것을 확인할 수 있어요.

08 포인트 글자를 하나 더 넣어 볼게요. [문자 도구 T]를 선택하고 '근교 먹방 여행' 자막 위를 클릭해 텍스트 상자를 만듭니다. '팔당 맛집은 다 갔다!'를 입력하고 드래그한 후 상단에서 글꼴은 [Dovemayo], 크기는 '68'로 지정해 주세요.

01

이렇게 섬네일을 완성할 수도 있지만 테두리에 끝이 둥근 사각형을 넣어 다른 영상 섬네일과 나란히 있더라도 눈에 띄게 만들어 볼게요. 왼쪽 도구 상자에서 [사각형 도구 ▣]를 길게 클릭해 [모서리가 둥근 직사각형 도구 ▢]를 선택합니다.

02

섬네일보다 조금 작은 크기의 사각형을 만듭니다.

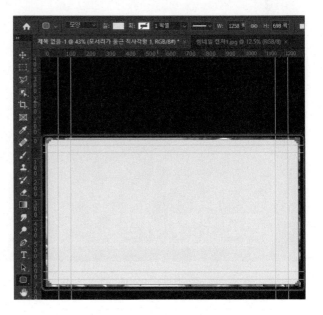

03 화면 상단의 [도구 옵션] 혹은 오른쪽 [속성] 창에서 방금 만든 사각형의 [칠/획]을 지정하겠습니다. [칠]은 투명(▨)으로 [획]은 흰색(FFFFFF)으로 지정해 주세요.

04 테두리 두께는 '18'로 입력합니다.

05 마지막으로 사각형 크기를 화면에 정확히 맞추기 위해 [레이어] 창에서 [모서리가 둥근 직사각형 1]을 선택하고 Ctrl + T를 누릅니다. 사각형의 꼭짓점을 끌어 각 변을 섬네일 가장자리에 맞춰 주세요.

💧 이미지가 가장 자리에 정확히 오면 분홍색 선이 보여요.

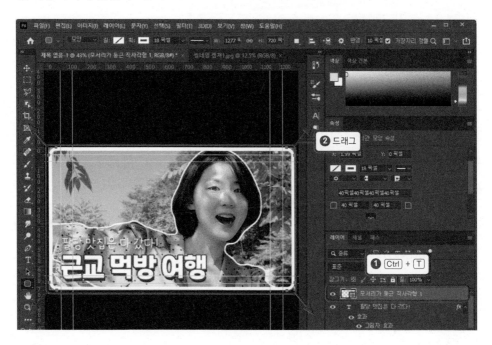

06 사각형 모서리도 흰색으로 채우겠습니다. [레이어] 창 아래에서 [새 항목 🔲]을 클릭하면 [레이어 2]가 생성됩니다. 쉽게 말하면 섬네일 위에 투명한 종이가 하나 더 생성된 거예요.

07 [레이어 2], 즉 투명한 종이 위에 흰색 브러시로 모서리를 칠해 볼게요. 왼쪽 도구 상자에서 [브러시 도구]를 선택하고 모서리를 칠해 주세요.

💧 브러시 크기 조절 단축키: [[ ], [ ]]

💧 칭 획대 단축키' Ctrl + +

❷ 모서리 칠하기

하면 된다! ↘

섬네일 저장하기

01 섬네일 작업이 끝나면 Ctrl + S 를 누르세요. 파일 이름을 입력하고 파일 형식은 포토샵의 고유 파일 형식인 Photoshop(PSD)로 지정합니다. [저장]을 누르면 포토샵 파일로 저장됩니다.

💧 한번 저장한 PSD 파일을 다시 수정하고 저장할 때도 Ctrl + S 를 누르면 수정한 내용까지 저장됩니다.

02 섬네일을 이미지 파일로 한번 더 저장할게요. 방금 저장한 PSD 파일과는 별
도로 새로운 이미지 파일을 저장하려면 Ctrl + Shift + S 를 누릅니다. [다른 이름으
로 저장] 창이 열리면 파일 이름을 입력하고 파일 형식은   ⬩ 저장하기: Ctrl + S
JPEG로 지정한 다음 [확인]을 누릅니다.   ⬩ 다른 이름으로 저장하기: Ctrl +
                                                      Shift + S

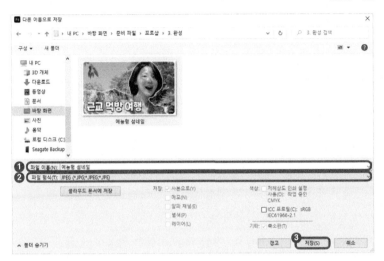

03 파일을 저장할 위치를 지정하면 저장할 이미지 옵션을 선택할 수 있는 [JPEG
옵션] 창이 뜹니다. [품질]이 높아질수록 파일 용량도   ⬩ 유튜브 섬네일 규격
커지겠죠. 중간인 '8'로 설정하고 [확인]을 눌러 섬네일   해상도: 1280×720(너비 640픽셀 이상)
을 완성합니다.   파일 형식: JPG, GIF, GMP, PNG
                                                   용량: 2MB

포토샵에서 꼭 쓰는
사진 보정 기능 3가지

섬네일은 영상을 홍보하고 또 이 영상이 어떤 영상인지를 알리는 간판 역할을 해요. 그만큼 중요한 요소이기 때문에 섬네일에 사용하는 이미지를 밝고 또렷하게 보정한다거나 인물을 보기 좋게 다듬는 과정이 필요하죠. 이럴 때 포토샵을 활용하면 훨씬 간편하고 또 세심하게 이미지 편집을 할 수 있죠. 따라서 이번에는 포토샵에서 꼭 쓰는 사진 보정 기능 3가지를 알려드릴게요.

1. 곡선

🌢 단축키: Ctrl + M

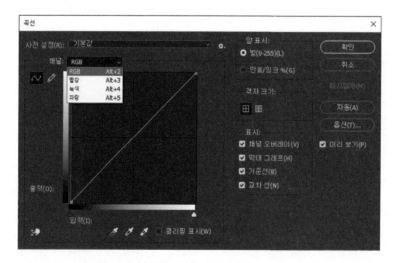

[곡선]은 사진의 밝기와 대비, 색감을 조절하는 기능입니다. 프리미어 프로에서 색 보정할 때 사용했던 Lumetri 색상 패널의 [선] 기능과 같습니다. [곡선]에는 전체 빛을 조절하는 RGB 그래프와 각 색상의 빛을 조절하는 빨강, 녹색, 파랑까지 총 4개의 그래프가 있습니다. 먼저 RGB 그래프로 전체 밝기와 대비를 조절합니다. 빨강, 녹색, 파랑 그래프는 화이트 밸런스를 맞추거나 원하는 색감을 입힐 때 사용해요. 초보 사용자는 원하는 톤을 얻으려면 어떤 그래프를 어떻게 조절해야 하는지 감이 오지 않을 텐데요. 자주 쓰는 그래프 사용법을 간단하게 정리해 볼게요.

이미지가 어두울 때: 그래프 가운데를 위로 끌어 올려 주세요.

💧 그래프를 조절할 때는 조금씩만 옮기는 게 좋아요. 값을 크게 바꾸면 이미지가 과하게 변형될 수 있어요.

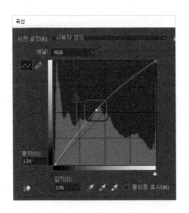 

대비를 또렷하게 하고 싶을 때: 그래프 윗부분은 위로 올리고 아랫부분은 아래로 내려 곡선을 살짝 S자로 만들어 주세요.

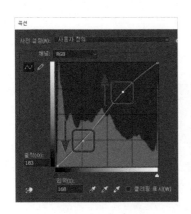 

대비를 낮추고 싶을 때: 그래프 윗부분은 아래로 내리고 아랫부분은 위로 올려서 뒤집힌
S자를 만들어 주세요. 대비를 낮추면 이미지가 뿌연 느낌으로 창백해집니다.

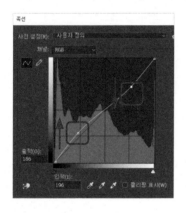

지나치게 밝은 부분이 있을 때: 그래프의 오른쪽 끝점을 잡아 살짝 내립니다.

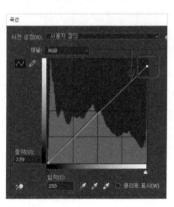

이미지가 푸르거나 붉게 보일 때: 붉은 느낌을 줄여 화이트 밸런스를 맞추고 싶다면 빨강
그래프의 오른쪽 끝점을 잡아서 살짝 내려 주세요.

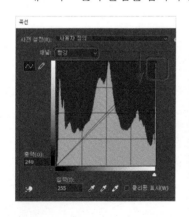

2. 색조/채도

◯ 단축키: Ctrl + U

[색조/채도]에서는 색조와 채도, 밝기를 변경할 수 있어요. [곡선]을 사진 보정에 사용했다면 [색조/채도]를 자주 사용하는 경우는 다음과 같습니다.

채도를 높일 때: 섬네일처럼 작은 이미지는 채도를 높여 더 또렷하고 선명하게 보여 주는 게 좋아요. 채도 값을 낮출수록 색이 빠지다가 값이 0이 되면 흑백이 됩니다.

레이어 색상을 변경할 때: 외부에서 가져온 일러스트나 그림 레이어의 색상을 바꾸고 싶을 때 색조와 채도 밝기를 조금씩 조절하면 됩니다. 빨간 사과를 초록색으로 만들 수 있어요.

흐리게 할 때: [색조/채도]는 [곡선]과 달리 밝기를 조절하면 이미지가 흐려져요. 값을 높이면 흰색을 씌운 듯 밝아지고 값을 낮추면 검은색을 씌운 듯이 어두워집니다.

3. 픽셀 유동화

💧 단축키: Ctrl + Shift + X

사진관에서 인물을 보정할 때 사용하는, 흔히 '뽀샵'이라 부르는 기능입니다. [픽셀 유동화]에서 꼭 쓰는 도구는 크게 2가지인데요. 사용 팁까지 간단히 살펴볼게요.

[뒤틀기 도구 🖌]: 브러시로 픽셀을 이동시켜 턱은 갸름하게, 눈은 크게, 어깨는 넓게 만들 수 있는 마법의 도구죠. 하지만 과하게 사용하면 자칫 어색해질 수 있으니 브러시 크기와 압력을 적당히 조절해 줘야 합니다. 브러시 크기는 수정하려는 대상보다 조금 작은 정도가 적당하고 압력은 '20' 이하가 적당합니다.

[얼굴 도구 🧑]: 인물의 얼굴에서 눈, 코, 입, 턱을 자동으로 인식해 크기와 위치 등을 조절할 수 있어요. 입꼬리를 올리거나 턱을 갸름하게 만들 수도 있답니다.

08-2

심플한
브이로그형 섬네일

준비 파일 포토샵/2. 소스 이미지/섬네일 캡처2.jpg　완성 파일 포토샵/3. 완성/브이로그형 섬네일.jpg
글꼴 에스코어드림, 카페24 단정해

오늘 배울 기능	하나, 그러데이션 넣기	둘, 원하는 모양으로 도형 만들기
	・[그레이디언트 도구 🔲]	・[펜 도구 ✐]

이번엔 이미지의 분위기를 살리고 그러데이션과 도형만을 이용해 심플한 느낌의 브이로그형 섬네일을 만들어 보겠습니다.

하면 된다!》

이미지 위에
글자 넣기

영상 보기

01 포토샵을 열어 [새로 만들기]를 누르고 상단에서 [영화 및 비디오 → 빈 문서 사전 설정]에서 'HDV/HDTV 720p'를 선택합니다. 오른쪽 [사전 설정 세부 정보]에 '폭 1280, 높이 720, 해상도 72'가 설정되면 파일명은 '섬네일2'로 입력하고 [만들기]를 누릅니다.

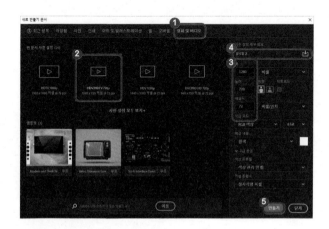

02 상단 메뉴에서 [파일 → 포함 가져오기]를 눌러 [섬네일 캡처2.jpg]를 불러옵니다.

03 불러온 이미지 아래쪽에 글자를 넣겠습니다. 왼쪽 도구 상자에서 [문자 도구 **T**]를 선택하고 이미지를 클릭해 텍스트 상자를 만든 다음 '차분하게 주말을 즐기는 방법'을 입력합니다.

04 입력한 글자를 드래그하고 오른쪽 [속성] 창에서 글꼴을 설정하겠습니다. 글꼴은 [에스코어드림 - 8 Heavy], 크기는 '100', 줄 간격은 '120', 자간은 '-40', 색상은 흰색(FFFFFF)으로 지정할게요.

$\underline{05}$ [Ctrl]을 누른 재 넥스트 상자를 클릭해 왼쪽 아래로 옮기고 [레이어] 창에서 [차분하게 주말을 즐기는 방법]을 클릭합니다.

하면 된다!♪

이미지에
그러데이션 넣기

$\underline{01}$ 이미지 위에 흰색 글자만 얹는 것도 깔끔하고 좋지만 밝은 배경에서는 가독성이 떨어질 수 있어요. 배경 이미지에 상관없이 글자가 잘 보이도록 배경 이미지 아래에 연한 그러데이션 효과를 줄게요.

[레이어] 창에서 [새 항목 □]을 눌러 새 레이어를 추가합니다. 새 레이어는 투명한 종이라고 볼 수 있어요. 이제 여기에 색을 칠할 수 있죠.

02 새 레이어에 그러데이션을 만들어 색상과 투명도를 조절하겠습니다. [도구]에서 [그레이디언트 도구 █]를 선택하고 상단에서 흰색 상자를 클릭합니다.

03 [그레이디언트 편집기] 창이 열리면 기다란 사각형 상하좌우에 4개의 사각형이 보일 거예요. 이 중에서 아래 사각형 2개는 그러데이션 색을 지정하고 위쪽 사각형 2개는 투명도를 지정합니다.

04

먼저 색상을 지정하겠습니다. 아래 사각형 2개를 각각 더블클릭해 [색상 피커] 창이 열리면 색상을 검은색(000000)으로 지정해 주세요.

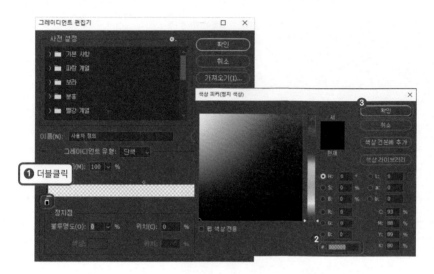

05

색은 그러데이션 효과 없이 검은색이지만 오른쪽으로 갈수록 색이 선명해지도록 투명도에 그러데이션 효과를 넣겠습니다. 위쪽 사각형을 각각 클릭하면 아래 [정지점]에서 값을 입력할 수 있어요. 왼쪽 사각형의 [불투명도]는 '0', 오른쪽 사각형의 [불투명도]는 '10'을 입력합니다.

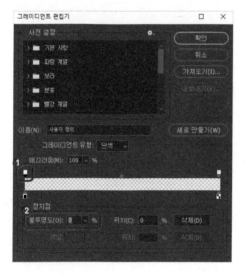

06 글자 위에서 아래로 드래그해 그러데이션을 넣어줍니다. 드래그한 길이만큼 점점 그러디언트가 짙어집니다.

💧 그러데이션 효과가 연하게 나타나면 반복해서 드래그해 주세요.

07 [레이어] 창에서 [레이어1]을 [차분하게 주말을 즐기는 방법] 아래로 끌어내려 글자가 선명하게 보이게 합니다.

01 이미지에 글자만 있으니 허전한 느낌이 드는데요. 책갈피 모양의 도형을 만들고 여기에 에피소드 순서를 표시하는 글자를 추가해 포인트를 주겠습니다. 왼쪽에서 [펜 도구 ✎]를 누르고 상단 메뉴에서 [모양]을 선택합니다.

02 커서가 펜 모양으로 바뀌면 섬네일 위를 클릭해 꼭짓점을 만듭니다. 원하는 모양으로 도형을 만들고 시작점과 끝점을 연결해 완성합니다.

03 도형에 색을 입히겠습니다. 상단 메뉴에서 [칠] 오른쪽 색상 상자를 누르고 [색상 피커] 상자를 누른 다음 흰색(FFFFFF)을 지정합니다.

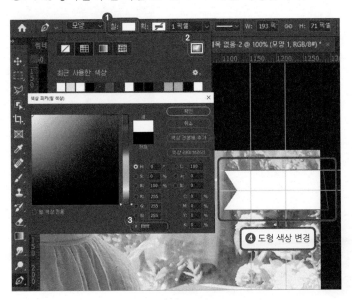

04 도형 위에 글자를 쓸게요. [문자 도구 **T**]를 선택하고 '첫 번째'를 입력합니다. 글자를 드래그한 후 상단에서 글꼴은 [카페24 단정해], 색상은 검은색(000000)으로 지정합니다.

05 [레이어] 창에서 [첫 번째] 레이어를 클릭해 텍스트 레이어 설정을 마무리합니다.

06 Ctrl + T 를 눌러 글자를 활성화하고 도형 위로 옮깁니다. 도형에 맞게 글자 크기와 위치를 조절해 주세요.

07 완성한 섬네일은 Ctrl + S 또는 Ctrl + Shift + S 를 이용해 각각 PSD 파일과 JPG 파일로 저장해 주세요.

08-3

얼굴이 들어간
자막 바

준비 파일 포토샵/2. 소스 이미지/얼굴 캡처.jpg   완성 파일 포토샵/3. 완성/자막1.jpg
글꼴 에스코어드림, 레시피코리아

오늘 배울 기능	하나,	둘,	셋,
	둥근 사각형 만들기	도형에 효과 넣기	정렬 맞추기
	· [사각형 도구 ▣]	· [선택 및 마스크]	

앞서 프리미어 프로에서 다양한 스타일의 자막을 만들어 봤는데요. 예능 채널에서 흔히 볼 수 있는 사람 얼굴 이미지가 들어간 자막 바 같이 디테일한 디자인은 프리미어 프로에선 만들기 어렵습니다. 하지만 포토샵을 활용하면 훨씬 간단하게 만들 수 있죠. 이번엔 다양한 영상에 활용할 수 있는 자막 바를 디자인해 보고 프리미어 프로에 적용하는 법까지 살펴보겠습니다.

프리미어 프로에서 자막 배경 또는 자막 테두리를 만들었던 것처럼 포토샵에서도 [사각형 도구 ■]를 이용해 자막의 배경이 될 자막 바를 만들어 볼게요. 단, 자막 바는 만든 위치와 크기가 프리미어 프로로 가져가도 동일하게 나올 수 있도록 문서 크기를 영상 크기에 맞춰야 한다는 점에 주의하세요.

하면 된다!♪

자막 바 바탕 만들기

영상 보기

01 [새로 만들기] 창에서 자막 바를 가져갈 영상 크기와 같도록 [영화 및 비디오 → HDTV 1080p]로 설정하고 [만들기]를 누릅니다.

💧 영상의 화면 비율이 FHD(1920x1080)이라면 'HDTV 1080p'로, 4K라면 'UHDTV/4K 2160p'로 지정하세요.

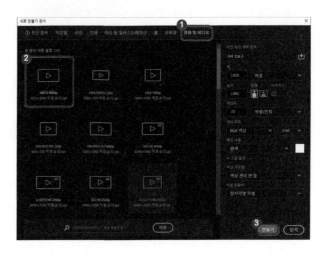

02 캔버스가 만들어졌으니 이제 자막이 들어갈 바를 만들어 볼게요. 왼쪽 도구 상자에서 [사각형 도구 ▣]를 길게 클릭해 [모서리가 둥근 직사각형 도구 ▣]를 선택합니다.

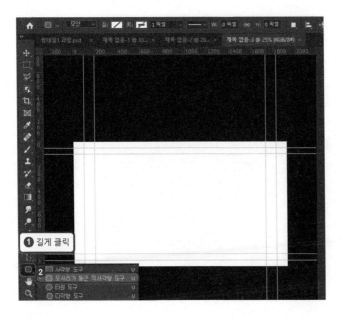

03 캔버스 아래쪽에 직사각형을 만듭니다.

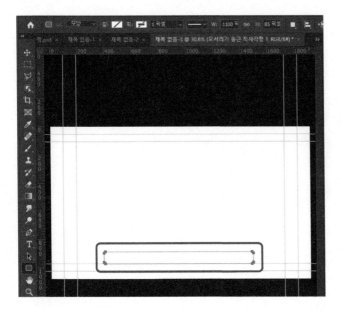

04 오른쪽 [속성] 창에서 [칠] 상자를 누르고 오른쪽의 [컬러 피커] 상자를 클릭하
세요. 색상은 흰색(FFFFFF)으로 지정합니다.

05 배경과 사각형의 색이 겹쳐서 도형이 잘 보이지 않네요. [레이어] 창에서 [배
경]을 선택한 다음 Delete 를 눌러 지웁니다.

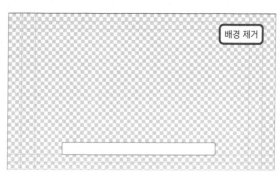

06 자막 바 양쪽 끝을 둥글게 만들게요. [속성] 창에서 픽셀값 왼쪽의 [왼쪽 상단 모퉁이 반경 ▣]을 오른쪽으로 끝까지 드래그합니다. 더 이상 값이 늘어나지 않을 때까지 쭉 드래그하세요. 한 방향만 조절해도 네 모서리가 둥그렇게 변합니다.

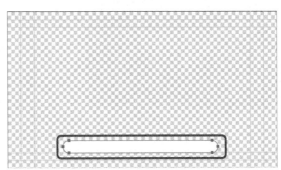

07 자막 바 왼쪽에 이름이 들어갈 부분을 만들게요. [레이어] 창에서 [모서리가 둥근 직사각형 1]을 클릭하고 Ctrl + J를 눌러 레이어를 복제합니다.

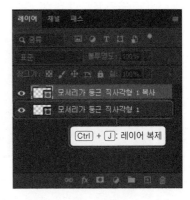

08 이름이 들어갈 만큼 크기를 작게 조정하겠습니다. Ctrl + T를 누른 다음 Shift를 누른 채 오른쪽 끝을 잡아 왼쪽으로 밀어 줍니다.

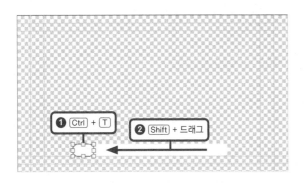

09 [속성] 창에서 [칠]을 노란색(ffd883)으로 바꿔 주세요.

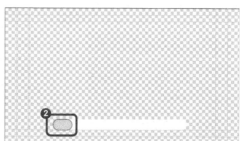

10 [문자 도구 ■]를 선택하고 노란색 사각형 안에는 이름을, 흰색 사각형 안에는 자막 내용을 씁니다. 먼저 이름을 써서 [이름] 레이어를 만든 다음 흰 사각형 안을 클릭해 자막을 쓰고 [자막] 레이어를 만드세요.

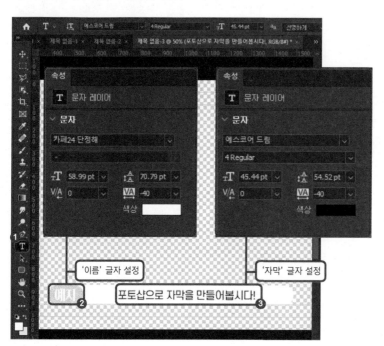

하면 된다!↗

얼굴 오려 내기

01 이미지에서 얼굴 부분을 오려 내 자막에 사용해 보겠습니다. 오려 낼 이미지 파일을 불러오겠습니다. 폴더에서 [얼굴 캡처.jpg] 파일을 포토샵 문서 탭으로 끌어옵니다.

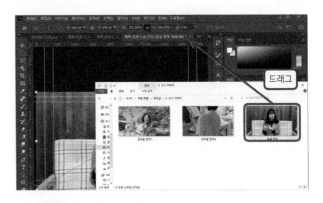

02 도구 상자에서 [개체 선택 도구 ▣]를 선택하고 얼굴 부분을 드래그합니다. 드래그한 부분에서만 영역이 선택됩니다.

03 포토샵 오른쪽 상단에 있는 [선택 및 마스크]를 누릅니다.

04 얼굴만 남기고 니머지 부분은 지우겠습니다. 불필요한 부분을 꼼꼼하게 지우기 위해 Ctrl + + 를 눌러 창을 확대합니다. Alt 를 누른 채 제외하고 싶은 부분을 문질러 지워 냅니다.

05 필요한 부분만 남겼다면 이제 삐뚤빼뚤한 테두리를 다듬을게요. 오른쪽 [속성]에서 [매끄럽게]는 '100', [대비]는 '40'을 주고 [확인]을 누릅니다.

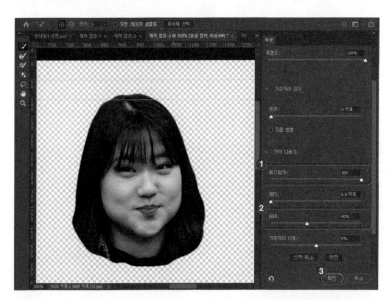

06 Ctrl + C, Ctrl + V를 눌러 선택 영역을 새로운 레이어로 복제합니다. 원본인 [얼굴 캡처] 레이어는 Delete를 눌러 지웁니다.

07 얼굴만 오려 낸 [레이어 1]에서 Ctrl + T를 누르고 크기를 줄여서 이름 앞에 놓습니다.

08 이제 오려 낸 얼굴에 테두리를 넣어 자연스럽게 만들어 볼게요. [레이어] 창에서 [레이어 1]을 마우스 오른쪽으로 클릭하고 [혼합 옵션]을 선택합니다.

$\underline{09}$ [레이어 스타일] 창이 뜨면 왼쪽에서 [획] 체크 상자를 클릭하고 오른쪽 세부 설정에서 [크기]는 '6', [위치]는 '바깥쪽', [혼합 모드]는 '디졸브'로 지정해 주세요.

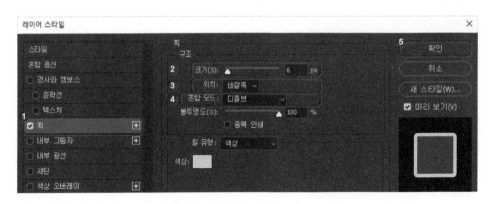

$\underline{10}$ 획의 색상을 이름 도형의 배경색과 똑같이 지정할게요. 색상 상자를 클릭해 [색상 피커] 창이 뜨면 이름 도형의 배경색인 노란색을 클릭합니다. 색상 피커 아래에 노란색(ffd883) 색상 코드가 자동으로 입력되면 [확인]을 눌러 주세요.

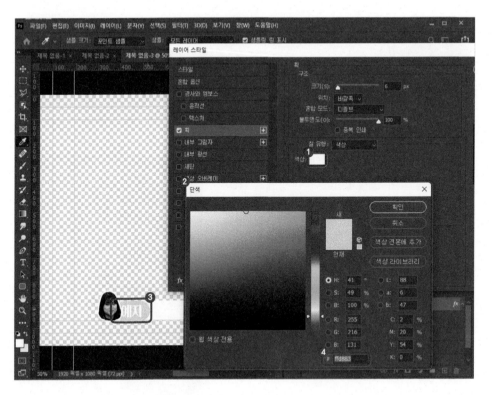

11 도형 2개와 이미지 1개로 자막 바를 간단하게 완성했습니다.

12 저장하기 전에 마지막으로 보기 좋게 정렬해 볼게요. [Shift]를 누른 채 맨 위 레이어와 맨 아래 레이어를 클릭해 전체 레이어를 선택합니다. 이 상태로 [Ctrl]을 누르면서 자막의 위치를 옮겨 보세요. 레이어가 화면 정중앙에 오면 분홍색 세로선이 생깁니다. 이때 마우스를 놓아 주세요.

13 자막 바 파일은 프리미어 프로와 포토샵을 연동할 수 있도록 PSD 형태로만 저장하면 됩니다. [Ctrl] + [S]를 누르고 파일 이름은 '자막 바'로 입력합니다.

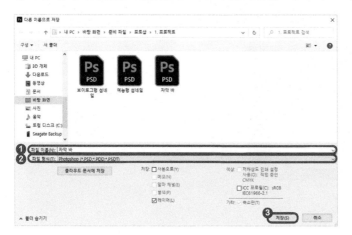

하면 된다!♪

프리미어 프로에서
자막 바 불러오기

01 프리미어 프로에서 [Ctrl] + [I]로 [가져오기]
창을 연 다음 [자막1.psd]를 불러오세요. [레이어 파일
가져오기 → 가져오기] 옵션에서 [병합된 레이어]를 선택
하면 포토샵에서 만든 레이어를 모두 볼 수 있는데요.
이 중에서 [포토샵으로 자막을 만들어 봅시다!] 레이어만
선택을 해제하고 [확인]을 누릅니다.

💧 왜 자막은 빼고 틀만 가져왔을까요? 자막은 말이 바뀔 때마다 수정해야 하는
데 매번 포토샵에서 수정하는 건 무척 번거롭기 때문입니다. 자막 바만 포토샵으
로 디자인하고 글자는 프리미어 프로에서 쓰는 게 훨씬 간편하답니다.

02 불러온 [자막1.psd]를 타임라인으로 끌어옵니다. 재생 화면을 보면 영상 위에
자막을 제외한 자막 바가 뜨는 걸 볼 수 있어요.

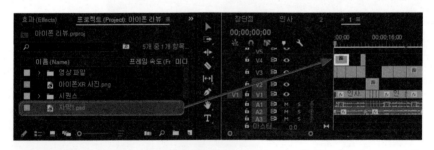

03 자막 바의 크기나 위치는 효과 컨트롤 패널에서 수정할 수 있고 [문자 도구 T]로 자막을 없을 수도 있어요. 단, 이름표 색상이나 오려 낸 얼굴의 위치 등 디자인 자체를 바꾸려면 타임라인에서 [자막1] 클립을 마우스 오른쪽으로 클릭하고 [원본 편집]을 눌러 주세요.

04 [원본 편집]을 누르면 포토샵 파일이 자동으로 열립니다. 포토샵에서 원하는 수정을 마치고 Ctrl + S 를 눌러 저장만 하면 프리미어 프로에 반영됩니다.

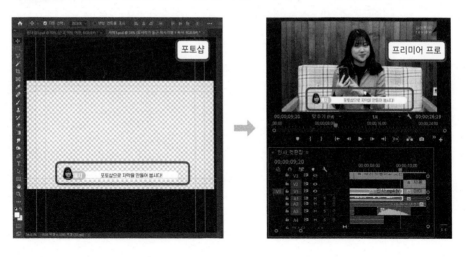

작업 속도 2배 높이는 포토샵 단축키

자주 쓰는 기본 단축키

Ctrl + S	저장하기
Ctrl + Shift + S	다른 이름으로 저장하기
Ctrl + Z	작업 취소하기
Ctrl + Shift + Z	작업 앞으로 가기
Ctrl + +	화면 크기 키우기
Ctrl + −	화면 크기 줄이기
Ctrl + 0	화면 크기 창에 맞추기

도구

Ctrl + 마우스	Ctrl 을 누르고 있는 동안 일시적으로 [이동 도구 🔀]가 됨
Spacebar + 마우스	Spacebar 를 누르고 있는 동안 일시적으로 [손 도구 ✋]가 됨
V	[이동 도구 🔀]
T	[문자 도구 🅣]

레이어 작업

Ctrl + D	선택 영역 해제하기
Ctrl + T	레이어 위치, 크기 자유 변형
Ctrl + J	레이어 복제

브러시

]	브러시 크기 키우기
[	브러시 크기 줄이기

이미지 보정

Ctrl + M	곡선(밝기, 색감 조정)
Ctrl + U	색조/채도(이미지 색조, 채도 변경)
Ctrl + Shift + X	픽셀 유동화(인물 보정)

유튜브를 처음 시작하는 분들을 위한 추천 도서!
컴퓨터를 잘 다루지 못해도 걱정하지 마세요. 차근차근 알려 드려요!

된다!
김메주의 유튜브 채널&영상 만들기

채널 기획부터 쇼츠 제작, 동시 송출, 수익화까지
한 번에 모두 잡는 유튜브 입문 필독서!

김혜주 지음 | 380쪽 | 19,000원

7년 연속
베스트셀러

된다!
7일 베가스 프로 영상 편집

유튜브 자막부터 1분 '쇼츠' 영상까지!
29가지 영상 편집 기법 대공개!

김나옹 지음 | 416쪽 | 25,000원

나만의 캐릭터 만들기부터 **일러스트 드로잉**까지!

초등학생부터 대학생, 직장인까지 모두 도전해 보세요

된다!
귀염뽀짝 이모티콘 만들기

나는 내가 만든 이모티콘으로 카톡한다!
카톡, 라인, 네이버에 승인받는 영업 비밀 공개!

정지혜 지음 | 328쪽 | 15,000원

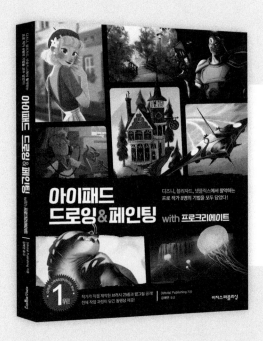

아이패드 드로잉 & 페인팅
with 프로크리에이트

디즈니, 블리자드, 넷플릭스에서 활약하는
프로 작가 8명의 기법을 모두 담았다!

3dtotal Publishing 지음 | 김혜연 옮김 | 216쪽 | 20,000원